Friedrich-Wilhelm Fernau
Zwischen Konstantinopel und Moskau

Friedrich-Wilhelm Fernau

# Zwischen Konstantinopel und Moskau

Orthodoxe Kirchenpolitik im Nahen Osten
1967 — 1975

Leske Verlag + Budrich GmbH Opladen 1976

CIP-Kurztitelaufnahme der Deutschen Bibliothek

Fernau, Friedrich-Wilhelm

Zwischen Konstantinopel und Moskau —
orthodoxe Kirchenpolitik im Nahen Osten 1967—1975

1. Aufl. — Opladen: Leske, 1976.
   (Schriften des Deutschen Orient-Instituts)
   ISBN 3-8100-0178-3

Gedruckt mit Unterstützung der Stiftung Volkswagenwerk
© 1976 by Leske Verlag + Budrich GmbH
Gesamtherstellung: Temming-Druck, Bocholt
Printed in Germany

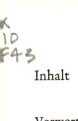

# Inhalt

# Vorwort

Die vorliegende Studie will zum Verständnis des Zeitgeschehens im Nahen Osten und zur gegenwartsbezogenen Orientforschung beitragen. Sie schließt an das Buch des Verfassers »Patriarchen am Goldenen Horn« an. Dieses Buch ist 1967 abgeschlossen worden. Es erschien geboten, die Darstellung weiterzuführen und in mancher Hinsicht zu ergänzen, nachdem die politischen Krisen im östlichen Mittelmeerraum die Orthodoxe Kirche vor neue Probleme und Schwierigkeiten gestellt haben.

Im Mittelpunkt der Darstellung steht wiederum das Ökumenische Patriarchat von Konstantinopel. Die lange Ära drs großen Patriarchen Athenagoras I. ist in der Berichtszeit zu Ende gegangen. Dem Wechsel auf dem ökumenischen Thron und dessen Folgen ist daher breiter Raum gewidmet. Ausführlich werden alsdann die Vorgänge in den Kirchen von Griechenland, Zypern und Antiochia sowie die Aktivität des Moskauer Patriarchats im Nahen Osten behandelt. Hinweise auf die Entwicklung in den orthodoxen Patriarchaten von Alexandria und Jerusalem sind an verschiedenen Stellen eingeflochten, so daß der Verfasser hoffen darf, ein einigermaßen abgerundetes Bild orthodoxer Kirchenpolitik in der Region gegeben zu haben. Was außerhalb des östlichen Mittelmeerraumes und des angrenzenden Vorderen Orients liegt, ist nur insoweit berücksichtigt, als es zu den regionalen Problemen Bezug hat und zu deren Verständnis herangezogen werden muß. Zeitlich schließt die Darstellung mit dem Stand vom Juli 1975 ab.

Führend innerhalb der aus einer Mehrzahl dogmatisch geeinter, aber administrativ unabhängiger (autokephaler) Gliedkirchen bestehenden orthodoxen Glaubensgemeinschaft sind die Patriarchate von Konstantinopel und Moskau. Zwischen diesen beiden Polen spannt sich das Netz interorthodoxer Beziehungen und orthodoxer Kirchenpolitik, sowohl im Allgemeinen wie insbesondere im Nahen Osten. Der Verfasser hält es daher für berechtigt, die gesamte Studie unter die Überschrift »Zwischen Konstantinopel und Moskau« zu stellen, ohne daß dadurch die Vielfältigkeit des Geschehens in ein Schema gepreßt werden soll. Der Titel will lediglich zum Ausdruck bringen, daß orthodoxe Kirchenpolitik zu einem wesentlichen Teil, wenn auch keineswegs allein ihre Schwerpunkte in Konstantinopel und Moskau hat. Insofern hat der Titel allgemeine Bedeutung, die über die rein bilateralen Beziehungen zwischen den beiden Patriarchaten hinausweist.

Ein kurzes Wort noch zur Bezeichnung »Konstantinopel«. Sie könnte den Anstoß der Türken erregen. In politischer und kultureller Hinsicht gehört das, was sich mit dem Namen »Konstantinopel« verbindet, endgültig und unwiderruflich der Geschichte an. Weder die griechisch-byzantinische Vergangenheit noch auch der osmanisch-imperiale Charakter der Stadt am Goldenen Horn lassen sich wieder zum Leben erwecken. Die heute fast rein türkische Stadt trägt schon lange nur noch den türkischen Namen Istanbul. Die kirchliche Bezeichnung für den Sitz des Ökumenischen Patriarchats bleibt jedoch »Konstantinopel«, und eine Untersuchung orthodoxer Kirchenpolitik hat sich an die kirchliche Terminologie zu halten. Mit politischen Ansprüchen oder Hintergedanken, die an die Realität der Türkischen Republik rühren, hat die Bewahrung der traditionellen kirchlichen Namensgebung nichts zu tun.

Die Untersuchung fußt in erster Linie auf der Auswertung von Originalquellen. Näheren Aufschluß gibt das Literaturverzeichnis. Außerdem hatte der Verfasser in der Berichtszeit ausgiebig und regelmäßig Gelegenheit, sich in Gesprächen mit kirchlichen und politischen Instanzen an Ort und Stelle zu informieren und auch Zugang zu Dokumenten zu erhalten, die zum Teil noch in den Archiven ruhen. Aus verständlichen Gründen konnten die Gesprächspartner nicht immer namentlich genannt werden. In diesen Fällen muß sich der Leser mit dem Vermerk »persönliche Information« begnügen, wobei der Verfasser bemerken möchte, daß er die Zuverlässigkeit der Quelle jeweils sorgfältig geprüft hat. Einige Dokumente sind im Anhang beigefügt.

Daß die Studie verfaßt werden konnte, ist der verständnisvollen Hilfe der Stiftung Volkswagenwerk in Hannover und des Deutschen Orient-Instituts in Hamburg zu verdanken. Die Zahl derer, die mit Rat und Information die Arbeit gefördert haben, ist groß. Ihnen allen möchte der Verfasser danken. Zu besonderem Dank fühlt er sich dem Ökumenischen Patriarchat und dem Orthodoxen Zentrum in Chambésy-Genf verpflichtet. Beide haben großes Verständnis und bereitwilliges Entgegenkommen bewiesen. Nicht vergessen werden soll die Unterstützung, die dem Verfasser von kompetenten Stellen in Athen und von türkischen Freunden zuteil geworden ist. Herrn Professor Dr. Bertold Spuler (Universität Hamburg) gebührt aufrichtiger Dank dafür, daß er der Arbeit des Verfassers sein Interesse entgegengebracht und als hervorragender Kenner der Materie sich der Mühe einer kritischen Durchsicht des Manuskripts unterzogen hat.

Friedrich-Wilhelm Fernau

# Einleitung

Die orthodoxe Glaubensgemeinschaft erstreckt sich in unterschiedlicher Stärke und Verbreitung vom nördlichen Eismeer bis zum Nil und zum Kaukasus. Außerhalb dieses »Kernraumes« weist sie eine über die ganze Welt verbreitete Diaspora auf. Im weiteren Sinne des Wortes zerfällt die Orthodoxie in einen chalkedonischen und einen nicht-chalkedonischen Teil. Beide nennen sich »orthodox«, beide sind aus der oströmischen Reichskirche hervorgegangen. Sie haben sich nach dem Konzil von Chalkedon (451) aus dogmatischen und nationalen Gründen voneinander getrennt, nachdem bereits vorher das nestorianische Schisma eingetreten war. Im Folgenden ist unter »Orthodoxie«, soweit nichts Besonderes vermerkt wird, stets die chalkedonische Orthodoxie zu verstehen.

Die »Orthodoxe Ostkirche« ist in Glaube und Dogma geeint. Administrativ bildet sie eine Gemeinschaft autokephaler (unabhängiger) Kirchen. Zu den autokephalen Gliedkirchen gehören nach der heute vom Ökumenischen Patriarchat gegebenen Definition und Rangfolge die vier alten Patriarchate von Konstantinopel, Alexandria, Antiochia und Jerusalem, das Patriarchat von Moskau, die Patriarchate von Serbien, Rumänien und Bulgarien sowie die Kirchen von Zypern, Griechenland, Polen und Albanien, deren Oberhäupter den Titel eines Erzbischofs tragen. Einer nominalen Autokephalie erfreut sich das Erzbistum Sinai.

Umstritten ist der Status der Kirchen der Tschechoslowakei, Georgiens, Mazedoniens, Nordamerikas und Japans. Den Kirchen Georgiens und der Tschechoslowakei hat das Moskauer Patriarchat 1943 beziehungsweise 1951 die Autokephalie zuerkannt, ebenso der aus der russischen »Metropolia« hervorgegangenen »Orthodoxen Kirche von Amerika« (1971). Ähnlich verhält es sich mit der kleinen orthodoxen Kirche Japans. Das Ökumenische Patriarchat hat diese von Moskau proklamierten Autokephalien bisher nicht anerkannt. Eine Regelung muß nach seiner Ansicht einem künftigen gesamtorthodoxen Konzil vorbehalten bleiben. Die Kirche der jugoslawischen Teilrepublik Mazedonien hat sich 1967 selbst ohne das Einverständnis ihrer Mutterkirche (des serbischen Patriarchats) für autokephal erklärt. Die mazedonische Autokephalie ist bis jetzt von keiner anderen orthodoxen Kirche anerkannt worden.

Der Begriff des »Orients« bedarf im vorliegenden Fall einer besonderen geographischen Abgrenzung. »The Orthodox Churches lie for the most part at the meeting of East and West, and this has been a dominating fact in shaping their destinies and in forming their distinctive character. East meets West in Russia in the *North*, and again in the *South* where Asia juts out westwards to touch Europe on the one hand and Africa on the other.« (Rev. R. M. French, The Eastern Orthodox Church, London 1951). Der orthodoxe *Norden*, das heißt Ost- und Südosteuropa, kommt für die folgende Untersuchung nur insoweit in Betracht, als er nennenswerten kirchlichen Einfluß im »Vorderen Orient« ausübt. Das trifft in erster Linie auf das Moskauer Patriarchat zu. Der orthodoxe *Süden* deckt sich im wesentlichen mit dem östlichen Mittelmeerraum. Es erscheint daher geboten, hier auch die Kirche von Griechenland einzubeziehen, zumal Griechenland heute das einzige Land ist, wo die Orthodoxie als »herrschende Religion« in der Staatsverfassung verankert ist, und welches eine aktive Kirchenpolitik im Orient treibt.

Geistiger Mittelpunkt der Orthodoxie ist nach kanonischem Recht, Geschichte und Tradition das Ökumenische Patriarchat von Konstantinopel (Phanar). Es verkörpert die zentripetale Kraft in der orthodooen Gemeinschaft — zum Unterschied von den zentrifugalen Kräften, die den autokephalen Gliedkirchen mehr oder weniger inhärent sind, zum Teil in Verbindung mit eigenen Führungsansprüchen.

Ein kurzer Überblick über die in der Berichtszeit eingetretenen Ereignisse und Entwicklungen sei vorausgeschickt. Das Jahr 1967 erscheint insofern als Ausgangspunkt geeignet, als sich in diesem Jahr tiefgreifende Veränderungen im östlichen Mittelmeerraum vollzogen haben, von denen die Orthodoxie unmittelbar oder mittelbar betroffen wird. Als entscheidend erweist sich aufs neue die Tatsache, daß der historische Kern der orthodoxen Glaubensgemeinschaft in einem weltpolitischen Spannungsfeld liegt. Die Wechselwirkung zwischen politischem und kirchlichem Geschehen, seit je in der Geschichte der Orthodoxie besonders ausgeprägt, tritt wieder deutlich in Erscheinung.

In *Griechenland* führt die »Militärrevolution« vom 21. April 1967 zu einem Regimewechsel. Das neue Regime nimmt als eine seiner ersten Amtshandlungen einen Eingriff in die Kirche vor. Erzbischof Chrysostomos II. geht seines Amtes verlustig. Eine von der Regierung eingesetzte Ausnahmesynode wählt einen neuen Erzbischof in der Person des Archimandriten und Theologieprofessors Hieronymos Kotsonis.

Unter Hieronymos I. wird ein neues Statut der Kirche von Griechenland ausgearbeitet. Es wird im Februar 1969 von der Regierung verkündet und in Kraft gesetzt. Einige Bestimmungen des neuen Statuts berühren das Verhältnis der Kirche von Griechenland zum Ökumenischen Patriarchat. Darüber kommt es zu einem langen Konflikt zwischen den beiden Kirchen. Er wird schließlich zugunsten des Phanars entschieden. Hieronymos I. tritt im Dezember 1973 zurück. Ihm folgt — wiederum vor dem Hintergrund eines innenpolitischen Machtwechsels — der Metropolit Seraphim von Joannina als neuer Erzbischof von Athen und ganz Griechenland.

Im Juni 1967 verändert der *arabisch-israelische Sechstagekrieg* die Landkarte des Vorderen Orients. Israel besetzt die Sinai-Halbinsel, ganz Cisjordanien nebst der Alstadt Jerusalem, sowie einen Teil Syriens. Wichtige Interessen der Orthodoxie im Heiligen Land werden von der Veränderung betroffen. Das Patriarchat von Jerusalem sowie das Erzbistum Sinai kommen unter israelische Herrschaft. Das Patriarchat sieht sich de facto geteilt. Die Mehrheit seiner arabischen Gläubigen befindet sich östlich des Jordans im Königreich Jordanien, während das Patriarchat selbst im israelisch besetzten Gebiet die Rechte der Orthodoxie an den Heiligen Stätten zu wahren bemüht ist. Stärker als zuvor sieht sich die Orthodoxie in den arabisch-israelischen Konflikt verwickelt.

Am 18. Juni 1967 erklärt sich die Kirche der jugoslawischen Teilrepublik *Mazedonien* für autokephal. Der Schritt erfolgt gegen den Willen des serbischen Patriarchats, aber offensichtlich mit Zustimmung der politischen Stellen in Belgrad und in Skopje. Hinter dem kirchlichen Schisma scheint die »mazedonische Frage« wieder auf.

10

Im November 1967 erreicht der *Zypernkonflikt* einen neuen Höhepunkt. Unter dem Druck akuter Kriegsgefahr gelangen Athen und Ankara zum Einvernehmen, einen neuen Weg zur Lösung des langen Konflikts um die Mittelmeerinsel zu beschreiten. Die griechisch-türkischen Beziehungen entspannten sich in der Folge, was indirekt auch das Ökumenische Patriarchat entlastet. Der gegen den Erzbischof-Präsidenten Makarios unternommene Putsch vom Juli 1974 bringt wieder einen schweren Rückschlag.

Die nach der Krise von 1967 sich abzeichnende Aussicht auf eine Lösung, die auf der Unabhängigkeit der Insel basiert, ruft alsbald den Widerstand der fanatischen Enosis-Anhänger hervor, darunter auch der drei Metropoliten der autokephalen Kirche von Zypern, die schon lange in scharfem Gegensatz zu Erzbischof Makarios III. stehen. Im März 1973 setzen die drei Metropoliten den Erzbischof ab. Makarios appelliert an eine von ihm einberufene »Größere Synode« der Nachbarkirchen, die ihm recht gibt und die drei Metropoliten ihrer Ämter entsetzt. Eine offene Spaltung in der Kirche von Zypern ist die Folge.

Im Juli 1967 besucht Papst Paul VI. den Phanar. Der Ökumenische Patriarch Athenagoras I. erwidert im Oktober des gleichen Jahres den Besuch im Vatikan. Mit diesem offiziellen Besuchsaustausch kann die im Zeichen des »Dialogs der Liebe« geführte *Versöhnung zwischen Konstatinopel und Rom* als abgeschlossen gelten.

Auf eigenem Weg vertieft das Moskauer Patriarchat seine Beziehungen zur römischen Kirche. Unterschiedlich und unter jeweils besonderen Voraussetzungen entwickelt sich das Verhältnis der übrigen orthodoxen Kirchen zu Rom. An der Zurückhaltung der Kirche von Griechenland vermag auch der Besuch des Kardinals Willebrands in Athen im Mai 1971 nur wenig zu ändern. Mehr politischen als kirchlichen Charakter hat die Annäherung Zyperns an Rom. Im Januar 1973 nimmt Erzbischof Makarios in seiner Eigenschaft als Staatschef der Inselrepublik diplomatische Beziehungen zum Vatikan auf, was Griechenland bisher noch nicht getan hat.

Die *Annäherung zwischen chalkedonischer und nicht-chalkedonischer Orthodoxie* macht weitere Fortschritte. Dem ersten nicht-offiziellen Theologentreffen von 1964 folgen weitere Zusammenkünfte in den Jahren 1967, 1970 und 1971. Während einige Gliedkirchen von sich aus die Verbindung zu den Nicht-Chalkedoniern pflegen, bemüht sich der Phanar, die Führung des Kirchengesprächs auf gesamt-orthodoxer Ebene in der Hand zu behalten. Dementsprechend setzt die vierte pan-orthodoxe Konferenz vom Juni 1968 eine »Inter-orthodoxe Kommission für den Dialog mit den Nicht-Chalkedoniern« ein. Die Aufnahme des offiziellen Dialogs stößt freilich auf mancherlei, zum Teil politisch bedingte Hindernisse.

Der ins Stocken geratenen *Vorbereitung eines gesamt-orthodoxen Konzils* gibt die vierte pan-orthodoxe Konferenz von 1968 frische Impulse. Die Bildung einer »Inter-orthodoxen Kommission zur Vorbereitung des Konzils« mit einem ständigen Sekretariat in Genf-Chambésy wird beschlossen. Die Arbeiten auf Grund der 1968 beschlossenen Methode kommen allerdings nicht so zügig voran, wie man gehofft hatte. Es erweist sich als unerläßlich, die Aufgaben des Konzils stärker zu konkretisieren, wobei die Fragen der Diaspora, des Primats von Konstantinopel und der Abgrenzung der Autokephalie in den Vordergrund treten.

Im Mai 1971 proklamiert das Moskauer Patriarchat die *Autokephalie der »Orthodoxen Kirche in Amerika«*. Dem russischen Schritt ist ein ausführlicher Briefwechsel zwischen Konstantinopel und Moskau vorausgegangen. Dabei treten grundsätzliche Meinungsverschiedenheiten über Inhalt und Grenzen der Autokephalie zu Tage, in denen sich unterschiedliche Auffassungen über Wesen und Struktur der inter-orthodoxen Beziehungen widerspiegeln. Der Phanar hält das Vorgehen Moskaus für kanonisch unzulässig. Er erklärt die Proklamation der amerikanischen Autokephalie für null und nichtig und verweigert ihr die Anerkennung. Die Mehrzahl der Gliedkirchen schließt sich dem Standpunkt des Phanars an. Nur die Kirchen Bulgariens und Polens erkennen die Autokephalie der »Orthodoxen Kirche in Amerika« an.

In einer großen Zahl der autokephalen Gliedkirchen vollzieht sich in der Berichtszeit ein *Führungswechsel*. Neue Männer treten an die Spitzen der Patriarchate von Konstantinopel, Alexandria, Antiochia, Moskau und Bulgarien sowie der Kirche von Griechenland und des Erzbistums Sinai. Die durch Tod, im Falle Griechenlands durch äußere Eingriffe herbeigeführten Veränderungen tragen deutlich das Merkmal eines *Generationenwechsels*. Die Kirchenoberhäupter, die noch die Zeit vor dem ersten Weltkrieg mit vollem Bewußtsein erlebt haben, werden abgelöst von Männern, die durchweg den Jahrgängen zwischen 1910 und 1915 angehören. Dazu ist auch Erzbischof Seraphim von Athen zu rechnen, während sein Vorgänger Hieronymos etwas älter war (Jahrgang 1905).

Im Patriarchat von Alexandria dankt der schon lange kranke und landesabwesende Christophoros II. Danilidis (Jahrgang 1876) im November 1966 ab. Nach langer Vakanz wird im Mai 1968 Nikolaus VI. Varelopoulos zum Patriarchen (Jahrgang 1915) gewählt. Im November des gleichen Jahres stirbt der Erzbischof von Sinai, Porphyrios III. Pavlinos (Jahrgang 1878). Die Nachfolge tritt zunächst Gregorios Maniatopoulos (Jahrgang 1912) an und nach dessen frühem Tode im September 1973 der erst 38jährige Archimandrit Damianos Samartzis.

Im September 1970 scheidet Patriarch Theodosios VI. Abu Rgeili von Antiochia (Jahrgang 1886) nach langer Krankheit aus dem Leben. Zum Nachfolger wird der bisherige Metropolit von Aleppo, Elias IV. Mu'awad, gewählt (Jahrgang 1915). Im März 1971 kommt es infolge des Todes des Patriarchen Kyrill (Jahrgang 1901) zu einem Wechsel in der Leitung der bulgarischen Kirche. Der bisherige Metropolit von Loveč, Maxim, besteigt den Thron der bulgarischen Patriarchen (Jahrgang 1915).

Von größter Bedeutung für die gesamte Orthodoxie sind die Veränderungen in Moskau und vor allem in Konstantinopel. Beide Patriarchate haben seit Ende des zweiten Weltkrieges eine lange Periode der Stabilität verzeichnet. Am 17. April 1971 verstirbt der 1945 gewählte Patriarch Alexei Simanskij (Jahrgang 1877). Ein Landeskonzil der russischen Kirche wählt am 2. Juni 1972 den zum Patriarchatsverweser bestellten Metropoliten Pimen (Izvekow) zum neuen Patriarchen von Moskau und ganz Rußland (Jahrgang 1910).

Ein einschneidendes Ereignis im orthodoxen Zeitgeschehen ist *der Tod des Ökumenischen Patriarchen Athenagoras I.* Spyrou (Jahrgang 1886). Im November 1948 gewählt, stirbt Athenagoras nach fast 24jähriger Regierungszeit am 7. Juli 1972. Nachdem die Türken eine Anzahl von Kandidaten gestrichen haben, entscheidet sich die Wahlsynode für den Metropoliten von Imbros und Tenedos, Dimitrios Papadopoulos (Jahrgang 1914). Der Gewählte besteigt am 18. Juli 1972 als Dimitrios I. den ökumenischen Thron.

# I. Teil: Das Ökumenische Patriarchat von Konstatinopel

## 1. Der Wechsel auf dem ökumenischen Thron

*Rückblick auf Athenagoras I.*

In den frühen Morgenstunden des 7. Juli 1972 verstarb der Ökumenische Patriarch Athenagoras I. (Spyrou), eine der bedeutendsten Gestalten der modernen Orthodoxie. Der Tod ereilte ihn in seinem 87. Lebensjahr. Am 11. November 1948 war Athenagoras, damals Erzbischof von Nord- und Südamerika, zum Nachfolger des aus gesundheitlichen Gründen zurückgetretenen Patriarchen Maximos V. (Vaportzis) gewählt und am 27. Januar 1948 feierlich inthronisiert worden. Ihm war eine in der langen Reihe der Ökumenischen Patriarchen ungewöhnlich lange Regierungszeit beschieden. Er hat sie mit ungewöhnlichen Taten ausgefüllt.

In deutlicher Parallele zum Wandel des weltpolitischen Klimas zerfällt das Pontifikat Athenagoras' I. in zwei ungefähr gleich lange Abschnitte. Während der ersten Hälfte zog der Kalte Krieg der Supermächte der Bewegungsfreiheit des Phanar enge Grenzen. Erst die allmähliche Entspannung zwischen Ost und West erweiterte den Spielraum. In dieser zweiten Hälfte seiner Amtszeit, deren Beginn man etwa an die Wende von den fünfziger zu den sechziger Jahren verlegen kann, hatte Athenagoras Gelegenheit zur freieren Entfaltung seiner bahnbrechenden Ideen auf gesamt-orthodoxer wie auf gesamt-christlicher Ebene. Es war freilich eine tragische Fügung, daß gerade in dieser Zeit der Zypernkonflikt wieder einen tiefen Graben zwischen Griechen und Türken aufriß. Es war eine schwere Belastung des Patriarchats, das nur in einer Atmosphäre griechisch-türkischer Freundschaft gedeihen kann. Athenagoras hat dieser Belastung standgehalten, ohne sich auf seinem Weg beirren zu lassen. In den letzten Jahren seiner Regierung hat sich der Zypernkonflikt, obwohl weiterhin ungelöst, etwas beruhigt. Als dunkle Wolke stand er aber immer noch am Horizont, als Athenagoras die Augen schloß.[1]

Auf den ersten Blick erscheint das Pontifikat Athenagoras' I. als eine Aera großer Neuerungen, scheint der Patriarch dem Phanar neue Wege und Ziele gewiesen zu haben. Besonders im Westen ist dieses Bild gepflegt worden, wo sich mit dem Namen Athenagoras zuerst und vor allem die spektakuläre Versöhnung zwischen Konstantinopel und Rom verbindet. In der eigenen Kirche wiederum hat er die Vorwürfe konservativer Kreise hinnehmen müssen, die von Fanatikern bis zur Anklage des »Verrats an der Orthodoxie« gesteigert wurden. Gewiß mochte Athenagoras in mancher Beziehung wie ein »Neuerer« wirken. Ein nahezu achtzehnjähriger Aufenthalt in Amerika hatte ihn tief und dauerhaft geprägt, als er den ökumenischen Thron bestieg. Es war das erste Mal, daß ein Patriarch aus dem Westen in den altehrwürdigen Phanar hinüberwechselte, wo seine »amerikanische« Denkweise manchen Anstoß zu erregen geeignet war. Indessen haben weder Bewunderer noch Kritiker recht, wenn sie die Ära Athenagoras mit dem Stempel einer umwälzenden Neuerung versehen. Über dem starken Eindruck, den die außergewöhnliche Leistung Athenagoras hinterläßt, darf man die historischen Proportionen nicht aus dem Auge verlieren. Dem Patriarchat von Konstantinopel kommt von Geburt an eine gesamt-orthodoxe und ökumenische Funktion zu. Athenagoras hat diese Funktion weder geschaffen noch genau genommen »wiederhergestellt«. Nach langer Stagnation hat er von ihr lediglich einen »dynamischen« Gebrauch gemacht, wie es Metropolit Meliton von Chalkedon formuliert, der engste Mitarbeiter des Patriarchen in den großen Entscheidungen der zweiten Amtshälfte.[2] Zu Hilfe gekommen sind ihm dabei das Charisma seiner Persönlichkeit, aber auch besondere Umstände, die bis dahin nicht gegeben waren.

Tief durchdrungen von der ökumenischen Verpflichtung seines Amtes war Athenagoras ein Mann der großherzigen Öffnung zur Außenwelt. Das Einigende war ihm wichtiger als das Trennende, wenn er auch nie zu Abstrichen am orthodoxen Kirchenbegriff bereit war. Die Versöhnung mit der Kirche Roms und die vertiefte Zusammenarbeit mit den Protestanten sind die weltweiten Aspekte seines Wirkens. Die kirchenpolitische Entwicklung im engeren Bereich des östlichen Mittelmeers und Vorderen Orients, dem historischen Stammland der Orthodoxie, hat Athenagoras in doppelter Hinsicht beeinflußt. Er hat, und das muß an erster Stelle genannt werden, die inter-orthodoxen Beziehungen wieder belebt, ja in bestimmten Bereichen frisch institutionalisiert. Und er hat zweitens den Prozeß einer Wiedervereinigung mit den alten Kirchen des Orients in Gang gesetzt, die seit dem Konzil von Chalkedon im Jahr 451 vom Stamm der Orthodoxie getrennt sind.

Im Gefolge der beiden Weltkriege hatte sich der Zusammenhalt der orthodoxen Gliedkirchen untereinander empfindlich gelockert, nachdem schon der langsame Zerfall des Osmanischen Reiches das Gefüge der Gesamtkirche schwer erschüttert hatte. Dieser Desintegration der Orthodoxie hat Athenagoras Einhalt geboten. Zum ersten Mal in der modernen Geschichte hat er es vermocht, die Gesamtheit der Gliedkirchen um einen Tisch zu versammeln. Die pan-orthodoxe Konferenz, die auf seine Initiative im September 1961 auf Rhodos zusammentrat, war ein großer Erfolg. Seither sind solche Konferenzen so etwas wie eine gewohnheitsrechtliche Institution geworden. Schon die Rhodos-Konferenz hat Athenagoras im Hinblick auf die Vorbereitung eines gesamtorthodoxen Konzils einberufen. Er hat beharrlich an dieser großen Aufgabe weitergearbeitet, freilich auch einsehen müssen, daß die Konzilsidee zu seinen Lebzeiten nicht mehr zu verwirklichen war.

Dank der Dynamik des Athenagoras hat der Ehrenprimat Konstantinopels in der orthodoxen »Bundeskirche« wieder in höherem Maß reale Bedeutung als einigender Faktor erlangt. Daß das Verhältnis zur russischen Kirche der Eckpfeiler der orthodoxen Einheit ist, dessen war sich Athenagoras klar bewußt und daher von sich aus stets um gute Beziehungen zum Moskauer Patriarchat bemüht. »Wenn wir ohne die russische Kirche handeln, so wäre dies das Schisma. Wenn es uns aber gelingt, die russische Kirche, auch um den Preis schmerzlicher Opfer, auf den Weg der orthodoxen Einheit und der Einheit aller Christen zu bringen, so müßte das alle Schwesterkirchen in eine nicht mehr umkehrbare Bewegung mitreißen. Deshalb müssen wir die Russen mit uns haben.«[3] In der Tat hat Athenagoras den Russen manches »schmerzliche Opfer«

gebracht und auch manche Brüskierung schweigend hingenommen. Er ist aber dort fest geblieben, wo das Moskauer Patriarchat einseitig an die traditionelle Ordnung der Orthodoxie rührte, die im Primat Konstantinopels ihren Angelpunkt hat. Anläßlich gewisser vom Phanar mißbilligter Schritte des Moskauer Patriarchats haben sich daraus in den letzten Jahren vor dem Tode des Athenagoras grundsätzliche Meinungsverschiedenheiten über Wesen und Grenzen der Autokephalie ergeben.

Zu den alten Kirchen des Orients hat das Ökumenische Patriarchat unter Athenagoras erstmals engere und anhaltende Kontakte geknüpft. Die Anhänger dieser auch als nicht-chalkedonisch oder vor-chalkedonisch bezeichneten Kirchen bilden die Mehrheit der Christen im Vorderen Orient. Schon als im Jahr 1951 das Jubiläum des Konzils von Chalkedon begangen wurde, erließ Athenagoras eine Enzyklika, in der es hieß: »Die Zeit ist gekommen, daß die von Uns geleiteten heiligen Kirchen, die zusammen die eine, heilige, katholische und apostolische Orthodoxe Kirche bilden, jedwede Sorge und Eifer entfalten zur Behebung der der Annäherung und der Einigung im Wege stehenden Schwierigkeiten, welche keineswegs so groß sind, wie man gemeinhin glaubt.«[4] Es sollten noch zehn Jahre vergehen, bis die Saat zu reifen begann. Der Anfang wurde auf der pan-orthodoxen Konferenz von 1961 gemacht, zu der die alten Kirchen des Orients Beobachter entsandt hatten. Es schlossen sich in größeren Abständen inoffizielle Theologengespräche an. Im Augenblick, als Athenagoras starb, war die im Verlauf dieser Gespräche erzielte Annäherung so weit gediehen, daß man sich zu der Hoffnung berechtigt glaubte, der offizielle Vereinigungsdialog zwischen der chalkedonischen und vor-chalkedonischen Orthodoxie könne in absehbarer Zeit aufgenommen werden.

Lebenswichtig für die Entfaltung des Ökumenischen Patriarchats ist ein korrektes Verhältnis zur türkischen Obrigkeit, und dieses wiederum läßt sich nur auf der Grundlage freundschaftlicher, mindestens aber erträglicher Beziehungen zwischen Griechenland und der Türkei begründen und bewahren. Athenagoras hat von Anfang an konsequent und ohne Vorbehalt danach gehandelt. Er ist auf diesem Wege sehr weit gegangen. Aus Einsicht und Überzeugung fühlte er sich zu strikter Loyalität gegenüber der Türkischen Republik verpflichtet, auf deren Boden das Ökumenische Patriarchat seinen angestammten und unverrückbaren Sitz hat. Athenagoras war nicht wie seine Vorgänger seit 1923 im Gebiet der heutigen Türkischen Republik geboren und hat die türkische Staatsangehörigkeit erst nach seiner Wahl zum Patriarchen zuerkannt erhalten. Aus der Loyalität gegenüber dem Staat leitete er für sich und für das Patriarchat nicht nur Pflichten, sondern auch alle Rechte ab, die Verfassung und Gesetz der laizistischen Türkei allen Staatsbürgern gewähren. Das Bekenntnis zur Türkei war für ihn eine geschichtlich und politisch gebotene Selbstverständlichkeit. Den Kritikern hat er entgegnet: »Wir sind alle türkische Staatsbürger. Es gibt Griechen in Griechenland, die mir ›Türkophilie‹ vorwerfen. Ich habe ihnen gesagt, ich sei nicht ›türkophil‹, ich sei Türke.«[5]

Die Beziehungen zu den Türken waren anfangs recht gut, namentlich nachdem die Demokratische Partei unter Adnan Menderes die Regierung in Ankara übernommen hatte. Sie hätten sich vielleicht in der von Athenagoras gewünschten Richtung weiterentwickelt, wäre nicht Mitte der fünfziger Jahre der Zypernkonflikt ausgebrochen. Er hat dem Phanar unermeßlichen Schaden zugefügt. Die politische Rolle, die Zyperns

Erzbischof Makarios, Oberhaupt einer der ältesten autokephalen Kirchen, in dem Konflikt spielte, hat die Türken erneut in ihrem tief verwurzelten Mißtrauen gegenüber dem Phanar und der Orthodoxie bestärkt. Der Rückschlag war für Athenagoras eine schwere Enttäuschung. Die Bedrängnis des Patriarchats gebot ihm strenge Zurückhaltung. Das Kreuz der türkischen Repressalien hat Athenagoras geduldig getragen. Wenn aber in der türkischen Öffentlichkeit die Forderung erhoben wurde, der Patriarch solle öffentlich Stellung gegen Makarios beziehen, so hat er ein solches Ansinnen als unzumutbar zurückgewiesen. Gesprächsweise hat er sich dazu geäußert: »In moralischer Hinsicht tadele ich die Hnadlungsweise Erzbischof Makarios' in der Zypernfrage. Ich habe aber keinen Grund, gegen ihn ein kirchliches Verdammungsurteil auszusprechen, wie es die nationalistischen türkischen Studenten verlangen. Wenn mich die türkische Regierung dazu zwingen wollte, würde ich mich damit begnügen, an ihre eigene Verfassung zu appellieren.«[6]

Der Zypernkonflikt hat Athenagoras in der Überzeugung bestärkt, daß das Ökumenische Patriarchat keinerlei Politik zu treiben habe. Der Phanar sollte sich nicht mit politischen Zielen und Bestrebungen irgendwelcher Art identifizieren. Die byzantinisch-hellenische Tradition des Patriarchats wollte Athenagoras rein spirituell verstanden wissen. »Der Traum einer Wiederherstellung des byzantinischen Reiches ist für die Griechen verhängnisvoll gewesen. Heute erlebt man das Gleiche in der Vermengung von Religion und Politik auf Zypern. Es muß ganz klar und deutlich gesagt werden: das byzantinische Reich ist seit langer Zeit tot. Das wirkliche Byzanz ist spiritueller Natur.«[7] Es entsprach durchaus der Auffassung, die Athenagoras von der Rolle des Patriarchats hatte, daß dieses gemäß der von den Türken während der Lausanner Friedensverhandlung von 1922/23 gestellten Bedingung und gemäß dem laizistischen Charakter der Türkischen Republik auf rein religiöse Angelegenheiten beschränkt ist. Die Aufhebung der im Osmanischen Reich dem Patriarchat zustehenden politisch-administrativen Befugnisse konnte Athenagoras nur als segensreiche Befreiung von einer nicht mehr zeitgemäßen Bürde empfinden. Auch aus nationalen Bindungen wollte Athenagoras den Phanar lösen. Das Ökumenische Patriarchat hatte sich nach seinem Willen als über-nationale Institution zu verstehen, weil es für die Universalität der Orthodoxie verantwortlich sei.

Mehr als zwei Jahrzehnte sind Athenagoras beschieden gewesen, um den Phanar mit seinem Geist zu erfüllen. Die Zeit hat ausgereicht, eine neue Generation im Ökumenischen Patriarchat heranwachsen zu lassen, die in den Kategorien des großen Patriarchen zu denken gewohnt ist. Was Athenagoras zur Verwirklichung seiner Ideen getan hat, war bei seinem Tod zum großen Teil noch unvollendet. Fortführung und Vollendung hat er als Vermächtnis seinen Erben hinterlassen.

Dem kurzen Rückblick seien kommentarlos orthodoxe Urteile über Athenagoras angefügt. Das erste stammt aus der Feder eines Griechen, das zweite kommt von russisch-orthodoxer Seite.

Unter dem Titel »Der moderne Phanariot« hat der griechische Professor Dimitrios Tsakonas, ein enger Freund und Vertrauter des verstorbenen Patriarchen, in der Athener Zeitung »Eleftheros Kosmos« vom 28. Januar 1973 die Persönlichkeit des Athenagoras ausführlich gewürdigt. Sinngemäß in den großen Linien zusammengefaßt schreibt Tsakonas darin:

»Verschiedentlich ist gesagt worden, der Patriarch Athenagoras sei ein Neuerer gewesen. Wenn wir gründlicher und tiefer in das Studium der Geschichte eindringen, werden wir sehen, daß Athenagoras eine Linie verfolgte, die als phanariotische Tradition bezeichnet wird. Was ist diese phanariotische Tradition? Was ist diese phanariotische Politik, was ihr charakteristisches Merkmal? Es ist der föderative (omospondiakos) Charakter der Geschichte.

Sofort nach der Eroberung Konstantinopels im Jahr 1453 entwirft der Ökumenische Patriarch Gennadios Scholarios die Idee eines osmanischen Staates hellenischer Nation. Er ruft die Gebildeten unter den christlichen Untertanen des Osmanenreiches an die Seite des Patriarchats als Laienbeamte und plaziert sie zugleich am Hofe des Sultans. So werden die Griechen Botschafter und Minister des Sultans ... Unter diesem Aspekt kann man sagen, daß das Hauptziel der phanariotischen Politik ein dualistisches hellenisch-osmanisches Reich war. Diese Politik wurde von 1453 bis 1922 verfolgt. Die Föderation, die Wiedererrichtung des multi-nationalen Byzanz unter griechisch-osmanischer Führung, das ist die phanariotische Politik. Aber diese Politik muß sich jeder Epoche anpassen. Tradition ist ein dynamischer Begriff. Der große Patriarch, der demütige Mann, der vom Erzbistum Amerika aufbrach zum Phanar am Goldenen Horn, wollte die phanariotische Tradition modernisieren und in Verbindung zur modernen Wirklichkeit bringen.

Der Patriarch erkannte, daß die kleinasiatische Katastrophe (die Niederlage Griechenlands im griechisch-türkischen Krieg von 1920/22) eine unabänderliche Tatsache ist. Er erkannte auch, daß wir auf irgendeine Weise mit dem Dialog der Liebe und Brüderlichkeit eine breite Zusammenarbeit verwirklichen müssen, nicht nur politisch im Mittelmeerraum, sondern auch im gesamt-orthodoxen und gesamt-christlichen Bereich und in der christlichen Ökumene. Kein gesamt-christliches Gespräch kann aber echt sein, wenn es sich nicht auf die orthodoxe Einheit stützt. Der Patriarch mußte die gesamt-orthodoxe Einheit sichern, um dem Phanar nicht nur der Form, sondern auch dem Wesen nach einen ökumenischen Charakter zu geben, ihn zum wahren Vorkämpfer der Orthodoxen Ostkirche zu machen ... Alles dies erreichte der Patriarch, weil er ein Mann war, der aus dem Ausland kam (apodemos). Nach seinem Wirken als Metropolit von Korfu ging er nach Amerika, wo er eine neue Wirklichkeit entdeckte, die Wirklichkeit des westlichen Christentums ... Athenagoras war der Brückenbauer der christlichen Welt. So wurde der provinzielle Charakter der Orthodoxie überwunden, der auf Selbstgenügsamkeit innerhalb ihrer sicheren Grenzen hinauslief.

Die Erneuerung der phanariotischen Politik war eine Linie, der sich auch Eleftherios Venizelos gegen Ende seines Lebens anschloß. Doch diejenigen, die seine Politik fortführten, verweigerten der phanariotischen Linie tieferes Verständnis und machten sie sich nicht zu eigen ... Eleftherios Venizelos schloß sich nach der kleinasiatischen Katastrophe der Linie der phanariotischen Politik an und führte sie mit einer griechisch-türkischen Verständigung und Freundschaft zu Ende.«

»Brückenbauer auf dem Wege zur kirchlichen Einheit« überschrieb K. Logatschew in der »Stimme der Ortodoxie«, dem Organ des mitteleuropäischen Exarchats des Moskauer Patriarchats« (Nr. 10/1972), einen Nachruf auf Athenagoras:

»Der hochheilige Patriarch Athenagoras übernahm die Leitung der Kirche von Konstantinopel in einer Zeit großer Schwierigkeiten, als sie vor der unabweisbaren Notwendigkeit stand, den engnationalistischen Charakter der griechischen Orthodoxie zu ändern und die griechische Hegemonie aufzuheben. Auf diesem Wege ergaben sich bis zuletzt immer wieder Schwierigkeiten. Dessen ungeachtet verstand es Patriarch Athenagoras, eine Reihe von wichtigen Maßnahmen einzuleiten, von denen besonders seine Initiative zur Einberufung einer Panorthodoxen Konferenz genannt zu werden verdient ...

Unter seiner Leitung entwickelten sich zwischen der Kirche von Konstatinopel und dem Moskauer Patriarchat wohlwollende Beziehungen, obzwar Meinungsverschiedenheiten in einer Reihe von grundsätzlichen Fragen, besonders in Bezug auf die Autokephalie der orthodoxen Kirche in Amerika, nicht ausgeräumt werden konnten ... Im Dezember 1960 war der hochheilige Patriarch Alexius (von Moskau) Gast bei Patriarch Athenagoras im Phanar. Dies war ein erster Besuch eines Moskauer Patriarchen am Stuhle des Patriarchen von Konstantinopel, seitdem die russische orthodoxe Kirche vor mehr als 500 Jahren ihre Autokephalie erhalten hatte ... Verständnis für die prinzipielle Position der Russischen Orthodoxen Kirche im Blick auf die inter-orthodoxe Situation hat Patriarch Athenagoras in einer Reihe von Fällen erkennen lassen.«

## Die Patriarchenwahl vom Juli 1972

Die Nachfolge des Athenagoras hat dem Phanar bewegte, zeitweise sehr kritische Tage beschert. Zwar hatte sich innerhalb des Patriarchats schon seit längerer Zeit ein breiter, wenn auch keineswegs vollständiger Consensus über die Person des Nachfolgers herausgebildet. Die Wahl eines neuen Patriarchen ist aber unter den gegebenen Umständen nicht allein eine Angelegenheit der Kirche. Sie hat Rücksicht zu nehmen auf die türkische Obrigkeit. Und sie berührt schließlich auch die Beziehungen zwischen der Türkei und Griechenland, weil dieses sich aus historischen, religiösen und nationalen Gründen dem Ökumenischen Patriarchat verbunden fühlt und als Unterzeichner des Lausanner Vertrages von 1923 ein begründetes Interesse an der griechischen Minderheit in Istanbul nimmt — wie umgekehrt die Türkei aus dem gleichen Grunde an der türkischen Minderheit auf griechischem Staatsgebiet. Bei jeder Patriarchenwahl verstricken sich daher kirchliche und politische Interessen miteinander. Die Wahl von 1972 hat dies wieder einmal in deutlicher Weise bestätigt. Alle unmittelbar oder mittelbar Beteiligten waren darauf vorbereitet, daß die Regelung der Nachfolge Athenagoras I. schwierig sein werde, sowohl wegen der zu erwartenden Einflußnahme der türkischen Regierung wie auch wegen ihrer Verzahnung mit dem ohnehin labilen Verhältnis zwischen Ankara und Athen. Als grundlos haben sich die Befürchtungen nicht erwiesen. Die Gefahren sind aber schließlich besser und rascher gemeistert worden, als man meistens angenommen hatte.

Die Wahl des Kirchenoberhauptes ist in den Gliedkirchen der Orthodoxie unterschiedlich geregelt. Abgesehen von einigen kanonischen Grundsätzen gibt es dafür keine allgemeine Regelung. Unterschiedlich ist auch die Einflußnahme des Staates auf die Wahl. Schließlich ist auch die Verschiedenheit der historisch-politischen Voraussetzungen zu berücksichtigen, unter denen sich die Beziehungen zwischen Kirche und Staat jeweils entwickelt haben und heute befinden.

Das Patriarchat von Konstantinopel hat im Lauf seiner langen Geschichte drei Obrig-
keiten gekannt: das christliche Byzanz, das islamische Reich der Osmanensultane und
die laizistische Türkische Republik. In byzantinischer Zeit wurde der Patriarch offiziell
von der Heiligen Synode gewählt, doch stand das letzte Wort fast immer dem Kaiser
zu. Lange Zeiten kamen die Prärogativen des weltlichen Herrschers darin zum Ausdruck, daß die Synode eine Liste von drei Kandidaten (triprosopon deltion) aufstellte,
unter denen der Kaiser seine Wahl traf. Später kam dieses Verfahren außer Gebrauch.
Die Synode beschränkte sich darauf, denjenigen Kandidaten zu wählen, den ihr der
Kaiser bedeutet hatte oder von dem sie wußte, daß der Kaiser ihn als Patriarchen wünschte. Nach der Eroberung Konstantinopels im Jahr 1453 behielten die Osmanensultane, nunmehr andersgläubige Souveräne, das System der spät-byzantinischen Ära im Wesentlichen bei.[8] Es versteht sich von selbst, daß niemand Patriarch werden konnte, der
dem Sultan nicht genehm war. Ein Erlaß des Sultans vom Jahr 1741 machte ein »Leu-
mundszeugnis« der fünf Metropoliten von Heraklia, Kyzikos, Nikomedia, Nikaea und
Chalkedon (der Gerontes = Alten) zur Bedingung für die Wahl eines Patriarchaten.[9]
Damit setzte sich die sogenannte Gerontokratie in der Regierung des Patriarchen durch.
Einschneidende Änderungen am herkömmlichen Wahlsystem traten erst im Gefolge der
von den Sultanen des 19. Jahrhunderts vorgenommenen Reformen im Osmanischen
Reich ein. Davon muß man zum Verständnis der gegenwärtigen Situation ausgehen.

*Das Statut von 1862*

Die Reformerlasse der Sultane und insbesondere der Hatt-i-Humayun (kaiserliche Er-
lass) des Sultans Abdul Mecit vom 18. Februar 1856 kündigten eine gewisse Liberali-
sierung im inneren Regime der christlichen Gemeinschaften (millets) des Reiches an, deren wichtigste unter der Führung des Ökumenischen Patriarchats stand.[10] Der Abso-
lutismus von Patriarch und Geronten kam in Fortfall, das Laienvolk wurde an den
Aufgaben der inneren Selbstverwaltung beteiligt. Ein provisorisch gebildeter »Nationaler Rat« arbeitete in den Jahren 1858 bis 1960 unter Vorsitz des Patriarchen ein
unter dem Namen »Allgemeine Regeln (Genikoi Kanonismoi) des Ökumenischen Patriarchats« bekannt gewordenes Statut aus. Nachdem die osmanische Regierung den
ihr vorgelegten Entwurf gebilligt hatte, erhielt dieser in Form des Nizamname
(Statuts) von 1862 die Sanktion des Sultans.
Der wichtigste Teil des Statuts bezog sich auf die Wahl des Patriarchen.[11] Demzufolge
hatte sofort nach dem Tod eines Patriarchen die Heilige Synode zusammen mit dem
»Gemischten Rat« zunächst einen Platzhalter (Topotiritis) zu bestellen. Der »Gemischte Rat« war eine ständige Institution, bestehend aus vier von der Heiligen Synode zu
bestimmenden Erzpriestern und aus acht Laien. Dem Platzhalter oblag es, die Wahl
vorzubereiten und die Wahlversammlung einzuberufen. Diese setzte sich zusammen aus
den zwölf Mitgliedern der Heiligen Synode, den übrigen in Konstantinopel anwesenden (endemounton) Metropoliten und dem Metropoliten von Heraklia[12] sowie aus siebzig Laien, die mithin in der Mehrheit waren.
Die Wahl selbst erfolgte in mehreren Stufen. In der ersten Stufe hatte die Wahlversammlung in geheimer Abstimmung eine Liste sämtlicher Kandidaten aufzustellen.

Aus dieser Liste mußte in der zweiten Stufe, wiederum in geheimer Abstimmung, ein Katalog von drei Kandidaten ausgewählt werden. Auf Grund dieses Dreierkatalogs fiel in der dritten Stufe den geistlichen Mitgliedern der Wahlversammlung die Entscheidung zu. Die Laienmitglieder waren anwesend, hatten aber in dieser letzten Phase kein Stimmrecht. Auch die Stichwahl war geheim. Als gewählt galt derjenige der drei Kandidaten, auf den die meisten Stimmen entfielen.

Die Regierung des Sultans war in mehrfacher Hinsicht in das Wahlverfahren eingeschaltet. Erstens bedurfte der von der Heiligen Synode und dem »Gemischten Rat« bestimmte Platzhalter ihrer Anerkennung. Zweitens mußte ihr das von der Wahlversammlung in der ersten Stufe aufgestellte Verzeichnis aller Kandidaten zur Bestätigung vorgelegt werden. Indem die Regierung ihr mißliebige Kandidaten strich, konnte sie deren Aufnahme in den Dreierkatalog verhindern, sie mithin von der Wahl ausschließen. Drittens durfte der neu gewählte Patriarch erst inthronisiert werden, nachdem er sich in feierlichem Aufzug zum Sultan begeben und dessen Anerkennung gefunden hatte, was allerdings nur mehr eine Formalität war.


*Das Verfahren seit 1923*

Das Nizamname von 1862 ist bis Ende des Osmanischen Reiches in seiner ursprünglichen Form gültig geblieben. Nach Gründung der Türkischen Republik im Oktober 1923 ist es zwar nicht ausdrücklich abgeschafft worden, verlor aber zwangsläufig so weit seine Gültigkeit, wie es sich aus der Umwandlung der Türkei in einen laizistischen Nationalstaat und der Beschränkung des Patriarchats auf rein religiöse Angelegenheiten ergab. Etwas anderes ist nicht an seine Stelle getreten. Die türkische Regierung hat sich dreimal mit der Ausarbeitung eines neuen Statuts für das Patriarchat beschäftigt. Das erste Mal im Jahr 1950, nachdem die Demokratische Partei unter Adnan Menderes an die Macht gekommen war, das zweite Mal 1956 nach Ausbruch des Cypernkonflikts, wiederum unter Menderes, und das dritte Mal im Jahre 1960 unter dem Militärregime. Die Bemühungen sind in allen drei Fällen nicht weit gediehen. Mangels einer neuen Regelung hat die Republik, so wird es von türkischer Seite gesehen[13], das Nizamname von 1862 in »sinngemäßer Interpretation« weiter angewendet, das heißt unter Fortfall oder Modifizierung aller Bestimmungen, die an das Millet-System des Osmanischen Reiches gebunden und unter den veränderten Umständen nicht mehr anwendbar sind, so zum Beispiel die Beteiligung der Laien an der Patriarchenwahl. Die Anpassung des Statuts von 1862 an Gesetz und Charakter der Türkischen Republik hat sich entweder von selbst ergeben oder ist auf administrativem Wege erfolgt. Schon wenige Monate nach Proklamation der Republik ist eine administrative Regelung in Bezug auf die Patriarchenwahl vorgenommen worden, und zwar in Form einer Mitteilung des Vali (Präfekten) von Istanbul an die Heilige Synode vom 6. Dezember 1923. Danach sind zur Wahl nur diejenigen Metropoliten zugelassen, die türkische Staatsbürger sind und im Zeitpunkt der Wahl ihr geistliches Amt in der Türkei ausüben. Das Gleiche gilt für die Person des gewählten Patriarchen[14]. Damit sind grundsätzlich sowohl die Wahlversammlung wie die Zahl der Kandidaten auf den kleinen Kreis von Hierarchen beschränkt, der sich aus der griechisch-orthodoxen

Minderheit in der Türkei rekrutiert, obwohl der Jurisdiktionsbereich des Patriarchats weit über die Grenzen der Türkei hinausreicht. Nach türkischer Auffassung ist indessen das Patriarchat nur noch die lokale Kirche der griechischen Minderheit: die ökumenische Funktion sei — vergleichbar dem 1924 abgeschafften Kalifat der Osmanensultane — politischer Natur gewesen und daher mit dem Ende des Osmanischen Reiches und dem Lausanner Vertragswerk von 1923 erloschen.[15]

Wie sieht es nun in kirchlicher Perspektive aus? Zum Unterschied von den meisten orthodoxen Schwesterkirchen besitzt das Ökumenische Patriarchat keine geschriebene Verfassung. Zur Zeit der Republik ist im Phanar nur einmal ein Versuch zur Ausarbeitung eines Statuts gemacht worden. Der Patriarch Photios II. setzte zu diesem Zweck im Jahr 1931 eine besondere Synodalkommission ein. Die Absicht scheint sich im wesentlichen darauf beschränkt zu haben, der Heiligen Synode eine neue Ordnung zu geben. Der von der Kommission vorgelegte Entwurf ist nach längerer Diskussion und einigen Abänderungen schließlich zu den Akten gelegt worden.[16] Der seit 1923 bestehende Zustand wird folgendermaßen definiert: »Das Ökumenische Patriarchat wird heute gemäß den Kanones, den kirchlichen Vorschriften und Bräuchen sowie einigen aus dem Statut von 1862 beibehaltenen Regeln regiert, die in kirchlichem Geist den jeweiligen Umständen angepaßt werden.«[17] Auch hier wird also ein teilweises Fortbestehen des Statuts von 1862 konstatiert, jedoch in anderem Sinne, als es der türkischen Interpretation entspricht. Da sich das Patriarchat als eine freie Kirche in einem laizistischen Staat auffaßt, bestreitet es grundsätzlich dem Staat das Recht, in die innere Ordnung der Kirche einzugreifen. Jedoch wird den staatlichen Anordnungen de facto Genüge getan, soweit nicht unabdingbare Grundsätze der Kirche verletzt werden. Zwischen dem Patriarchat und der Türkischen Republik besteht, so kann man sagen, ein ungeschriebener und jeweils den Umständen angepaßter Modus vivendi.

Die Wahl eines neuen Patriarchen steht seit 1923 allein der »Endimusa Synodos« ohne Mitwirkung des Laienelements zu. Der Begriff der »Endimusa Synodos«[18] wird heute als die Gesamtheit der in der Türkei amtierenden Metropoliten verstanden. Sie umfaßt also nicht nur die Mitglieder der Heiligen Synode, sondern auch diejenigen Metropoliten, die dieser nicht angehören, aber als amtierend angesehen werden. Titular-Metropoliten sind ausgeschlossen. Die Mitwirkung der außerhalb der Türkei amtierenden Hierarchen des Patriarchats wird dadurch symbolisch gewahrt, daß diese der »Endimusa Synodos« ihr Einverständnis mit der Wahl vorher schriftlich mitteilen.

Während des Interregnums ist die Synode in ihrer Gesamtheit für die Verwaltung des Patriarchats verantwortlich. Einen Platzhalter (Topotiritis), wie er noch im Statut von 1862 figuriert, gibt es nicht mehr. Der Vorsitz der Synode gebührt dem ranghöchsten (nicht dem an Jahren ältesten) Metropoliten. Dies ist im Prinzip immer noch der Metropolit von Heraklia. Dieser Sitz ist jedoch seit 1936 nicht mehr besetzt worden, so daß seither der Metropolit von Chalkedon den höchsten Rang einnimmt und daher auch den Vorsitz der »Endimusa Synodos« führt. In dieser Eigenschaft obliegt ihm die Vorbereitung und Leitung der Wahl.

Die Wahl selbst findet in der herkömmlichen Weise statt. Nach kanonischem Recht muß sie innerhalb von vierzig Tagen nach Eintritt der Vakanz erfolgen. Am Wahltag stellt die »Endimusa Synodos« zuerst aus ihren Reihen einen Katalog von drei Kandidaten auf. Anschließend begibt sie sich in die Patriarchatskirche zur Stichwahl. Die Wahl, eine religiöse Handlung, ist geheim. Die relative Mehrheit der Stimmen entscheidet. Das Ergebnis wird unverzüglich den türkischen Behörden mitgeteilt. Die Inthronisierung findet kurz darauf statt, sofern nicht besondere Umstände eine Verzögerung gebieten, wie es zum Beispiel nach der Wahl des in Amerika weilenden Athenagoras der Fall war.

### Die sieben Patriarchenwahlen zwischen 1923 und 1948

Im Lauf der 25 Jahre, die zwischen der Proklamation der Türkischen Republik und der Thronbesteigung Athenagoras' liegen, hat es sieben Patriarchenwahlen im Phanar gegeben. Die Mehrzahl ist ohne Schwierigkeiten verlaufen. Dreimal hat die türkische Regierung aus verschiedenen Gründen und auf unterschiedliche Weise interveniert. Nur in einem dieser Fälle ist es zu einem längeren, ernsten Konflikt von internationaler Tragweite gekommen, und das war in der Anfangszeit der Republik, als es noch um die Klärung der vom Lausanner Frieden geschaffenen neuen Lage ging.

Die Türkische Republik ist am 29. Oktober 1923 proklamiert worden. Zu diesem Zeitpunkt war der ökumenische Thron vakant. Patriarch Meletios IV. (Metaxakis) hatte sich wegen seiner anti-türkischen Aktivität die Feindschaft der türkischen Regierung zugezogen und war schließlich am 20. September 1923 auf dringenden Rat der griechischen Regierung zurückgetreten, die mit der Türkei ins Reine kommen wollte. Bis zur Wahl eines Nachfolgers vergingen mehrere Monate. Als es so weit war, daß die Wahl stattfinden konnte, reichte die Heilige Synode den türkischen Behörden die Liste der Kandidaten zur Bestätigung ein »wie es früher üblich war«.[19] Dieses Verfahren ist, soweit bekannt, später nicht mehr befolgt worden, jedenfalls nicht in der alten Form. Man wußte, daß die türkische Regierung die Kandidatur des Metropoliten Grigorios (Zervondakis) von Chalkedon begünstigte. Grigorios hatte sich in der spannungsgeladenen Zeit, die dem endgültigen Sieg der kemalistischen Bewegung voranging, neutral verhalten. Die Synode, nunmehr begrenzt auf die in der Türkei amtierenden und der türkischen Staatsbürgerschaft teilhaftigen Metropoliten, wählte ihn am 6. Dezember 1923 zum Patriarchen.

Grigorios VII. starb elf Monate nach seiner Wahl. Zum Nachfolger wählte die Synode am 17. Dezember 1924 den Metropoliten Konstantin (Araboglu) von Derkae, obwohl ihr vorher von der türkischen Regierung bedeutet worden war, daß die Kandidatur Konstantin Araboglus gegen die Bestimmungen des griechisch-türkischen Bevölkerungsaustausches verstoße und daher nicht akzeptabel sei: Konstantin sei am Stichtag des 30. Oktober 1918 nicht in Istanbul ansässig gewesen, falle daher unter den Bevölkerungsaustausch und sei nicht als türkischer Staatsbürger anzusehen. Die Türken erkannten die Wahl Konstantins VI. nicht an und wiesen den Patriarchen am 30. Januar 1925 aus der Türkei aus. Griechenland schaltete sich ein, und der Konflikt kam bis zum Völkerbunde.[20] Konstantin VI. dankte am 19. Mai ab. Eine Woche später wurde der Rücktritt von der Heiligen Synode angenommen. Die Nachfolge trat Basilios III. (Georgiadis) an, dem im Oktober 1929 Photios II. (Maniatis) folgte. Beide Male ging die Wahl ohne Schwierigkeit vonstatten.

Zu Schwierigkeiten mit den Türken kam es erst wieder, nachdem Photios II. im Dezember 1935 gestorben war. Als aussichtsreichste Kandidaten galten die Metropoliten

Maximos von Chalkedon und Joakim von Derkae. Die türkische Regierung ließ über griechische Kreise in Istanbul den Phanar wissen, sie betrachte fünf Metropoliten, darunter auch die beiden Favoriten, als unerwünscht, würde es aber begrüßen, wenn die Wahl auf den von ihr als türkenfreundlich angesehenen Metropoliten Jakovos von Imbros und Tenedos fiele. Um den Fall zu klären, begaben sich zwei Mitglieder der Synode zum Vali, konnten aber nicht mehr erreichen, als daß dieser den Einspruch auf die beiden Metropoliten von Chalkedon und Derkae einschränkte und im übrigen nochmals im Namen seiner Regierung sich für den Metropoliten von Imbros verwandte. In der Hoffnung, doch noch eine Änderung der türkischen Haltung zu bewirken, wurde die Wahl um einige Tage hinausgeschoben. Indessen ließen sich die Türken nicht umstimmen.[21]

Am 18. Januar trat die Wahlsynode (Endimusa Synodos) unter dem Vorsitz des dem Rang nach höchsten Metropoliten Benjamin von Heraklia zusammen. Nach dem Einspruch der Türken kamen Maximos und Joakim als Kandidaten nicht mehr in Frage. Die stark umstrittene Wahl fiel auf Benjamin, der zwischen den Gruppierungen in der Synode eine neutrale Position einnahm. Zu dieser Entscheidung mag auch das hohe Alter Benjamins beigetragen haben, das eine baldige Neuwahl unter möglicherweise veränderten Umständen erwarten ließ. Benjamin I. (Christodoulos) hat jedoch wider Erwarten ein volles Jahrzehnt regiert, bei weitem länger als irgendeiner seiner Vorgänger seit Gründung der Türkischen Republik.

Benjamin I. verstarb am 17. Februar 1946. Dieses Mal gaben die Türken von vornherein zu verstehen, daß sie keinen Einwand gegen irgendeinen der möglichen Kandidaten vorzubringen hätten — also auch nicht gegen Maximos von Chalkedon, den die türkische Regierung zehn Jahre zuvor noch zur persona ingrata erklärt hatte. Dieser wurde dann auch schon am 20. Februar gewählt und als Maximos V. (Vaportzis) inthronisiert. Er hat nur reichlich zweieinhalb Jahre regiert. Die Umstände seines Rücktritts und der Wahl seines Nachfolgers bilden eines der interessantesten Kapitel in der Gegenwartsgeschichte des Ökumenischen Patriarchats.

Bei dem Streit um die Wahl Konstantins VI. im Jahre 1924 ging es um die Auslegung eines zwischen Griechenland und der Türkei geschlossenen Vertrages, nicht unmittelbar um das Patriarchat. Der Einspruch gegen Maximos im Jahre 1936 wiederum war eine interne Auseinandersetzung zwischen der türkischen Regierung und der Synode ohne erkennbare außenpolitische Motivation. Die Wahl Athenagoras' im Jahre 1948 hingegen stand unter dem entscheidenden Einfluß der damaligen weltpolitischen Lage.

Ungefähr ein Jahr, nachdem Maximos V. den ökumenischen Thron bestiegen hatte, machten sich bei ihm die ersten Krankheitssymptome bemerkbar. Der Patriarch erlitt seelische Depressionen und Angstzustände, die zwar seine geistigen Fähigkeiten nicht beeinträchtigten, ihn aber in der Ausübung seines hohen Amtes behinderten. Das Leiden nahm einen wechselvollen Verlauf. Um Erholung zu suchen, mußte sich Maximos zeitweilig von den Amtsgeschäften zurückziehen. Es war daher verständlich, daß man sich Sorgen machte und die Möglichkeit eines Wechsels im Phanar zu erwägen begann, namentlich auch in Athen. Die internationale Situation, überschattet von den ersten Höhepunkten des kalten Krieges, war bedrohlich. Die griechische Regierung konnte sich nur mit großer Mühe der vom Sowjetblock unterstützten kommunistischen Partisanen erwehren. Die Türkei war dem starken Druck Stalins auf die Meerengen ausgesetzt. Zur Unterstützung seiner Politik im östlichen Mittelmeerraum und Vorderen Orient bediente sich der Kreml jetzt auch des nach langer Unterdrückung wiederbelebten Moskauer Patriarchats. Der im Februar 1945 gewählte Patriarch Alexei entfaltete eine rege Aktivität im Vorderen Orient, unter Umgehung des Phanar und der von Krieg und Bürgerkrieg hart angeschlagenen Kirche von Griechenland. Um so notwendiger schien es, daß an der Spitze des Ökumenischen Patriarchats eine starke, voll handlungsfähige Persönlichkeit stand. Zu dieser Einsicht kam man nicht allein in Athen, sondern auch in Ankara und in Washington, das sich in zunehmendem Maße am Nahen Osten interessierte.

Die Vereinigten Staaten nahmen im März 1947 Griechenland und die Türkei unter den Schutz der Truman-Doktrin. Etwa gleichzeitig trat die griechische Diplomatie wegen der Lage im Phanar mit Ankara in Fühlung. Maximos V. schien unheilbar krank zu sein. Wo aber war ein Nachfolger zu finden, von dem sich die erforderliche Kraft und Ausstrahlung erwarten ließen? Die Griechen wollten sich vergewissern, ob die türkische Regierung unter den gegebenen außergewöhnlichen Umständen bereit wäre, einer auswärtigen Kandidatur zuzustimmen. Angeblich hatte man auf griechischer Seite zuerst den früheren Metropoliten von Trapezunt, Chrysanthos, im Auge, der in Athen lebte und sich der Gunst der rechtskonservativen Regierung erfreute.[22] Daß ernsthaft an Chrysanthos gedacht wurde, erscheint höchst unglaubwürdig, denn die griechische Regierung mußte wissen, daß die Türken einer Kadidatur des ehemaligen Metropoliten von Trapezunt, der sich nach dem Zusammenbruch des Osmanischen Reiches stark für die Bildung eines unabhängigen Pontus-Staates engagiert hatte,[23] keinesfalls zustimmen konnten. Wie dem auch gewesen sein mochte, alsbald rückte ein neuer Kandidat ins Blickfeld: der Erzbischof Athenagoras (Spyrou) von Amerika. Athenagoras war gut mit Präsident Truman befreundet. Seine Kandidatur wurde von führenden Kreisen der Amerika-Griechen gefördert, deren Einfluß in der Demokratischen Partei Trumans nicht gering war. Daß Athenagoras selbst nach der höchsten Würde der Orthodoxie strebte, war kein Geheimnis. Seine Kandidatur scheint im Lauf des Jahres 1948 greifbare Form angenommen zu haben. Auch die türkische Regierung konnte für Athenagoras gewonnen werden, woran die amerikanische Diplomatie nicht unbeteiligt gewesen sein dürfte.

Maximos V. trat am 18. Oktober 1948 zurück. Über die näheren Umstände seines Rücktritts gibt es verschiedene Versionen. Vermutlich braucht man die Erklärung nicht weit herzuholen. Maximos, ein verantwortungsbewußter und gewissenhafter Mann, glaubte wegen seiner Krankheit, die schwere Bürde seines Amtes abgeben zu müssen.[24] Sein Rücktritt bot indessen noch keine Gewähr für einen Erfolg der Athenagoras-Kandidatur. Im Phanar, wo man seit je auf jeglichen äußeren Einfluß allergisch zu reagieren pflegt, machte sich Widerstreben gegen die Wahl eines Außenseiters geltend. Eine ziemlich starke Gruppe der Synode zog offensichtlich einen der ihren vor, und zwar dem Metropoliten Joakim von Derkae, denselben, dessen Kandidatur bereits 1936 großen Zuspruch gefunden hatte, aber am Veto der Türken gescheitert war.

In den Wochen vor der Wahl schien es nicht ausgeschlossen, daß Joakim die Mehrheit erhalten könnte. Die Ungewißheit veranlaßte die Türken zu einer recht massiven Intervention. Der Vali von Istanbul rief am 28. Oktober eine Abordnung des Phanar zu sich und eröffnete ihr unumwunden, daß die türkische Regierung die Wahl des

Athenagoras wünsche. Nach glaubwürdiger Darstellung erklärte der Vali seinen Besuchern etwa folgendes: Auf Grund der ihm vorliegenden Informationen sei die Wahl Athenagoras' fraglich. Er habe deswegen soeben mit der Regierung in Ankara telefoniert. In deren Namen sei er ermächtigt, den Metropoliten mitzuteilen, daß die Regierung eine Wahl Joakims entschieden ausschließe und Athenagoras den Vorzug gebe. Sollte Athenagoras nicht gewählt werden, so werde dies schädliche Folgen für die griechische Minderheit und für die Beziehungen der türkischen Regierung zum Phanar haben.[25] Die Warnung ließ sich nicht überhören. Vier Tage später, am 1. November 1948, wählte die Synode Athenagoras zum neuen Patriarchen, sieben Metropoliten hielten an Joakim fest.

Die Wahl vom 1. November 1948 entsprach einer Entscheidung, die außerhalb des Phanar von den Regierungen Griechenlands, der Türkei und bis zu einem gewissen Grade auch Amerikas getroffen worden war. Der Größe eines Athenagoras und dem Werk, das dieser vollbracht hat, tut diese Feststellung keinerlei Abbruch. Die Türken wichen ausnahmsweise von den Regeln ab, die sie selbst aufgestellt hatten. Athenagoras amtierte zur Zeit seiner Wahl weder in der Türkei noch war er türkischer Staatsbürger. Erst nach der Wahl wurde ihm die türkische Staatsbürgerschaft verliehen. Daß die Heimat des Athenagoras, der Epirus, zur Zeit seiner Geburt noch zum Osmanischen Reich gehörte, konnte kaum als überzeugendes Argument gelten. Wer für die Wahl zum Patriarchen kandidieren will, muß entweder am 30. Oktober 1918 (dem Stichtag des 1923 zwischen Griechenland und der Türkei vereinbarten Bevölkerungsaustausches) in Istanbul ansässig gewesen oder später auf dem Gebiet der Türkischen Republik geboren sein. Die Verleihung der türkischen Staatsbürgerschaft ist zwar grundsätzlich nicht ausgeschlossen, müßte aber sinngemäß vor der Anmeldung der Kandidatur erfolgen. Daß die Türken entgegen ihren Prinzipien die Wahl eines ausländischen Staatsbürgers nicht nur billigten, sondern dem Phanar geradezu auferlegten, war rein außenpolitisch bedingt und läßt sich allein aus der internationalen Konstellation jener Jahre verstehen. Grundsätzlich hat die Türkische Republik ihre Haltung zur Wahl eines Patriarchen dadurch nicht geändert.

Die Konstellation von 1948 hat sich allmählich wieder gelockert und im Gefolge des Zypernkonfliktes schweren Schaden genommen. Die Rücksichtnahme der Türkei auf die Wünsche Washingtons ist geringer geworden. Die enge Verbundenheit mit dem griechischen Nachbarn hat sich zu einem labilen Verhältnis abgeschwächt, dessen Klima zwischen erträglicher Ruhe und gewitterhafter Spannung wechselt. Als Athenagoras starb, waren die Beziehungen zwischen Ankara und Athen, soweit es die Fortdauer des Zypernkonfliktes erlaubte, entspannt. Der beiderseitige Wille, die Entspannung nicht wieder zu zerstören, hat einiges dazu beigetragen, die Krise der Nachfolge zu überwinden.

*Die türkische »Mitteilung« vom Frühjahr 1970*

Zu Beginn des Jahres 1970 verschlechterte sich der Gesundheitszustand Athenagoras' in bedenklichem Maße. Es erwies sich als notwendig, daß sich der Patriarch zu ärztlicher Behandlung nach Wien begab, wo er vom 30. März bis Mitte Juni blieb. Athenagoras hatte damals bereits sein 84. Lebensjahr vollendet. Man mußte der Tatsache ins Auge sehen, daß seines Bleibens auf dieser Erde nicht mehr lange sein werde. Eine schwierige Nachfolge rückte näher, schwierig nicht allein, weil Athenagoras ein außergewöhnlicher Patriarch war, sondern auch, weil man nicht wußte, wie sich die türkische Regierung in diesem besonderen Fall verhalten werde. Die Zukunft des Patriarchats wurde wieder einmal Gegenstand teils offener, teils in den Kulissen geführter Diskussion. Manchen erschien sogar der Verbleib des Patriarchats am Goldenen Horn ungewiß. So war schon, ehe der Patriarch erkrankte, in der türkischen Presse berichtet worden, das Patriarchat werde nach dem Tode Athenagoras' nach Athen überführt werden.[26]

Die Türkei hatte sich 1923 nur höchst widerwillig mit dem Verbleib des Patriarchats auf ihrem Boden abgefunden. Jedes Mal, wenn die türkisch-griechischen Beziehungen eine Krise durchlebten, pflegte in der türkischen Öffentlichkeit der Ruf nach Entfernung des Patriarchats laut zu werden. Er beschränkt sich nicht auf nationalistische Studenten und islamisch-religiöse Fanatiker. Mißtrauen, ja Feindschaft gegenüber dem Phanar, eine Erbschaft des Zusammenstoßes zwischen türkischem Nationalismus und großgriechischem Imperialismus, reichte auch weit in die politisch und intellektuell führende Schicht hinein. Doch darf man die öffentliche Polemik nicht ohne weiteres mit der Haltung der türkischen Regierung identifizieren. Glaubwürdigen Zeugnissen zufolge hat die Regierung selbst auf den dramatischen Höhepunkten der Zypernkrise nicht an eine Ausweisung des Patriarchats gedacht.[27] Man wußte sehr wohl, daß eine solche Maßnahme dem Ansehen der Türkei in der Welt und namentlich im verbündeten Westen nur schaden könnte. Zudem war der Phanar immer noch ein nicht zu unterschätzendes Pfand der türkischen Diplomatie im Verhältnis zu Griechenland. Im realistisch verstandenen Interesse der Türkei lag die Vertreibung des Patriarchats nicht — ganz abgesehen davon, daß sie einen klaren Bruch des von Ismet Inönü in Lausanne abgegebenen Versprechens bedeutet hätte.

Innerhalb der Orthodoxie ist eine freiwillige Verlegung des Patriarchats des öfteren erörtert worden. Das Patriarchat schien in der Türkei zu stark eingeengt, um seine Mission erfüllen zu können. Zum Teil spielten dabei auch ambitiöse Hintergedanken bestimmter Gliedkirchen mit, die sich erhoffen mochten, eine Verlegung des Patriarchats könne eigenen Führungsansprüchen dienlich sein. Die Regierungen Griechenlands als des am stärksten interessierten Staates haben sich gegenüber einer Verlegung des Patriarchats fast stets ablehnend verhalten. Das Ökumenische Patriarchat selbst hat seit dem Lausanner Friedensvertrag nie einen Auszug aus der Stadt, in der es seit dem 4. Jahrhundert seinen Sitz hat, in Betracht gezogen.[28]

Den Verbleib des Patriarchats in der Türkei wollte die türkische Regierung — das kann als sicher gelten — nicht in Frage stellen. Wohl aber hat sie, als 1970 die Nachfolge des Athenagoras akut zu werden drohte, die Regeln für die Patriarchenwahl neu fixiert. Dies hat sie auf eine ungewöhnliche, ja sonderbare Weise getan. Wie die Öffentlichkeit erst später nach dem Tode des Athenagoras aus der Presse erfuhr, hat die Regierung Demirel einen interministeriellen Ausschuß mit der Ausarbeitung neuer Richtlinien für die Patriarchenwahl beauftragt.[29] Darauf dürfte es zurückgehen, daß der Vali von Istanbul im Frühjahr 1970 dem Phanar eine Mitteilung zukommen ließ. Die Mitteilung (teblig) war auf einem einfachen Bogen Papier niedergeschrieben, ohne Briefkopf, ohne Datum und ohne Unterschrift. Überschrieben war das Schriftstück: »Von seiten des Vilayets dem Patriarchat zu machende Mitteilungen in Bezug auf die Patriarchenwahl«. Der Phanar beantwortete das Schreiben des Vali in der gleichen Form.[30] An die Öffentlichkeit gelangte dieser eigenartige Austausch anonymer Schreiben nicht. Anscheinend wollten die Türken der »Mitteilung« keinen offiziellen Charakter geben, obwohl es keineswegs nur eine unverbindliche Sondierung war, wie sich später herausstellen sollte. Die griechische Regierung, der natürlich der Brief des Vali nicht unbekannt blieb, vermied es, den Vorgang an die große Glocke zu hängen. Im vertraulichen Gespräch warnte Außenminister Pipinelis seinen ihm persönlich befreundeten türkischen Kollegen Çağlayangil vor einem Eingriff in das Patriarchat.[31] Wer für die Mitteilung des Vali letzten Endes verantwortlich war, läßt sich mit Sicherheit nicht sagen. Das Vilayet war nur der Zwischenträger. Zuständig für die Angelegenheiten des Patriarchats ist das Innenministerium, und zwar die zu diesem Ministerium gehörende Sicherheitsdirektion (Emniyet Müdürlügü). Es ist anzunehmen, daß die grundsätzliche Entscheidung von dem oben erwähnten Regierungsausschuß getroffen worden ist, wobei die Sicherheitsbehörden maßgeblichen Einfluß ausgeübt zu haben scheinen.

Die Mitteilung des Vali enthielt neun Punkte. Das Wesentliche war folgendes. Erstens hat der an Jahren älteste Metropolit das Vilayet unverzüglich schriftlich zu unterrichten, wenn der Platz des Patriarchen verwaist ist. Zweitens muß innerhalb von drei Tagen ein Dreierausschuß aus den Metropoliten des Patriarchats gebildet werden, um die Kandidaten zu bestimmen und die Wahl zu leiten. Drittens muß das Dreierkomitee innerhalb von drei Tagen nach der Beisetzung des verstorbenen Patriarchen eine Liste der Kandidaten einreichen. Die Liste muß mindestens drei Namen enthalten. Kandidieren kann nur, wer die türkische Staatsbürgerschaft besitzt, vertrauenswürdig ist und die erforderliche Eignung aufweist. Das Vilayet gibt die Liste zurück, nachdem es sie geprüft und gegebenenfalls die Namen als ungeeignet angesehener Kandidaten gestrichen hat. Viertens muß bei der Wahl ein Notar zugegen sein. Abschließend erklärt die Mitteilung, daß das Vilayet von sich aus (re'sen) einen Patriarchen bestimmen werde, falls sich das Patriarchat nicht an die genannten Grundsätze und Fristen halte.

Die Mitteilung von 1970 ist von türkischer Seite — nachträglich — als Bestätigung der bisher geltenden Regeln bezeichnet worden. Dies kam auf einer Pressekonferenz zum Ausdruck, die Ministerpräsident Ferit Melen am 13. Juli 1972 abhielt und in deren Verlauf er auch auf die Patriarchenwahl angesprochen wurde. Melen erklärte dazu, dem Patriarchat sei 1970 »eine Art Reglement oder Statut« mitgeteilt worden. Das Reglement sei in vollem Umfang eine Bestätigung früherer Mitteilung und Gewohnheiten. Die Regierung habe nicht an eine Änderung des Wahlverfahrens gedacht. Gemäß dem »seit alters« geübten Verfahren werde eine Liste von mindestens drei Kandidaten aufgestellt, aus welcher die Regierung diejenigen streicht, die sie »aus diesem oder jenem Grunde« nicht als geeignet (münasip) ansehe.[32]

Ein Reglement oder Statut kann die Mitteilung von 1970 deshalb nicht sein, weil einem Dokument ohne Unterschrift und Datum keine rechtliche Bedeutung zukommt. Sachlich geht die Mitteilung weit über frühere Regelungen und Gepflogenheiten hinaus. Die türkische Regierung nimmt Rechte in Anspruch und stellt Forderungen auf, die schwerlich nur als Anpassung des Statuts von 1862 an die veränderten Verhältnisse verstanden werden können. Dazu gehört in erster Linie der Passus, daß die türkischen

Behörden den Patriarchen selbst ernennen werden, wenn der Phanar ihren Anweisungen nicht strikt nachkomme. Das Verlangen nach Anwesenheit eines Notars beim Wahlakt sowie die Bestellung des an Jahren ältesten Metropoliten zum Vertreter des Patriarchats während der Vakanz sind Eingriffe in die innere Ordnung der Kirche, wofür weder das Statut von 1862 noch frühere Regelungen Beispiele liefern. Nicht neu ist hingegen das Vetorecht der Regierung gegen ihr unerwünschte Kandidaten, nur war das Verfahren seit 1923 nicht mehr genau fixiert. Unliebsame Kandidaten wurden in formlosen Kontakten vorher ausgeschaltet. Es scheint, daß es das unmittelbare Ziel der Mitteilung von 1970 war, eine Handhabe zu schaffen, um bestimmte Metropoliten von der Nachfolge des Athenagoras auszuschließen, ohne langwierige und außenpolitisch belastende Auseinandersetzungen.

Die Heilige Synode prüfte unter Vorsitz des inzwischen aus Wien zurückgekehrten Patriarchen die Mitteilung des Vali und arbeitete eine ausführliche Antwort aus. Sie wurde dem Vali ohne Unterschrift, Datum und Briefkopf übersandt.

Die Antwort ging von der allgemeinen Feststellung aus, daß das Amt des Patriarchen rein kirchlich-religiösen Charakter habe und daß die türkische Verfassung ausdrücklich die Religionsfreiheit garantiere. Auf dieser Basis wurden die einzelnen Punkte der türkischen Mitteilung analysiert und zurückgewiesen. Während der Vakanz gebühre der Vorsitz der Synode und infolgedessen auch die Vertretung des Patriarchats gegenüber den türkischen Behörden dem ranghöchsten Metropoliten, die organisatorische Vorbereitung der Wahl stehe der Synode in ihrer Gesamtheit zu. Von diesen kirchlichen Regeln abweichende Regelungen, wie sie der Vali verlange, könnten nur Verwirrung stiften. Die Streichung eines Kandidaten verstoße gegen die von der Verfassung jedem türkischen Staatsbürger gewährten Grundrechte und sei daher unberechtigt. Die Anwesenheit eines Notars habe bei einer Prozedur rein religiösen Charakters wie der Wahl eines Patriarchen keine Berechtigung. Sie sei nur geeignet, die religiösen Gefühle der Orthodoxie in aller Welt zu verletzen. Auch sei die Anwesenheit eines Notars überflüssig, weil unmittelbar nach der Wahl ohnehin ein Protokoll ausgefertigt, von allen beteiligten Metropoliten bestätigt und unterschrieben werde. Auf Grund dieses Protokolls werde das Ergebnis der Wahl den Behörden mitgeteilt. Abschließend setzte sich die Antwort mit der Ankündigung auseinander, das Vilayet werde notfalls einen Patriarchen selbst bestimmen. Ein Patriarch könne einzig und allein gemäß der kanonischen Ordnung gewählt, niemals aber von irgendeiner Stelle ernannt werden. Einen solchen ernannten Patriarchen werde niemand anerkennen, und niemand werde mit ihm in Verbindung treten, weil er in Wahrheit kein Patriarch sei. Dies sei allen Metropoliten wohlbekannt und daher könne keiner die Patriarchenwürde aus der Hand irgendeiner Behörde annehmen. Kurz zusammengefaßt, bestand die Synode in ihrer Antwort darauf, daß die Patriarchenwahl frei von jedem außerkirchlichem Einfluß entsprechend der Tradition und dem Brauch der Kirche zu erfolgen habe.

Mit der Antwort des Phanar fand die Angelegenheit ihren vorläufigen Abschluß. Außerhalb der unmittelbar interessierten Kreise in Istanbul, Ankara und Athen blieb der ganze Vorgang so gut wie unbeachtet. Es lag auch kein dringender Anlaß zu weiteren Gesprächen oder Schritten mehr vor. Athenagoras hatte seine Amtsgeschäfte wieder aufgenommen, und die Frage einer Patriarchenwahl stellte sich für die nächsten zwei Jahre nicht.

Athenagoras verstarb in der Nacht vom 6. auf den 7. Juli 1972. Die Ereignisse nahmen nun rasch den Lauf, den der türkische Vorstoß von 1970 hatte erwarten lassen. Am Vormittag des 7. Juli rief der Vali von Istanbul, Vefi Poyraz, beim amtierenden Generalvikar des Patriarchats, dem Metropoliten Kallinikos, an. Er erinnerte an das Schreiben des Vilayets von 1970. Insbesondere verlangte er, daß bis zur Wahl des neuen Patriarchen das älteste Mitglied der Synode zum Platzhalter zu bestellen sei. Dieser habe ihm mitzuteilen, was die Synode über die Bestattung des verstorbenen Patriarchen und über das Wahlverfahren beschließe. Zum Schluß wies er nochmals darauf hin, daß dem erwähnten Schreiben »unbedingt« in allen seinen neun Punkten Folge zu leisten sei.[33] Ältestes Mitglied der Synode war der 87jährige Metropolit Jakovos von Derkae.[34] Diesem teilte der Vali schriftlich mit, daß nur er allein von den türkischen Behörden als Vertreter der Synode anerkannt werde.[35]

Im Phanar trat nach dem Tod des Athenagoras die »Endimusa Synodos« unter dem Vorsitz des Metropoliten Meliton von Chalkedon zu ihrer ersten Beratung zusammen. Das Patriarchat zählte zu diesem Zeitpunkt insgesamt 18 Metropoliten in der Türkei. Außer den 12 Mitgliedern der Heiligen Synode gab es noch weitere Metropoliten. Von diesen schieden drei aus, weil sie nur Titular-Metropoliten waren. Die »Endimusa Synodos«, die den Nachfolger des Athenagoras zu wählen hatte und aus deren Reihen der neue Patriarch hervorgehen mußte, setzte sich somit aus 15 Metropoliten zusammen.[36]

Die Synode bekräftigte grundsätzlich ihren Standpunkt, daß die Forderungen des Vali als unzulässige Einmischung in die inneren Angelegenheiten der Kirche nicht akzeptabel seien. Ungeachtet dieser prinzipiellen Haltung mußte ein Ausweg gefunden werden, um mit dem Vali zu einer Verständigung zu gelangen. Es wurde beschlossen, eine Abordnung der Synode unter Führung des Metropoliten Kyrillos von Chaldia zum Vilayet zu entsenden. Die Unterredung fand, wie es hieß, in einer versöhnlichen Atmosphäre statt. Die Metropoliten nahmen die Erklärungen des Vali entgegen, ohne sofort eine Antwort zu geben. Die Synode entschloß sich daraufhin zu einem Kompromiß. Für die Verbindung zu den türkischen Behörden wurde, dem Verlangen des Vali entsprechend, eine Dreierkommission unter Leitung des Metropoliten Jakovos gebildet. Intern behielt gemäß den kanonischen Regeln Meliton als ranghöchster Metropolit den Vorsitz der Synode. Die Türken erhoben dagegen keine Einwände. Die ersten Schwierigkeiten waren auf diese Weise für beide Seiten zufriedenstellend überwunden.

Als aussichtsreichster Kandidat galt allgemein der wegen seiner außergewöhnlichen Fähigkeiten und Erfahrung hoch angesehene Meliton.[37] Seit er im Jahre 1966 zum Metropoliten von Chalkedon ernannt worden war, amtierte Meliton ex officio als Doyen der Heiligen Synode. Athenagoras hatte ihn während seiner krankheitsbedingten Abwesenheit im Frühjahr 1970 mit der kommissarischen Leitung des Patriarchats betraut. Vieles deutet darauf hin, daß sich Athenagoras selbst Meliton zu seinem Nachfolger gewünscht hat.

Die Anhänger Melitons waren, vermutlich zu Recht, überzeugt, daß der Metropolit von Chalkedon die absolute Mehrheit der Synode hinter sich hatte. Es fehlte ihm freilich auch nicht an Feinden. Persönliche Rivalität spielte dabei mit, doch war sie nicht allein ausschlaggebend. Einige streng konservative Metropoliten nahmen an der betont ökumenischen Richtung Melitons Anstoß. Sie trafen sich in dieser Hinsicht sowohl mit bestimmten Kreisen in der Kirche von Griechenland[38] wie auch in gewissem Grade mit den Türken. Die kirchliche Opposition gegen Meliton erklärte sich in erster Linie aus der Abneigung gegen die von diesem im Sinne der »Athenagoras-Linie« geförderte Annäherung an Rom. Auch den Türken mißfiel, wenn auch aus ganz anderen Gründen, die ökumenische Aktivität des Patriarchats. Angesichts des internationalen Ansehens eines Athenagoras hatten sich die Türken zu Lebzeiten des großen Patriarchen eine gewisse Zurückhaltung auferlegt. Sie wollten jedoch nun keinen »zweiten Athenagoras« an der Spitze des Phanar sehen. Ein Nachfolger von dem Format und dem internationalen Ruf Melitons mußte ihnen daher unerwünscht sein. In Griechenland wiederum bevorzugten Regierung und Diplomatie offensichtlich den Metropoliten von Chalkedon, während die Kirche von Griechenland zu einem großen Teil mehr oder minder starke Vorbehalte gegenüber Meliton erkennen ließ.[39]

Im Phanar rechnete der greise Jakovos von Derkae zu den entschiedenen Widersachern Melitons. Als überzeugter Kritiker der »Athenagoras-Linie« war Jakovos einer der beiden Mitglieder der Heiligen Synode gewesen, die 1965 gegen die Aufhebung des Kirchenbanns zwischen Konstantinopel und Rom gestimmt hatten (der andere war Maximos von Sardes). Jakovos unterhielt seit langem freundschaftliche Beziehungen zu hochgestellten türkischen Persönlichkeiten. Glaubwürdig wird behauptet, daß Jakovos zusammen mit den beiden Metropoliten Chrysostomos von Myra und Chrysostomos von Neokaisaria den Türken geraten habe, Meliton aus der Kandidatenliste zu streichen.[40] Ein solches Intrigenspiel mit den Türken wäre auf jeden Fall in der Geschichte des Phanar nichts ungewöhnliches.

In der Synode waren nach allem, was darüber verlautet ist, die Gegner Melitons in der Minderheit. Es fehlte ihnen auch ein überzeugender Kandidat. Die einzige Chance hätte wohl Maximos von Sardes gehabt, ein aufgeklärter Konservativer von hoher Begabung, dessen Namen schon zu Lebzeiten des Athenagoras neben Meliton am häufigsten genannt worden war. Aber Maximos schloß von Anfang an eine Kandidatur entschieden aus. An den Intrigen gegen Meliton beteiligte er sich nicht. Jakovos von Derkae, mit bürgerlichem Namen Jordanis Papapaisiou, scheint selbst mit Rücksicht auf sein hohes Alter nicht an eine Kandidatur gedacht zu haben. Es heißt, er habe den gleichnamigen Erzbischof von Amerika begünstigt, Jakovos (Kukuzis).[41] Glaubwürdig klingt das nicht, denn bei seinen guten Beziehungen zu den Türken mußte Jakovos von Derkae wissen, daß der Erzbischof von Amerika nicht die geringste Aussicht hatte, von der türkischen Regierung akzeptiert zu werden.

Es schien deutlich auf Jakovos von Amerika gemünzt, wenn gleich in den ersten Tagen sowohl der Sprecher des türkischen Außenministeriums wie auch der Vali von Istanbul sich kategorisch gegen eine »auswärtige Kandidatur« aussprachen. Jakovos von Amerika war zwar auf der Insel Imbros geboren und daher von Geburt türkischer Staatsbürger, weil die griechischen Bewohner der Insel Imbros und Tenedos vom Bevölkerungsaustausch von 1923 ausgenommen waren. Er hatte jedoch die amerikanische Nationalität angenommen, schon bevor ihn Athenagoras 1953 zum Erzbischof von Amerika ernannt hatte. Den Verlust der türkischen Staatsbürgerschaft scheint dies allein noch nicht bedeutet zu haben. Aber Jakovos hatte sich bei den Türken in schlechtes Licht gesetzt. Es wurde ihm vorgeworfen, er habe den amerikanischen Präsidenten Johnson aufgefordert, Druck auf die türkische Regierung auszuüben, damit der griechischen Minderheit in der Türkei eine bessere Behandlung zuteil werde. Außerdem hatte sich Jakovos zu anti-türkischen Äußerungen hinreißen lassen, nachdem sein letzter Besuch in Istanbul 1970 wenig glücklich verlaufen war. Die Türkische Regierung verweigerte dem Erzbischof von Amerika das Einreisevisum, als er zur Beisetzung des Athenagoras nach Istanbul kommen wollte. Zur Begründung wurde angeführt, dem Erzbischof sei wegen seiner gegen die Türkei gerichteten Tätigkeit die türkische Staatsbürgerschaft aberkannt worden. Er sei daher in der Türkei persono ingrata und könne nicht in offizieller Eigenschaft einreisen.[42] Jakovos hätte noch als »Tourist« in die Türkei kommen können, wozu er kein Visum benötigt hätte. Er hat das nicht getan und ist zu Hause geblieben. Anscheinend haben ihm dazu auch amerikanische Stellen geraten, denen nichts daran gelegen war, Unannehmlichkeiten mit der Türkei heraufzubeschwören. Damit war Spekulationen über eine etwaige Kandidatur des Erzbischofs von Amerika endgültig der Boden entzogen. Seit Athenagoras 1948 von New York in den Phanar hinübergewechselt war, hatte sich die politische Konjuktur gründlich geändert. Ein Kandidat aus Amerika war nicht mehr gefragt, schon gar nicht, wenn er sich wie Jakovos das Wohlwollen der Türken verscherzt hatte. Die amerikanische Diplomatie ihrerseits hielt sich sorgfältig aus der Patriarchenwahl heraus.

Wie zu erwarten war, wurden die Vorgänge um die Patriarchenwahl in Athen aufmerksam verfolgt. Die griechische Regierung war darüber besorgt, daß die Türken unverändert auf den 1970 vorgebrachten Bedingungen beharrten. Kontakte auf diplomatischer Ebene wurden von beiden Seiten alsbald aufgenommen. Der türkische Botschafter in Athen suchte das griechische Außenministerium zu einem Gespräch auf. Am gleichen Tage, dem 10. Juli, empfing der türkische Regierungschef Ferit Melen den Botschafter Griechenlands, Joannis Tzounis, auf dessen Wunsch. Tzounis übermittelte eine mündliche Botschaft seiner Regierung, worin Bedenken gegen die vom Vali dem Patriarchat gestellten Bedingungen, namentlich gegen die Anwesenheit eines türkischen Notars bei der Wahl und die verlangte Vorlage einer Kandidatenliste, erhoben wurden und die türkische Regierung um deren Rücknahme ersucht wurde. Zugleich versicherte Tzounis, seine Regierung wende sich nicht dagegen, daß das Patriarchat als türkische Institution den türkischen Gesetzen unterliege.[43] Kurz darauf ließ die türkische Regierung die Forderung nach Anwesenheit eines Notars fallen, hielt aber an der Vorlage der Kandidatenliste fest.

Die Auseinandersetzung, wenn man es so nennen darf, wurde ohne Schärfe geführt. Beide Regierungen wollten offensichtlich eine Konfrontation vermeiden, nachdem sich die griechisch-türkischen Beziehungen merklich gebessert hatten. Man wollte es wegen der Patriarchenwahl nicht zu einer neuen Krise kommen lassen. In diesem Sinne hat die griechische Diplomatie in den Kulissen wertvolle Hilfe zur Überwindung der Schwierigkeiten geleistet. Der Wunsch nach Aufrechterhaltung guter Beziehungen zu Ankara begrenzte aber den politischen Einsatz der griechischen Regierung. Die Türken warfen aus dem Paket ihrer Forderungen einigen Ballast ab, der für sie nicht von ausschlaggebender Bedeutung war. Athen machte eine Konzession von größerer Tragweite. Griechischen Pressemeldungen zufolge gab die griechische Regierung die Versicherung ab, daß sie kein besonderes Interesse an der Wahl einer bestimmten Persönlichkeit habe.[44] Sofern diese Versicherung in der Tat abgegeben wurde, konnte sie nur so aufgefaßt werden, daß Athen den Türken freie Hand ließ, und sich bei einer Streichung bestimmter Kandidaten (lies vor allem:Melitons!) Zurückhaltung auferlegen werde. Der Verlauf der Ereignisse scheint diese Deutung zu bestätigen.

Zurück zum Phanar. Am 11. Juli wurde Athenagoras feierlich beigesetzt. Die türkische Regierung hatte Vorsorge für eine würdige Zeremonie getroffen. Von türkischer Seite waren die Spitzen der lokalen Behörden und der Garnison von Istanbul anwesend. Unten den hohen Gästen aus dem Ausland bemerkte man unter anderen Kardinal Willebrands und Erzbischof Benelli als Vertreter des Papstes. Tags zuvor hatten die beiden Delegierten des Vatikans (mit dem die Türkei diplomatische Beziehungen unterhält) das Außenministerium in Ankara aufgesucht. In einer Unterredung mit dem Generalsekretär des Ministeriums hatten sie den Wunsch des Papstes übermittelt, daß die Wahl des neuen Patriarchen in voller kirchlicher Freiheit erfolgen möge. Im gleichen Sinne appellierten sowohl der Erzbischof von Canterburry als Oberhaupt der Anglikanischen Kirche wie der Generalsekretär des Weltkirchenrates an die türkische Regierung. Wie wertvoll dem Phanar diese Hilfe auch erscheinen mochte, die Intervention der christlichen Kirchen hat die türkische Regierung nicht daran gehindert, ihre vermutlich schon lange getroffene Entscheidung auszuführen.

Nach der Beisetzung des Athenagoras forderte der Vali die Synode auf, ihm binnen drei Tagen eine Liste von mindestens drei Kandidaten vorzulegen — wie es in der Mitteilung von 1970 verlangt worden war. In der Synode scheint anfangs Neigung bestanden zu haben, die Forderung des Vali zurückzuweisen, doch setzte sich rasch die Einsicht durch, daß eine geschmeidige Taktik am Platze sei.[45] Am Morgen des 13. Juli wurden dem Vali sämtliche fünfzehn Mitglieder der Synode als Kandidaten bezeichnet. Auf diese Art war dem Verlangen des Vali Rechnung getragen, ohne daß die Kirche von ihrem grundsätzlichen Standpunkt abwich, daß jedem der Synode angehörenden Metropoliten das Recht zu kandidieren zustehe und daher die Forderung nach Einreichung einer begrenzten Kandidatenliste unstatthaft sei.

Ein Teil der griechischen Beobachter glaubte optimistisch voraussagen zu können, die Türken würden keine Streichung vornehmen. Es gab allerdings auch skeptische Stimmen, die unter Hinweis auf die türkische Pressekampagne gegen Meliton erklärten, mit der Streichung Melitons müsse gerechnet werden.[46] Was die Türken betraf, so wurde von gewöhnlich gut unterrichteter Seite berichtet, die Regierung werde diejenigen Kandidaten streichen, die nach ihrer Ansicht nicht alle Voraussetzungen für das Amt des Patriarchen erfüllten.[47]

Der Vali schickte schon am Abend des gleichen Tages die Liste in versiegeltem Umschlag zurück. Die prompte Erledigung läßt vermuten, daß die Türken ihre Entschlüsse schon vorher gefaßt hatten, obwohl das Vilayet wahrscheinlich überrascht war, sämtliche Mitglieder der Synode auf der Liste zu finden. Am Morgen des 14. Juli ließ die Synode das Schreiben des Vali entsiegeln und öffnen. Es hieß darin, daß elf der fünfzehn Kandidaten nach Prüfung akzeptiert worden seien. Der Name der aus dem Schreiben beigefügten Elferliste gewählten Patriarchen sei dem Vilayet innerhalb von drei Tagen mitzuteilen. Vier Namen waren gestrichen, und zwar die Metropoliten Jakovos von Derkae, Meliton von Chalkedon, Kyrillos von Chaldia und Maximos von Stavroupolis.[48] Eine Begründung der Streichungen wurde nicht angegeben und ist auch später nicht gegeben worden. Bei Jakovos wurde als Grund das hohe Alter vermutet. Die Türken wollten der Möglichkeit vorbeugen, daß in kurzer Zeit eine neue Wahl notwendig werden könne. Allerdings war Jakovos nicht der einzige hochbetagte Metropolit. Vielleicht sollte die Streichung des »Türkenfreundes« Jakovos auch einen gewissen Ausgleich zur Eliminierung Melitons bilden. Denn entscheidend war — darüber waren sich alle einig — die Streichung des Metropoliten von Chalkedon. Mit der Streichung der übrigen Metropoliten Kyrillos und Maximos wurden zugleich die prominentesten Exponenten der Meliton-Gruppe ausgeschaltet.

Die Türken pflegen über die Vorgänge und Gruppierungen im Phanar stets gut informiert zu sein. Demgemäß scheinen sie sich ihre Taktik sorgfältig zurecht gelegt zu haben. Unter den elf zugelassenen Kandidaten war nur ein einziger, dessen Ansehen und Format groß genug waren, um dem Phanar einen fähigen, auf das Vertrauen der Synode gestützten Patriarchen zu geben: Maximos von Sardes. Von diesem war aber bekannt, daß er sich nicht zur Wahl stellen wollte. Für keinen der übrigen Metropoliten ließ sich, so schien es, eine breite Zustimmung in der Synode zu erwarten. Die zeitlich sehr kurz befristete Wahl schien damit in eine Sackgasse manövriert. Im Phanar wird angenommen, daß dies die Absicht der Türken gewesen sei.

Im Patriarchat herrschte zunächst Bestürzung. Wenn man den Berichten griechischer Beobachter Glauben schenken darf[49], wollten einige Metropoliten Widerstand leisten und gegebenenfalls einen Notstand der Kirche proklamieren. Die Mehrheit schreckte vor den schweren Gefahren zurück, in die sich das Patriarchat damit begeben hätte. Auch von neuen Gesprächen mit den Türken konnte man sich nichts erhoffen. Athen hielt sich zurück, die griechische Regierung wollte sich nicht mit der Türkei überwerfen. Die Synode mußte selbst einen Ausweg aus der Sackgasse finden, in die sie der Entscheid der Türken hineinmanövriert hatte.

Zunächst bemühte man sich, Maximos von Sardes doch noch für eine Kandidatur zu gewinnen. Aber Maximos ließ sich nicht umstimmen. Für eine Kandidatur des Metropoliten Chrysostomos von Myra wollte sich keine Mehrheit in der Synode finden. In dieser scheinbar ausweglosen Situation unternahm Meliton noch einen letzten Versuch, das Patriarchat aus seiner Bedrängnis zu befreien. Er wandte sich an den Senator der Gerechtigkeitspartei und früheren Außenminister Çaglayangil, mit dem er gut bekannt war. Meliton bat den Senator, die Regierung wissen zu lassen, er werde auf seine Kandidatur verzichten, wenn die Streichungen rückgängig gemacht würden. Çaglayangil unterrichtete sofort den Außenminister Bayülken, und dieser suchte Verbindung mit dem Ministerpräsidenten, der sich zu diesem Zeitpunkt nicht in Ankara befand. Eine hochgestellte Persönlichkeit der Gerechtigkeitspartei stattete Meliton einen Besuch ab, um ihm zu raten, die Wahl zu verschieben. Inzwischen werde man dafür sorgen, daß die Streichungen zurückgenommen würden.[50] Auf Meliton lastete eine schwere Verantwortung. Wenn er sich auf die Zusage seines Besuchers verließ und die Wahl hinausschob, bestand die Gefahr, daß der Vali gemäß Punkt 9 der Mitteilung von 1970 selbst einen Patriarchen bestimmte, weil sich die Synode nicht an die von ihm gesetzte Frist von drei Tagen hielt. Die Folgen für das Patriarchat wären unabsehbar gewesen. Die Gefahr erschien Meliton zu groß. Nach langer Überlegung entschloß er sich, die Wahl innerhalb der gesetzten Frist abzuhalten. Er hatte auch bereits einen Kandidaten im Sinn, an den bisher niemand gedacht hatte, weil er in der Runde der Synode noch ganz neu war. Es war Dimitrios, der Metropolit von Imbros und Tenedos. Erst vor wenigen Monaten hatte ihn Athenagoras zum Metropoliten ernannt.

Am 16. Juli trat die »Endimusa Synodos« zur Wahl des neuen Patriarchen zusammen. Meliton eröffnete dem völlig überraschten Dimitrios, daß er zum Kandidaten ausersehen sei. Dimitrios fühlte sich von der Bürde, die ihn erwartete, überfordert. Unter Tränen bat er, von seiner Kandidatur Abstand zu nehmen. Nachdem ihm eindringlich klar gemacht worden war, daß er sich in der ernsten Lage des Patriarchats dem Wunsch der Synode nicht entziehen dürfe, nahm Dimitrios schließlich die Kandidatur schweren Herzens an. Die Wahl nahm darauf ihren Lauf. In der ersten Phase wurde die traditionelle Dreierliste aufgestellt. Sie enthielt die Namen der Metropoliten Dimitrios von Imbros und Tenedos, Nikolaos von Anneae und Gabriel von Kolonia. Alle drei waren als Anhänger Melitons bekannt. Danach begab sich die Synode der fünfzehn Metropoliten hinüber in die Patriarchatskirche, um in geheimer Abstimmung den neuen Patriarchen zu wählen. Zwölf Stimmen entfielen auf Dimitrios, drei auf Nikolaos. Eindrücklich hatte die Synode trotz aller Differenzen ihre Geschlossenheit demonstriert. Meliton hatte seine Amtsbrüder überzeugt, daß unter den gegebenen Umständen die Wahl des Dimitrios die einzig mögliche Lösung sei.

Der Vorschrift entsprechend teilte am folgenden Tag eine Abordnung der Synode dem Vali mit, daß Dimitrios zum Patriarchen gewählt worden sei. Der Vali bestätigte die Wahl. Der Ausgang der Wahl scheint auch die Türken überrascht zu haben. An Dimitrios hatten sie offensichtlich nicht gedacht. Nachdem der Vali ordnungsgemäß in Kenntnis gesetzt worden war, veröffentlichte die türkische Nachrichtenagentur »Anadolu Ajansi« eine Meldung folgenden Inhalts: »Wie es gesetzlich vorgeschrieben ist, müssen die Ergebnisse jeder Wahl dem Vilayet übermittelt werden, damit festgestellt werden kann, wie weit die Wahl im Einklang mit den Gesetzen und dem herrschenden Brauch durchgeführt wurde. Die Wahl des Patriarchen war gesetzmäßig. Sie ist daher vom Vilayet nach entsprechender Unterrichtung bestätigt worden.«[51] Schon einen Tag danach wurde der neue Patriarch als Dimitrios I. in der Patriarchatskirche feierlich inthronisiert. Die schwierige Nachfolge des Athenagoras war geregelt. Das Patriarchat konnte dem Übergang in Ruhe entgegensehen.

Die Umstände, unter denen die Patriarchenwahl vom Juli 1972 stattgefunden hat, berechtigen zu der Frage, ob man danach von einer neuen Regelung oder Teilregelung in den Beziehungen zwischen dem türkischen Staat und dem Patriarchat sprechen kann. In rechtlicher Hinsicht muß die Frage verneint werden. Die formlose »Mitteilung« vom Jahr 1970, von der sich die türkische Regierung leiten ließ, ist ein rechtlich irrelevantes Dokument und kann daher keine neue Rechtsgrundlage für das Wahlverfahren schaffen, was immer auch die rechtliche Begründung ihres Inhalts sein mag. Einige Punkte der »Mitteilung« sind entweder abgeschwächt oder fallen gelassen worden. Das Recht zum Einspruch gegen bestimmte Kandidaten hat die Türkische Republik immer für sich beansprucht und zuweilen auch ausgeübt, wie die Geschichte der Patriarchenwahlen seit 1923 zeigt. Neu ist die Form, in der dieses Recht 1972 angewendet worden ist. Indem die türkische Regierung zum ersten Mal in der Republik die offizielle Vorlage einer Kandidatenliste verlangte und an dieser Liste in offizieller Form Streichungen vornahm, ist sie de facto von der bisherigen Gewohnheit abgewichen. Das Patriarchat hat den ihm auferlegten Bedingungen, soweit unbedingt nötig, stattgegeben, ohne diese grundsätzlich zu akzeptieren. Man darf sagen, daß das Verhältnis zwischen der Türkischen Rrpublik und dem Patriarchat den unbestimmten Charakter bewahrt, der es seit 1923 kennzeichnet.

*Der Phanar unter Dimitrios I.*

Im Lauf der langen Regierung des Athenagoras ist im Phanar ein neue Generation herangewachsen, geschult im Geiste des großen Patriarchen. Zu ihr gehört auch Dimitrios, der Nachfolger auf dem ökumenischen Thron und der achte Patriarch seit Bestehen der Türkischen Republik.

Dimitrios Papadopoulos — so lautet der weltliche Name des neuen Patriarchen — wurde im Jahre 1914 in Istanbul geboren. Die Familie ist, soweit bekannt, alteingesessen in der Stadt — eine Familie bescheidenen bürgerlichen Zuschnitts. Der junge Dimitrios wuchs im Bosporus-Vorort Tarabya (Therapia) auf, der damals noch in der Mehrzahl von Griechen bewohnt war. Hier besuchte Dimitrios auch die Grundschule. Anschließend schickte ihn der Vater Panayotis Papadopoulos in das Lycée Franco-Hellénique, ein heute nicht mehr bestehendes Gymnasium im Stadtteil Beyoglu, der zu jener Zeit besser unter dem griechischen Namen Pera bekannt war. Unter seinen Schulkameraden war auch ein gewisser Sotirios Hadzis, der spätere Metropolit Meliton.

Nachdem Dimitrios das Lycée Franco-Hellénique absolviert hatte, entschied er sich für den geistlichen Beruf. Siebzehnjährig trat er in die Theologische Hochschule auf der Insel Halki (Heybeli) ein, eine der großen Bildungsstätten der Orthodoxie. Im Jahr 1937 schloß Dimitrios seine theologischen Studien ab und erhielt die Weihe zum Diakon. Beim Übertritt in den geistlichen Stand behielt er seinen Taufnamen bei. In der bis ins 5. Jahrhundert zurückreichenden Reihe der Ökumenischen Patriarchen ist er der erste Dimitrios, obwohl dieser Name, den ihm die Eltern gegeben haben, einer der häufigsten griechischen Vornamen ist.

Die längste Zeit seines Lebens hat Dimitrios in der Seelsorge des Erzbistums Konstantinopel verbracht, in ständigem, engem Kontakt mit der griechisch-orthodoxen Gemeinde der Stadt und zugleich auch mit seinen türkischen Mitbürgern. Nur zweimal hat Dimitrios Istanbul verlassen, um eine Tätigkeit im Ausland zu übernehmen. Als junger Diakon machte er vom Oktober 1937 bis zum August 1938 im Sekretariat der mazedonischen Diözese Edessa kurze Bekanntschaft mit der griechischen Kirche. Später, in den Jahren 1945 bis 1950, stand er der orthodocen Gemeinde in der persischen Hauptstadt Teheran vor, wo er zeitweise auch als Lehrer der altgriechischen Sprache an der Universität wirkte.

Zum Bischof geweiht wurde Dimitrios im Jahre 1964. Es war eine schwierige Zeit, denn der Rückstoß des Zypernkonflikts traf den Phanar und seine Gemeinde hart. Unter dem Titel eines Bischofs von Elaia leitete Dimitrios die Diözese von Kurtulus, eines Stadtbezirks, wo noch heute die inzwischen arg zusammengeschmolzene griechische Minderheit relativ stark vertreten ist. Acht Jahre lang amtierte er in Kurtulus, bis zum Februar 1972. Dann wählte ihn die Heilige Synode zum Metropoliten von Imbros und Tenedos, der beiden den Dardanellen vorgelagerten türkischen Inseln, deren griechische Bewohner nicht in den 1923 zwischen Griechenland und der Türkei vereinbarten Bevölkerungsaustausch einbezogen worden sind. Die Wahl sollte unvorhersehbare Folgen haben. Als Metropolit von Imbros und Tenedos rückte Dimitrios, fünf Monate, bevor Athenagoras starb, in den kleinen Kreis in der Türkei amtierender Hierarchen auf, denen im Fall einer Vakanz auf dem ökumenischen Thron die Wahl des neuen Patriarchen und das Recht zur Kandidatur zustehen. Daran, was ihm diese Fügung bescheren sollte, hat Dimitrios auch nicht im Entferntesten gedacht.

In der Not, in der sich die Synode nach den von den Türken vorgenommenen Streichungen befand, war Dimitrios eine in vielfacher Hinsicht glückliche Wahl, eine zwar überraschende, aber wohl überlegte und den Interessen des Patriarchats angemessene Entscheidung. Dimitrios war im Zeitpunkt seiner Wahl zum Patriarchen erst 58 Jahre alt, nach menschlichem Ermessen war also die Gewähr dafür gegeben, daß dem Phanar auf lange Zeit die Risiken einer neuen Wahl erspart bleiben würden. Obwohl als überzeugter und treuer Anhänger Melitons bekannt, war der erst vor kurzem in die Runde der amtierenden Metropoliten berufene Dimitrios nicht in die inneren Gegensätze im Phanar verwickelt und hatte keine Feinde in der Synode. Er war, wenn man so sagen darf, ein unbelasteter Kandidat, der auf allgemeines Vertrauen hoffen durfte. Und, was nicht an letzter Stelle kam, Dimitrios war bei den Türken gut angesehen, ohne auch nur im geringsten im Verdacht zu stehen, daß die Türken bei seiner Wahl die Hand im Spiel gehabt hätten.

Athenagoras war ein Fremdling in der Stadt am Goldenen Horn, in die phanariotische Tradition nicht hineingebrochen, sondern erst später hineingewachsen. Dimitrios ist in Istanbul zu Hause. Die Stadt ist seine Heimat, die Heimat seiner Vorfahren. Die türkische Sprache hat Athenagoras nie vollkommen gemeistert, Dimitrios beherrscht sie wie seine griechische Muttersprache. Von Jugend auf an den täglichen Umgang mit den Türken gewohnt, hat Dimitrios nicht wenige Türken unter seinen persönlichen Freunden und Bekannten. Seinem Alter entsprechend ist Dimitrios I. der erste Ökumenische Patriarch, der das Osmanische Reich nicht mehr mit klarem Bewußtsein erlebt hat, war er doch erst vier Jahre alt, als dieses Reich zusammenstürzte. Dimitrios kennt nur die Türkische Republik, wie sie von Kemal Atatürk geschaffen worden ist und wie sie sich unter dessen Nachfolgern entwickelt und verändert hat. Auch in der Generationenfolge ist nunmehr für den Phanar der Übergang von der osmanischen Ära zur Türkischen Republik abgeschlossen.

Ohne Bruch hat sich der Übergang von Athenagoras zu Dimitrios vollzogen. Gewiß konnte nicht alles beim Alten bleiben. Mit großem Geschick und klarer Einsicht in die Realitäten haben die Erben des Athenagoras den schwierigen Kurs zwischen Wandel und Kontinuität gesteuert. Gewandelt hat sich der Regierungsstil, bewahrt worden ist — in zeitgemäßer Fortentwicklung — die große Linie des kirchenpolitischen Weges, den Athenagoras in den sechziger Jahren geöffnet hat.

Nahezu ein Vierteljahrhundert lang hat Athenagoras mit seiner überragenden Persönlichkeit den Phanar dominiert. Ein bequemer Hausherr war er nicht. Seine Amtsführung hatte ein autoritäres, ganz auf seine Person zugeschnittenes Gepräge. Auch wichtige Entscheidungen hat Athenagoras oft in einsamen Entschlüssen getroffen, ohne die Heilige Synode vorher zu konsultieren. Er war zwar nicht unzugänglich für den Rat seiner Mitarbeiter, gesucht hat er ihn selten. Gelegentlich hat er seinem Willen auch mit drastischen Mitteln Geltung in der Heiligen Synode verschafft. Die Regierungsgeschäfte pflegte er bis in die Einzelheiten in seiner Hand zu konzentrieren. Ein solcher Stil war an die außergewöhnliche Person des Patriarchen gebunden. Dimitrios konnte ihn nicht fortführen, und er wollte es auch nicht.

Am 24. Juli 1972 trat die Heilige Synode zu ihrer ersten Sitzung nach der Inthronisierung des neuen Patriarchen zusammen. Wie es Brauch ist, legte ihr Dimitrios sein Regierungsprogramm vor.[52] Nachdem er der Institution der Heiligen Synode seine Achtung bezeugt hatte, kündete er seine Absicht an, »im traditionellen Einvernehmen mit allen Mitgliedern der Synode« zu regieren. In der ihm eigenen Bescheidenheit gab der neue Patriarch zu, daß es ihm noch an Erfahrung mangele, und bat die Synode um Mitarbeit und Rat. Deutlich sprach aus der Berufung auf den »synodalen Geist« der Wille, wenn nicht der Zwang, der Heiligen Synode wieder stärkeres Gewicht zu verleihen.

Die aus zwölf Metropoliten bestehende Synode ist ein ziemlich schwerfälliges Regierungsinstrument. Innerhalb dieses Gremiums bildete sich de facto eine engere Führungsgruppe heraus. Ein Triumvirat von Metropoliten trat als wichtigster, wenn auch nicht ausschließlicher Ratgeber des Patriarchen hervor. Es waren dies die Metropoliten von Chalkedon, Maximos von Sardes und Kyrillos von Chaldia.[53] Alle drei stehen ungefähr im gleichen Alter. Mit dem Patriarchen und untereinander sind sie seit der Studienzeit bekannt. Im Grundsätzlichen weitgehend einig verkörpern sie eine gut ausgewogene Mischung unterschiedlicher Temperamente und auch im Einzelnen teilweise unterschiedliche Meinungen.

Dimitrios vereinte die drei Metropoliten in der von ihm neu geschaffenen »Synodalkommission für Koordination und Programmierung«. Wie schon der Name besagt, sollte die neue Kommission die großen Richtlinien für die gesamte Tätigkeit des Patriarchen ausarbeiten. Den Vorsitz erhielt, gemäß der Rangfolge, der Metropolit von Chalkedon.

Breiten Raum räumte Dimitrios in seinem Programm der Notwendigkeit organisatorischer Reformen ein: »Die Geschäfte des Patriarchats sollen gut geführt werden, der innere Betrieb soll gut funktionieren«. Das Bedürfnis nach einer Reorganisation des Dienstbetriebes wurde schon lange empfunden, doch konnte in den letzten Regierungsjahren des hochbetagten Athenagoras in dieser Hinsicht nicht viel unternommen werden. Eine der ersten Maßnahmen, die Dimitrios traf, war die Bildung eines »Persönlichen Sekretariats des Patriarchen«. Es sollte den Patriarchen entlasten und den Anforderungen »moderner Verwaltungsgrundsätze« gerecht werden. Die Leitung des Sekretariats wurde dem jungen Archimandriten Bartholomaios Archondonis anvertraut. Bartholomaios, eine der von Meliton geförderten Begabungen der jungen Generation, wurde auch zum Sekretär der neuen »Synodalkommission für Koordination und Programmierung« berufen.[54] Im Dezember 1973 wählte die Heilige Synode den Archimandriten Bartholomaios Archondonis zum Metropoliten von Philadelphia. Als im März 1974 ein Mitglied der Heiligen Synode starb, wurde der Weg frei, um Bartholomaios in die Heilige Synode aufzunehmen.

Neben der »Verwaltungsreform« befaßte sich Dimitrios in seiner programmatischen Rede auch mit der Heranbildung des geistlichen Nachwuchses. Mehrere Generationen orthodoxer Geistlicher und Theologen sind auf der 1844 gegründeten Theologischen Hochschule von Halki (türkisch Heybeli) ausgebildet worden, nicht nur der Nachwuchs des Ökumenischen Patriarchats, sondern auch anderer orthodoxer Kirchen. Auf Grund eines Gesetzes, daß dem Bestehen »privater Universitäten« in der Türkei ein Ende setzte mußte auch die Theologische Schule von Halki im September 1971 geschlossen werden, nachdem es ihr schon vorher untersagt worden war, Studenten aus dem Ausland aufzunehmen. Die einstige Hochschule besteht seither nur noch als griechisches Gymnasium fort. Vorläufig hat man die Theologiestudenten nach Moni Vlatadon geschickt, einem dem Patriarchat gehörenden Kloster in Saloniki, dessen Universität eine der beiden theologischen Fakultäten Griechenlands besitzt. Dimitrios sprach von der Notwendigkeit, für die umfangreiche Arbeit der Kirche genügend geistliche Kräfte und geistliche Kader zu mobilisieren. Zwei seit Ende der sechziger Jahre gegründeten Institutionen maß er in diesem Zusammenhang besondere Bedeutung zu: dem »Orthodoxen Zentrum des Ökumenischen Patriarchats« in Chambésy bei Genf und dem »Institut für Patristische Studien« in Saloniki.[55]

Die Basis des Patriarchats in der Türkei selbst ist sehr schmal geworden. Das Reservoir für den geistlichen Nachwuchs ist im Wesentlichen auf die griechische Minderheit beschränkt, weil nur Bürger der Türkischen Republik zur Ausübung eines geistlichen Amtes im Patriarchat und dessen einheimischer Gemeinde berechtigt sind. Bis zum Ausbruch des Zypernkonflikts Mitte der fünfziger Jahre hat sich die griechische Minderheit auf einem Stand von 90 000 bis 100 000 Personen gehalten, inbegriffen etwa 15 000 griechische Staatsangehörige. Seitdem ist ein zunehmend starker Schwund eingetreten. Die griechischen Staatsangehörigen sind in den Jahren 1964/65 ausgewiesen worden, nachdem Ankara den türkisch-griechischen Niederlassungsvertrag vom Jahre 1930 gekündigt hatte. Die Angehörigen der griechischen Minderheit im engeren Sinne sind in grosser Zahl abgewandert und wandern weiter ab. Im Jahr 1970 wurde von griechischer Seite die Stärke der griechischen Minderheit noch auf 30 000 bis 32 000 Personen beziffert bei einer jährlichen Abwanderungsquote von 8 bis 10 %. In Wirklichkeit scheint die Abwanderung noch größer gewesen zu sein, denn Ende 1972 war die Zahl der Griechen nach der gleichen Quelle unter 20 000 gesunken. Eine Auskunft des Phanar lautete Mitte 1974 immer noch auf etwa 20 000, was vermutlich zu hoch gegriffen ist. Die griechische Minderheit ist bis zu 90 bis 95 % in Istanbul konzentriert. Auf den beiden Inseln Imbros und Tenedos lebten Mitte 1974 noch ungefähr 1 400 Griechen gegenüber 7 000 zu Beginn der Türkischen Republik. Besonders krass erscheint der Schwund, wenn man ihn im Vergleich zur Bevölkerungszunahme Istanbuls setzt. Vor fünfzig Jahren waren noch etwa 15 % der damals auf 690 000 Menschen bezifferten Einwohner Istanbuls Griechen. Heute machen die Griechen kaum noch ein Prozent der auf schätzungsweise zwei Millionen gestiegenen Stadtbevölkerung aus.[56]

Bei seinem Amtsantritt hat Dimitrios I. die Grundsätze seines Vorgängers bekräftigt. Er bekannte sich als loyaler Bürger der Türkischen Republik und erklärte mit aller Entschiedenheit, daß das Patriarchat rein kirchlich-religiöse Aufgaben habe und keine Politik zu treiben habe. Die ersten Kontakte des neuen Patriarchen mit den türkischen Behörden nahmen einen guten Verlauf. Der Vali von Istanbul lud Dimitrios ein, die in seiner Heimatprovinz Kayseri, dem alten Kappadozien, gelegenen frühchristlichen Höhlenkirchen von Göreme zu besuchen. Der Patriarch hat den Abschluß seines ersten Regierungsjahres zum Anlaß genommen, der Anregung des Valis Folge zu leisten und zu den Stätten zu fahren, die noch heute an das Wirken des Apostels Paulus auf kleinasiatischem Boden erinnern. Es war die erste Reise des neuen Patriarchen, und es war zugleich das erste Mal seit Jahrhunderten, daß ein Ökumenischer Patriarch die innere Türkei besuchte.[57] Kurz darauf, im August 1973, folgte Dimitrios dem Beispiel seines Vorgängers, der nach seiner Thronbesteigung Wert darauf gelegt hatte, dem damaligen türkischen Staatschef Ismet Inönü in Ankara seine Aufwartung zu machen. Er stattete dem im Frühjahr 1973 neu gewählten Präsidenten der Republik Fahri Korütürk, eine Höflichkeitsvisite ab, während dieser wie üblich seine Sommerresidenz in Florya am Marmara-Meer bezogen hatte.[58] Zum 50-jährigen Jubiläum der Türkischen Republik würdigte er in einer Botschaft das Werk Kemal Atatürks, und als im Dezember des gleichen Jahres Ismet Inönü, der große alte Staatsmann der Türkei, sein ungewöhnlich langes Leben beschloß, nahm eine Abordnung des Phanar unter Führung Melitons, des dem Rang nach höchsten Metropoliten, an der Beisetzung teil.[59] Zwar haben alle diese Bekundungen der Loyalität eine gute Atmosphäre geschaffen, aber konkrete Erleichterungen haben sie dem Patriarchat kaum verschafft. Ein Beispiel mag das erläutern. Im September 1941 ist der Haupttrakt des Phanar, ein Holzbau, durch Feuer vollkommen zerstört worden. Das Patriarchat hat die türkischen Behörden wiederholt um die Genehmigung zum Neubau ersucht, ohne etwas zu erreichen. Dimitrios hat während seines Antrittsbesuches beim Vali den alten Wunsch wiederum vorgetragen. Der Vali scheint ihm gewisse Zusagen gemacht zu haben. Jedenfalls fühlte Dimitrios sich bewogen, in sein Programm das Anliegen aufzunehmen, das seit dem Brand von 1941 arg eingeschränkte Patriarchat bald wieder in einen würdigen Zustand zu versetzen. Indessen ist es wie schon in der Vergangenheit bei der Hoffnung geblieben. Zwei Jahre nach dem Amtsantritt des neuen Patriarchen wartete der Phanar immer noch auf die Genehmigung der Türken.

Es entsprach nicht nur dem Interesse an einem reibungslosen Verhältnis zu den Türken, sondern ebenso der klaren Einsicht in die dem Ökumenischen Patriarchat obliegenden kirchlichen Aufgaben, daß Dimitrios einen klaren Trennungsstrich zur Politik zog. Was er in seiner Thronrede zu diesem Thema sagte, verdient wörtlich zitiert zu werden: »Der Patriarch ist ein religiöses Oberhaupt und nicht mehr. Das Patriarchat ist Sitz (kathedra) der weltweiten Orthodoxie, säkulares und verehrungswürdiges Zentrum geistiger und religiöser Natur, und nicht mehr. Zur Politik haben wir weder als Institution noch als Person irgendwelche Beziehung. Die Politik gebührt dem Staat.«[60] Wenn der Phanar in der Vergangenheit Politik getrieben hat oder sich in die Politik hat hineinziehen lassen, so hat das schon Athenagoras als ein Verderben für die Kirche empfunden. Für Dimitrios und seine Ratgeber, unter denen Meliton an erster Stelle zu nennen ist, bedeutet politische Abstinenz absolutes Gebot, wenn das Patriarchat in der Türkei bleiben und im kirchlichen Bereich den übernationalen Charakter bewahren oder gewinnen will, der allein es zu gesamt-orthodoxer und gesamt-christlicher Initiative befähigt. Aus dieser Überzeugung heraus richtete Dimitrios im Februar 1974 an alle Bischöfe des Ökumenischen Patriarchats im Ausland die dringende Empfehlung, sich jeder politischen Stellungnahme und auch jeder Erklärung zu inneren Angelegenheiten anderer Kirchen strikt zu enthalten. Diese Empfehlung ging auf eine ausdrückliche Entscheidung der Heiligen Synode zurück.[61]

Die Kräftigung der orthodoxen Einheit, die Vorbereitung eines gesamt-orthodoxen Konzils und das vielfältige Bemühen um Zusammenarbeit mit den anderen christlichen Kirchen — diese Ziele hat Dimitrios uneingeschränkt von Athenagoras übernommen.

Die großen Impulse sind in den sechziger Jahren gegeben worden. Zu den visionären Perspektiven, die Athenagoras geöffnet hat, ist nichts Neues dieser Art hinzuzufügen. Dimitrios hat sein hohes Amt mit den nüchternen Worten angetreten, er wolle keine grandiosen Projekte und keine Wunder ankündigen. Aus dem Mangel an augenfälligen Ereignissen hat man zuweilen schließen wollen, daß der Phanar nun wieder erlahmt sei oder in mancher Hinsicht geringeren Eifer an den Tag lege. Dieser Eindruck haftet zu stark am Äußeren. Wenn sich der Schritt verlangsamt hat, so liegt das zum Teil an den Umständen, in der Türkei, in der Orthodoxie, in Rom und in Genf. Mehr noch dürfte es daran liegen, daß man den Zwang empfindet, die bisherigen Methoden neu zu überdenken und das bisher Erreichte in praktischer Kleinarbeit zu festigen, wie es der mehr der Realität als der Vision zugewandten Art eines Dimitrios und eines Meliton entspricht. In der Stille dieses Reifeprozesses ist die gesamt-orthodoxe und gesamt-christliche Aktivität des Phanar behutsam, aber beharrlich fortgeführt worden.

## 2. Gesamt-orthodoxe Iniativen

Weg und Zukunft des Ökumenischen Patriarchats sind für die gesamte Orthodoxie von entscheidender Bedeutung. Gespannt wartete man darauf, wie der Nachfolger des grossen Athenagoras, ein Mann, der außerhalb des Phanar bis dahin so gut wie unbekannt war, seine schwere Aufgabe anfassen würde. Zur allgemeinen Genugtuung, freilich auch zur Enttäuschung mancher Kreise, die es Athenagoras nie verziehen hatten, daß er an erstarrten Formen gerüttelt und die Tore zur Ökumene weit aufgestoßen hatte, hielt sich Dimitrios I. getreu an die Linie seines Vorgängers.

Thronrede und Programm des neuen Patriarchen bekundeten die Entschlossenheit, das mit dem Primat Konstantinopels verbundene Initiativrecht in gesamt-orthodoxen Angelegenheiten und in den Beziehungen der Orthodoxie zu den anderen christlichen Kirchen und Glaubensgemeinschaften zu bekräftigen. Das Ökumenische Patriarchat nannte Dimitrios das »heilige Zentrum«, zu dessen wichtigsten Aufgaben die Koordination (συντονισμός) und Einheit der Orthodoxie gehörten. Der Anspruch wurde bescheiden im Geist der Diakonie vorgetragen, überhören konnten ihn diejenigen nicht, die den Primat Konstantinopels zu einem rein protokollarischen Relikt der Vergangenheit abwerten wollen. Als Sachwalter der orthodoxen Gesamtkirche versprach Dimitrios, alles in seiner Kraft stehende zu tun, um die baldige Einberufung des orthodoxen Konzils zu ermöglichen.

Am ökumenischen Weg, so wie ihn Athenagoras begriffen und vorgezeichnet hatte, nahm Dimitrios keine grundsätzlichen Abstriche vor. Er richtete Grußworte an Papst Paul VI., den er als Primus inter Pares in der Gesamtkirche Christi bezeichnete, als älteren Bruder und Patriarchen des Westens. Die Oberhäupter der Anglikaner, der Alten Orientalischen Kirchen, der Alt-Katholiken sowie der anderen christlichen Konfessionen fanden gebührende Erwähnung. Bemerkenswert war ein Hinweis auf die Pflicht zum Dialog mit dem Islam und in zweiter Linie auch mit den anderen großen monotheistischen Religionen.

Es war ein weiter Rahmen, den auszufüllen schon im Hinblick auf die begrenzte Bewegungsfreiheit des in der Türkei beheimateten Patriarchats nicht leicht war. Technische Hindernisse ergaben sich — wie schon in der Vergangenheit — daraus, daß die türkischen Behörden in der Ausgabe von Auslandspässen an Hierarchen des Phanar im allgemeinen zurückhaltend sind. Ende 1973 zogen sich erneut dunkle Wolken über dem Phanar zusammen. Die Beziehungen zwischen Griechenland und der Türkei trübten sich zusehends, bis die erneute Spannung sich in der schweren Zypernkrise des Sommers 1974 entlud. Selbstredend kam der Phanar dadurch wieder in eine schwierige Lage, doch rührte die türkische Regierung nicht an das Patriarchat.[62]

Auslandsreisen Ökumenischer Patriarchen sind selten, die Ära Athenagoras bildete in dieser Hinsicht eine Ausnahme. Nachdem Athenagoras auf zahlreichen Reisen zwischen 1959 und 1967 die Kirchen des Orients und des Balkans sowie Rom und Genf besucht hatte, bestand für Dimitrios I. keine dringende Notwendigkeit mehr, sich persönlich ins Ausland zu begeben. Wohl aber konnte er eine Reihe ausländischer Kirchenoberhäupter und Kirchendelegationen empfangen — ein Zeichen, daß sich die gesamtorthodoxe und gesamt-christliche Bedeutung des Phanar behauptete. Aus den autokephalen Gliedkirchen kamen die Patriarchen Nikolaus VI. von Alexandria (März 1973), und Maximos von Bulgarien (Mai 1973), Erzbischof Seraphim von Athen (März 1974), ein offizieller Abgesandter des Patriarchen Benediktos von Jerusalem (März 1974) sowie eine starke Delegation des rumänischen Patriarchats (Juli 1974). Der erste hohe Besucher, den Dimitrios I. nach seiner Thronbesteigung begrüßen konnte, war der koptische Patriarch Schenuda III. von Alexandria im Oktober 1972. Eine offizielle Delegation des Vatikans unter Leitung von Kardinal Johann Willebrands weilte im November 1973 im Phanar, eine Abordnung des Lutherischen Weltbundes im Mai 1974.
In der Vergangenheit, und auch noch zu Zeiten Athenagoras' I., hatten kirchliche Besuche im Phanar meistens den Charakter protokollarischer Höflichkeitsvisiten. Der Patriarch und sein Gast hielten gemeinsame Gottesdienste ab und tauschten Reden allgemeiner Natur aus, womit es meist sein Bewenden hatte. Unter Dimitrios I. hat sich allmählich ein neuer Stil eingebürgert. An das übliche kirchliche Zeremoniell schließen sich regelrechte Arbeitstagungen an auf der Ebene der zuständigen Synodalkommissionen. Man spricht über konkrete Fragen und ist bestrebt, zu konkreten Ergebnissen zu gelangen. Eindrückliche Beispiele solcher »Arbeitstagungen« waren der Besuch des Erzbischofs Seraphim von Athen im März 1974 und der Besuch einer Delegation des rumänischen Patriarchats im Juli 1974.[63] Im Vordergrund stehen die Vorbereitung des Konzils sowie die gesamt-orthodoxe Orientierung der Dialoge mit den heterodoxen Kirchen und Glaubensgemeinschaften. Während die meisten dieser unter Athenagoras eingeleiteten Dialoge sich auf die Beziehungen zur Christenheit des Westens beziehen, ist der Dialog mit den Alten Orientalischen Kirchen der kirchlichen Entwicklung im Vorderen Orient und der Zukunft des orientalischen Christentums zugewandt.[64] Seit dem arabisch-israelischen Krieg 1973 hat außerdem das orthodoxe Interesse an Jerusalem und den Heiligen Stätten wieder aktuelle Bedeutung erlangt, ohne daß hier allerdings die Dinge bisher zu einer gesamt-orthodoxen Initiative des Ökumenischen Patriarchats gediehen wären.

*Die Vorbereitung des gesamt-orthodoxen Konzils*

Die Einberufung eines Konzils (Synodos) der Orthodoxie steht seit Beginn der sechziger Jahre auf der Tagesordnung. Athenagoras hatte mit kühnem Wurf den Stein ins Rollen gebracht, aber im Lauf der Jahre einsehen müssen, daß der Stein viel langsamer rollte, als er selbst wohl gedacht, gehofft und auch oft in gläubiger Zuversicht erklärt hatte. Während Papst Johannes XXIII. in relativ kurzer Zeit ein Konzil der römischen Kirche zusammenrufen konnte, erwies sich der Weg im losen Gefüge der Orthodoxie als bei Weitem schwieriger. Die Vorbereitung des Konzils ist zu einem immensen Unterfangen von langer Dauer geworden.

Anfangs schien ein gewisser Optimismus nicht unberechtigt. Zum Unterschied von früheren Anläufen fand der Ruf des Athenagoras allerseits ein positives Echo. Sämtliche Gliedkirchen (mit Ausnahme der hart unterdrückten Kirche Albaniens) leisteten der Einladung nach Rhodos Folge, wo die erste pan-orthodoxe Konferenz im September 1961 einen umfangreichen Themenkatalog für das Konzil billigte. Der Eifer erlahmte indessen schnell wieder. Andere Fragen, so vor allem das Verhältnis zu Rom, traten beherrschend in den Vordergrund. Die zweite und dritte pan-orthodoxe Konferenz beschäftigten sich kaum noch mit dem Konzil. Die Jahre vergingen, ohne daß die in Aussicht genommene Prosynode zustande kam, die der Einberufung des Konzils vorgeschaltet werden sollte.[65] Auftrieb erhielt die Konzilsarbeit erst wieder, nachdem der 1966 zum Metropoliten von Chalkedon gewählte Meliton den Vorsitz der für die inter-orthodoxen Beziehungen zuständigen Synodalkommission des Ökumenischen Patriarchats übernommen hatte. Kurz darauf berief Athenagoras die vierte pan-orthodoxe Konferenz ein, die zu einem entscheidenden Wendepunkt in der Vorbereitung des Konzils werden sollte.

Die Konferenz fand vom 8. bis 15. Juli 1968 in Chambésy bei Genf unter Vorsitz Melitons statt. Die Teilnehmer wurden sich darüber einig, daß eine systematische Neuordnung des Verfahrens nötig sei, um die Stagnation zu überwinden. Auf der einen Seite sollte das Konzil möglichst bald einberufen werden, auf der anderen Seite war eine gründliche und daher auch langwierige Vorbereitung unerläßlich. Zwischen diesen beiden kontradiktorischen Postulaten suchte die Konferenz einen gangbaren Mittelweg. Das Projekt einer Prosynode als einziger Vorstufe zum Konzil wurde endgültig begraben. Statt dessen beschloß die Konferenz ein mehrstufiges Verfahren. Die lange Liste des Rhodos-Kataloges sollte in eine Anzahl von Themengruppen aufgeteilt werden. Diese Themengruppen sollten nacheinander behandelt werden, und zwar derart, daß jeweils eine bestimmte Gruppe von Gliedkirchen die Themen bearbeiten, das Ergebnis zunächst einer inter-orthodoxen Kommission und in letzter Instanz einer »Prosynodalen Konferenz« vorgelegt werden sollte, deren Aufgabe es sein sollte, die endgültige Fassung für das Konzil auszuarbeiten. Alsdann sollte die »Prosynodale Konferenz« entscheiden, welche Themengruppe als nächste nach dem gleichen Verfahren zu behandeln sei.

Wenn das in Chambésy beschlossene Verfahren funktionieren sollte, bedurfte es eines organisatorischen Rahmens, der bis dahin gänzlich fehlte. Die Konferenz entschied sich für die Bildung einer »Inter-orthodoxen Kommission für die Vorbereitung des Konzils«. Alle Gliedkirchen sollten je einen Vertreter und einen Berater in die Kommission entsenden. Die Kommission sollte jeweils dann zusammentreten, wenn die Arbeit an einer bestimmten Themengruppe in den Gliedkirchen abgeschlossen war. Die Einberufung der Kommission sowie der »Prosynodalen Konferenzen« sollte dem Ökumenischen Patriarchen im Einvernehmen mit den Oberhäuptern der Gliedkirchen obliegen. Zur Unterstützung der nur in größeren Zeitabständen zusammentretenden Kommission sollte der Ökumenische Patriarch ein ständiges Sekretariat am Sitz des »Orthodoxen Zentrums« von Chambésy einrichten.[66] Mit der Leitung dieses Sekretariats betraute Athenagoras den Archimandriten Damaskinos Papandreou. (seit November 1970 Metropolit von Tranoupolis).[67] Zugleich mit dem Sekretariat für die Vorbereitung des Konzils übernahm Damaskinos

Papandreou 1969 die Leitung des Orthodoxen Zentrums in Chambésy. Im Lauf der Jahre hat Chambésy große Bedeutung auf dem Gebiet der zwischenkirchlichen Beziehungen erlangt. Das »Orthodoxe Zentrum des Ökumenischen Patriarchats« geht auf den Wunsch zurück, für die griechisch-orthodoxe Gemeinde in Genf eine Kirche zu bauen. Der Plan eines Kirchenbaus erweiterte sich alsbald zum Projekt eines über die lokalen Bedürfnisse hinausweisenden Zentrums, das man sich als eine Art »geistlicher Botschaft des Ökumenischen Patriarchats« vorstellte. Athenagoras stimmte der an ihn herangetragenen Idee bereitwillig zu. Der Patriarch sah hier eine Möglichkeit, der Orthodoxie ein Fenster zum Westen zu öffnen und eine zusätzliche Gelegenheit zu inter-orthodoxen und gesamt-christlichen Kontakten zu schaffen, was nun einmal aus verschiedenen Gründen in Istanbul nur in beschränktem Umfang möglich ist. Der Phanar selbst konnte die finanziellen Mittel nicht aufbringen, die Last wurde ihm von wohlhabenden Griechen in der Schweiz abgenommen. Eine Stiftung wurde gegründet und ein Grundstück mit einer alten Villa im Genfer Vorort Chambésy erworben. Hier fand am 3. Juli 1966 die feierliche Einweihung des Zentrums statt in Anwesenheit sämtlicher in Westeuropa residierenden Metropoliten des Ökumenischen Patriarchats. Kurz zuvor, am 16. Juni 1966, hatte die Heilige Synode des Patriarchats ein Statut des Zentrums erlassen. Demzufolge untersteht das Zentrum von Chambésy unmittelbar dem Phanar, fällt also nicht in die Jurisdiktion des auch für die Schweiz zuständigen Metropoliten von Österreich, dessen Sitz sich in Wien befindet. Im übrigen ist das Statut von 1966 insofern überholt, als die darin festgelegte Organisation der Verwaltung später abgeändert worden ist. Die administrative Leitung liegt seit dieser Änderung in der Hand eines fünfköpfigen Ausschusses, dessen Vorsitz der Direktor des Zentrums (Metropolit Damaskinos) innehat.

Mit der Vorbereitung des Konzils hatten Idee und Gründung des Zentrums zunächst nichts zu tun. Das Statut von 1966 erwähnt das Konzil mit keinem Wort. Gemäß dem Statut soll das Zentrum von Chambésy erstens Lehre und Tradition der Orthodoxie der gesamten christlichen Welt bekannt machen, zweitens Theologie und geistliches Leben der anderen christlichen Kirchen und auch der übrigen großen Religionen studieren, drittens die ökumenische Idee pflegen und viertens dem inter-orthodoxen Kontakt sowie den Beziehungen der Orthodoxie zu den anderen christlichen Kirchen dienen.[68] Aus diesem vierten Punkt ergab sich folgerichtig auch die Vorbereitung des Konzils. Es lag daher nahe, daß die panorthodoxe Konferenz von 1968 das Zentrum von Chambésy zum Sitz des ständigen Sekretariats bestimmte, zumal Chambésy noch den Vorteil hat, ein neutraler Punkt im prekären Geflecht der Orthodoxie zu sein.

Das 1968 beschlossene Verfahren zur Konzilsvorbereitung hat sich nicht in dem wohl erhofften Maße bewährt. Schon der erste Abschnitt nahm mehr Zeit in Anspruch, als vorgesehen war. Die Konferenz hatte sechs Themen aus verschiedenen Teilen des Rhodos-Kataloges ausgewählt und je eines davon den Patriarchaten von Konstantinopel, Moskau, Bulgarien, Serbien, Rumänien und der Kirche von Griechenland zur Bearbeitung überwiesen. Die Referate sollten dem Sekretariat in Chambésy innerhalb von sechs Monaten eingesandt werden. Weitere sechs Monate waren vorgesehen für die Prüfung der Referate in sämtlichen Gliedkirchen. Die Termine wurden jedoch nicht pünktlich eingehalten, so daß Athenagoras die Inter-orthodoxe Kommission erst drei Jahre nach der Konferenz von Chambésy zum ersten Mal einberufen konnte. Die

Kommission trat am 16. Juli 1971 zusammen, wiederum in Chambésy. An der Sitzung nahmen 18 Vertreter aus neun autokephalen Kirchen sowie der autonomen Kirche von Finnland teil, außerdem als Sekretär der Metropolit Damaskinos. Es fehlte das Patriarchat von Antiochia, das sich durch den Phanar vertreten ließ. Die autokephalen Kirchen von Polen, der Tschechoslowakei und die Kirche von Georgien hatten das Moskauer Patriarchat mit ihrer Vertretung betraut.[69] Da Meliton am Kommen verhindert war, übernahm der Metropolit Chrysostomos von Myra im Namen des Ökumenischen Patriarchats den Vorsitz.

Die Tagung der Kommission zog sich über eine Woche hin. Auftragsgemäß verfaßte die Kommission ihren Bericht zu den sechs Konzilsthemen der ersten Phase auf Grund der Referate und Stellungnahmen der Gliedkirchen. Nachdem der Bericht fertiggestellt war, richtete die Kommission an den Ökumenischen Patriarchen die Empfehlung, die erste »Prosynodale Konferenz« auf Juli 1972 einzuberufen. Als der Termin näher rückte, gewann man im Phanar die Überzeugung, daß die Vorbereitung noch nicht weit genug gediehen sei. Auf Anraten Melitons entschied sich Athenagoras für eine Verschiebung der Konferenz, zunächst wohl in der Hoffnung, daß es sich um einen relativ kurzen Aufschub, vielleicht um ein Jahr, handeln würde. Wenige Monate später verstarb Athenagoras. Sein Nachfolger zeigte sich zwar zu baldiger Einberufung der »Prosynodalen Konferenz« entschlossen, es war indessen verständlich, daß er einen solchen Schritt nicht sofort in den ersten Monaten seiner Amtsführung tun konnte. Man hoffte auf 1973. Jedoch vergingen das Jahr 1973 und auch das folgende Jahr 1974, ohne daß etwas über die Einberufung der Konferenz zu hören war. Die Verzögerung mochte sich zum Teil aus der politischen Spannung im östlichen Mittelmeerraum erklären, lag aber auch in der Sache begründet. Zur Verabschiedung der sechs Konzilsthemen des ersten Abschnitts hätte die »Prosynodale Konferenz« wohl kaum noch längerer Vorbereitung bedurft, nachdem diese Themen bereits in den Gliedkirchen und in der Inter-orthodoxen Kommission sorgfältig bearbeitet worden waren. Die einzuberufende Konferenz sollte sich aber nicht allein mit diesen sechs Themen befassen. Man hatte ihr auch die Überprüfung des gesamten Rhodos-Kataloges zur Aufgabe gestellt, was weitreichende Überlegungen substantieller Natur notwendig machte und zugleich auch an Gegensätzlichkeiten zwischen den einzelnen Gliedkirchen rührte.

Zweifel an der Tauglichkeit des Rhodos-Kataloges bestanden schon seit längerer Zeit. Sowohl die Auswahl der Themen wie der Umfang des Kataloges gaben zu Bedenken Anlaß. Der Rhodos-Katalog zählt in acht Kapiteln nicht weniger als vierzig Hauptthemen auf, deren viele nochmals in sich aufgegliedert sind.[70] Kapitel und Themen sind hintereinander aufgereiht ohne Bewertung nach Dringlichkeit und Bedeutung. So stellt sich der Katalog im Wesentlichen als eine bloße Aufzählung von Themen verschiedenster Art und Wichtigkeit dar. Einen Vorwurf an die Verfasser kann man daraus gerechterweise schwerlich ableiten. Der Gedanke an die Einberufung eines großen Konzils der Orthodoxie hatte zu plötzlich greifbare Form angenommen. In das Bewußtsein von Kirche und Glaubensgemeinschaft war er noch kaum eingedrungen. Vorbilder und Erfahrungen gab es nicht, wenn man den fruchtlosen und kurzlebigen Versuch des Ökumenischen Patriarchen Photios II. Anfang der dreißiger Jahre außer acht läßt. Die Ökumenischen Konzilien des 4. bis 8. Jahrhunderts lagen zu weit zurück und hatten zu einer Zeit stattgefunden, als das kirchliche und politische Schisma zwischen

Orient und Okzident noch nicht vollzogen war. Seither hatte die Ostkirche tiefgreifende Strukturwandlungen erlebt. Zu den alten Patriarchen waren zunächst Moskau und später im 19. Jahrhundert die Nationalkirchen des Balkans getreten. Schließlich hatten die politischen Umwälzungen nach den beiden Weltkriegen die Einheit der Orthodoxie schwersten Belastungen ausgesetzt. Die Wunde scharfer Trennung, die der kalte Krieg geschlagen hatte, war noch kaum vernarbt, als die Rhodos-Konferenz im September 1961 zusammentrat, um in kurzer Frist eine Tagesordnung für ein gesamt-orthodoxes Konzil auszuarbeiten. Das Ergebnis konnte füglich nicht mehr als ein erster Versuch sein, Sinn und Aufgabe des Konzils in gesamt-orthodoxem Einverständnis zu umschreiben. Was auf Rhodos zu Papier gebracht wurde, hätte in intensiver Arbeit durchdacht und vervollkommnet werden müssen. Dies war aber bis Ende der sechziger Jahre kaum der Fall. Man wartete auf die »Prosynode«, die nicht kam und aus nachträglicher Sicht auch nicht kommen konnte.

Die vierte pan-orthodoxe Konferenz von 1968 nahm den Rhodos-Katalog noch zur Grundlage des von ihr beschlossenen Verfahrens zur Vorbereitung des Konzils, jedoch wurden dessen Mängel schon in der ersten Phase offenbar. Die Einsicht verstärkte sich, daß man die Weichen des Konzils von der Thematik her neu stellen müsse. Klar zum Ausdruck kam sie auf der Sitzung der Inter-orthodoxen Kommission vom Juli 1971. Die Kommission sprach sich einstimmig dafür aus, daß die erste »Prosynodale Konferenz« zu einer Revision des Rhodos-Kataloges schreiten solle. In der Tat erscheint diese Empfehlung als wichtigstes Ergebnis der Tagung von 1971. Das nunmehr offiziell angemeldete Verlangen nach Revision des Rhodos-Kataloges regte eine vertiefte Diskussion über die Konzilsthematik an. Mit zunehmender Deutlichkeit zeichnete sich in den folgenden Jahren ein gesamt-orthodoxer Consensus dahin ab, daß sich das Konzil auf das Wesentliche und Dringende zu konzentrieren habe. Um es kurz zu sagen, schälten sich in der Hauptsache zwei große Problemkreise heraus, einmal die Aufgabe von Kirche und Glauben in der modernen Gesellschaft und zum anderen alle die Fragen, die der Rhodos-Katalog unter dem farblosen, aber inhaltsschweren Titel »Beziehungen der orthodoxen Kirchen untereinander und zum Primat des Ökumenischen Patriarchats« zusammengefaßt hatte. Zu klären ist die grundsätzliche Frage, ob die Orthodoxie in ihrer heutigen Gliederung als »Bundeskirche« oder als »Kirchenbund« zu verstehen ist, mit anderen Worten, wo die Grenzen der Autokephalie liegen. Längst fällig ist die Bereinigung der verworrenen und mit den kanonischen Regeln unvereinbaren Jurisdiktionsverhältnisse in der Diaspora. Als notwendig wird auch eine Vereinheitlichung des Kirchenkalenders empfunden. Einige Kirchen, so zum Beispiel Moskau und Jerusalem, halten am Julianischen Kalender fest, andere, darunter das Ökumenische Patriarchat, haben den Gregorianischen Kalender eingeführt. Die Kalenderfrage mag als nebensächlich erscheinen, sie ist aber mit theologisch-dogmatischen Vorstellungen verknüpft und daher Ursache schismatischer Tendenzen.[71] Dies wäre eine (keineswegs erschöpfende) Aufzählung wesentlicher und dringender Themen, die auch in den Überlegungen des Phanars zum Konzil begegnen.

Welche Vorstellungen der Phanar hat, läßt sich einem Bericht des Metropoliten Chrysostomos von Myra entnehmen. Der Bericht trägt die bezeichnende Überschrift »Die konkreten Ziele des Konzils«.[72] Chrysostomos verlangt mit aller Deutlichkeit, daß sich das Konzil auf die besonders brennenden Fragen beschränken müsse, deren Klärung der Orthodoxie konkreten Nutzen bringe. Er nennt die Autokephalie, die Primatsrechte des Ökumenischen Patriarchats, die kirchliche Neuordnung in der Diaspora. In allen diesen Fragen müßten »kühne Entschlüsse« gefaßt werden, kirchliche Kompromisse seien mit dem Charakter eines Konzils unvereinbar. In welchem Geist Chrysostomos an das Konzil herangeht, zeigt seine Bemerkung, die Orthodoxie verlange und erwarte vom Konzil »die Achtung vor der Tradition im Sinne einer Wiedergeburt und Erneuerung der Kirche«. Ein so einschneidender Entschluß wie die Einberufung eines Konzils rechtfertige sich nur, wenn die Bereitschaft zu einer »fruchtbringenden Mischung von Tradition und Erneuerung« bestehe.

Im Zusammenhang mit der Konzilsdiskussion müssen auch Erkenntnisse und Thesen gesehen werden, die ein anderer führender Hierarch des Phanar, der Metropolit Maximos von Sardes, in seinem 1972 veröffentlichten Buch »Das Ökumenische Patriarchat in der Orthodoxen Kirche« dargelegt hat.[73] Einleitend schreibt Maximos, er habe die Anregung zu seinem Buch auf der Rhodos-Konferenz von 1961 empfangen, an der er selbst teilgenommen hat. Das Buch soll nach den Worten des Verfassers ein Beitrag zu den im Rhodos-Katalog niedergelegten Themen des Konzils sein. Was diesen Aspekt des kirchengeschichtlichen und kirchenrechtlichen Werkes betrifft, so kommt Maximos von Sardes zu ähnlichen Schlußfolgerungen wie der oben erwähnte Bericht des Metropoliten Chrysostomos. Die inter-orthodoxen Beziehungen und die Diaspora sind nach Maximos die zentralen Themen, mit denen sich die Orthodoxie heute zu befassen habe.

In knappen Worten läßt sich zusammenfassend sagen, daß das Ökumenische Patriarchat in der zweiten Hälfte der sechziger Jahre eine systematische und kontinuierliche Vorbereitung des Konzils in die Wege geleitet hat. Dem von der Rhodoskonferenz von 1961 unternommenen Anlauf war eine lange Pause gefolgt, zu einem großen Teil deswegen, weil andere Aufgaben die ganze Aufmerksamkeit des Phanars in Anspruch nahmen. Erst die vierte pan-orthodoxe Konferenz von 1968 hat unter maßgeblichem Einfluß des Metropoliten Meliton den Konzilsfaden wieder aufgenommen. Mit der Bildung einer Inter-orthodoxen Kommission und eines ständigen Sekretariates ist die Vorbereitung des Konzils auf gesamt-orthodoxer Grundlage und unter Federführung des Ökumenischen Patriarchats institutionalisiert worden. Im Kontakt mit den Gliedkirchen trägt das Sekretariat von Chambésy viel zur Intensivierung und Verbreiterung der Konzilsarbeit bei. Das anfangs noch schwach entwickelte »Konzilsbewußtsein« der orthodoxen Glaubensgemeinschaft hat eine Stärkung erfahren. Die von der vierten pan-orthodoxen Konferenz festgelegte Prozedur ist freilich schon bald auf Schwierigkeiten gestoßen. Eine neue Verzögerung ist eingetreten. Soweit diese Verzögerung außerkirchlich bedingt ist, bestätigt sie aufs neue, daß der Weg zum orthodoxen Konzil in starkem Maße (und weit stärker als in der römischen Kirche) von weltpolitischen Faktoren im allgemeinen und von der politischen Entwicklung im Umkreis des östlichen Mittelmeeres im Besonderen überschattet wird. Auf der anderen Seite hat die wiederum eingetretene Wartezeit auch etwas Positives. Die Diskussion über Sinn und Aufgabe eines gesamt-orthodoxen Konzils in der heutigen Zeit hat sich vertieft, die Spreu nebensächlicher, am Rand der Gegenwart stehender Fragen kann vom Weizen des wirklich Wesentlichen und Dringenden gesondert werden. Daran wird gearbeitet, und insoweit ist die Verzögerung kein reiner Zeitverlust. Man hat gelernt und erkannt, daß es eines sehr, sehr langen Atems bedarf, um die Idee eines großen Konzils der Orthodoxie, von Athenagoras in kühner und gläubiger Vision hingeworfen, in die Tat umzusetzen.

*Dialoge im Orient*

Im Vorderen Orient bemüht sich das Ökumenische Patriarchat um eine Wiedervereinigung mit den Kirchen monophysitischen Bekenntnisses. Es ist ein gesamt-orthodoxes Anliegen. Während die Annäherung an Rom und an die Protestanten, kurz gesagt an das Christentum des Westens, in den Gliedkirchen unterschiedlich bewertet wird, bestehen über den Dialog mit den »Monophysiten« kaum grundsätzliche Differenzen. Der Wunsch ist allgemein, die lange Trennung zwischen den beiden großen Familien des orientalischen Christentums zu überwinden.[74] Der im 5. Jahrhundert eingetretene Bruch der Monophysiten mit der oströmischen Reichskirche wird nicht als Schisma oder Häresie angesehen, sondern lediglich als eine im Wesentlichen national-politisch bedingte Trennung (diakrisis).[75] Freilich geht der Riß doch ziemlich tief. Auch die Optimisten geben zu, daß einer Wiedervereinigung noch Hindernisse theologischer, jurisdiktioneller und auch politischer Natur entgegenstehen. Diese Hindernisse haben sich mit fortschreitender Annäherung als recht schwierig erwiesen.

Die Kirchen monophysitischen Bekenntnisses nennen sich selbst auch »orthodox«. Weil sie das christologische Dogma des Konzils von Chalkedon (451) nicht anerkannt und sich deswegen von der Reichskirche losgesagt haben, werden sie für gewöhnlich als »nicht-chalkedonische« oder auch »vorchalkedonische« Kirchen bezeichnet. Es läßt sich demnach eine chalkedonische und eine nicht-chalkedonische Orthodoxie unterscheiden. Im offiziellen Sprachgebrauch der (chalkedonischen) Orthodoxie spricht man heute allgemein von den »Alten Orientalischen Kirchen«

Monophysitischen Bekenntnisses sind fünf Kirchen: die koptischen Patriarchate von Alexandria und von Äthiopien, das syrisch-jakobitische Patriarchat von Antiochia und die mit diesem eng verbundene Kirche der Thomaschristen in Südindien und auf Ceylon sowie schließlich die armenisch-gregorianische Kirche, die wiederum in die beiden Katholikate von Etschmiadzin und Zilizien (Sitz Libanon) untergliedert ist. Eine monophysitische Gesamtkirche gibt es nicht, wohl aber sind Kopten, Jakobiten und Armenier in den sechziger Jahren erstmalig eine engere Zusammenarbeit eingegangen.[76]

Das Schwergewicht des nicht-chalkedonischen Christentums liegt eindeutig im Vorderen Orient unter Einschluß Äthiopiens und Kaukasiens. Außerhalb dieses Gebietes befinden sich — von der Diaspora abgesehen — nur die indischen Jakobiten. Die große Mehrheit der arabophonen Christen ist monophysitischer Konfession, während die (chalkedonische) Orthodoxie im arabischen Raum zahlenmäßig nur schwach vertreten ist. Da eine auch nur einigermaßen verläßliche Religionsstatistik nicht vorhanden ist, läßt sich nur ein ungefährer Begriff der Größenordnungen geben. Weitaus am stärksten ist die koptische Kirche Äthiopiens, zu der sich etwa 45 % der Gesamtbevölkerung dieses Landes bekennen sollen. Die Kopten Ägyptens werden auf mindestens vier und höchstens sechs Millionen geschätzt. Hinter den Kopten folgen in weitem Abstand die Armenier an zweiter Stelle mit schätzungsweise zwei bis zweieinhalb Millionen Gläubigen. Die kleinste Gemeinschaft bilden die Jakobiten (mehrheitlich in Indien). Insgesamt dürfte es auf der Welt um die 20 Millionen Christen monophysitischen Bekenntnisses geben, davon rund die Hälfte in Äthiopien und an die 30 % im arabischen Raum. Von den Christen im Raum zwischen Nil und Euphrat dürften mindestens 75 bis 80 % Monophysiten sein, aber nur 7 bis 8 % (chalkedonische) Orthodoxe. Die übrigen verteilen sich auf die mit Rom unierten Kirchen, die Nestorianer und die Protestanten.[77]

Mit inoffiziellen Theologengesprächen unter der Ägide des Weltkirchenrats hat die Wiederannäherung zwischen Orthodoxie und Alten Orientalischen Kirchen begonnen. Im ganzen haben vier derartige Zusammenkünfte stattgefunden, 1964 in Aarhus, 1967 in Bristol, 1970 in Genf und endlich im Januar 1971 in Addis Abeba.[78] Die Gespräche zeitigten ein hohes Maß an Übereinstimmung, bis zu voller Einigung über Dogma und Tradition konnten sie nicht vordringen. Nach den beiden ersten Theologentreffen hielt man es für angezeigt, die Überleitung der Kontakte auf die Ebene eines offiziellen Dialogs vorzubereiten. Die vierte pan-orthodoxe Konferenz von 1968 beschloß zu diesem Zweck die Einsetzung einer inter-orthodoxen Kommission. Es vergingen drei Jahre, bis dieser Beschluß seine Früchte trug. Im August 1971 konnte auf Einladung des Ökumenischen Patriarchen die Inter-orthodoxe Kommission für den Dialog mit den Alten Orientalischen Kirchen erstmalig zusammentreten. Als Tagungsort war zunächst Alexandria in Aussicht genommen, später entschied man sich jedoch für Addis Abeba, was als eine freundschaftliche Geste an die Adresse der koptischen Kirche Äthiopiens gewertet werden konnte. An der Kommission beteiligten sich acht der zwölf autokephalen Kirchen sowie die orthodoxen Kirchen Georgiens und Finnlands. Auffällig war das Fehlen des Patriarchats von Antiochia, obwohl dieses an der Entwicklung im orientalischen Christentum unmittelbar interessiert ist und auch an den inoffiziellen Theologengesprächen mit den Nicht-Chalkedoniern teilgenommen hat. Es fehlten ferner die Patriarchate von Serbien und Bulgarien sowie die autokephalen Kirchen Polens und der Tschechoslowakei. Das Fernbleiben Antiochias wurde mit politischen Gründen erklärt, das Fehlen der anderen mit finanziellen Schwierigkeiten. Den Vorsitz der Kommission übernahm der Metropolit Chrysostomos von Myra als Vertreter des Phanar.[79] Zum Sekretär der Kommission wurde ein Hierarch des Patriarchats von Alexandria bestimmt, der in den Kontakten zu den Nicht-Chalkedoniern lebhafte Aktivität entfaltet hatte, der Metropolit Methodios (Fujas) von Axum.

Die Inter-orthodoxe Kommission kam zu dem Ergebnis, daß die Zeit für den Beginn eines offiziellen Kirchendialogs gekommen sei. Wie sie meinte, hätten die auf beiden Seiten angestellten Studien, die Theologengespräche und der Austausch offizieller Besuche den Boden »genügend« vorbereitet. Die Alten Orientalischen Kirchen wurden aufgefordert, ihrerseits eine gemeinsame Kommission für den Dialog zu bilden. Die Teilnehmer der Tagung von Addis Abeba setzten einen Unterausschuß, bestehend aus dem Metropoliten Methodios von Axum sowie einem griechischen und einem russischen Theologieprofessor, ein mit der Aufgabe, die notwendigen Vorkehrungen für das erste offizielle Treffen der beiden Hauptkommissionen zu treffen.[80] Die Nicht-Chalkedonier kamen im Juli 1972 dem an sie ergangenen Rufe nach und bildeten ihrerseits eine große Kommission für den Dialog und einen Unterausschuß, in den die koptischen Patriarchate von Alexandria und Äthiopien je einen Bischof delegierten und die syrisch-jakobitische Kirche Indiens einen Theologieprofessor.

Nachdem auf beiden Seiten der organisatorische Rahmen gezimmert war, schienen die Dinge nun rasch in Fluß zu kommen. Im Juli 1973 versammelten sich die beiden Unterausschüsse zu einer gemeinsamen Sitzung im Kloster Pendeli bei Athen. Es wäre ihre Aufgabe gewesen, einen Termin für die Aufnahme des offiziellen Dialoges zu bestimmen, das heißt für die erste gemeinsame Tagung der beiden Hauptkommissionen. Diese Erwartung erfüllte sich nicht. Man beriet in Pendeli eine ganze Woche lang, um schließlich festzustellen, daß vorher noch zahlreiche vertiefte Studien über Glauben und Tradition nötig seien. Die christologischen Differenzen schienen den Teilnehmern noch nicht hinreichend geklärt. Ein Bericht zu dieser Frage sollte ausgearbeitet werden. Sobald dieser Bericht vorläge, sollten die Unterausschüsse abermals zusammenkommen. Man trennte sich in der Hoffnung, daß der Faden schon im Laufe des Jahres 1974 wieder aufgenommen werden könne. Die beiden Unterausschüsse konnten aber erst im Januar 1975 wieder zusammentreten, und zwar diesmal in Addis Abeba. Die Teilnehmer kamen zu dem Ergebnis, daß es möglich sein sollte, die erste Sitzung der großen Kommission für den Sommer 1976 einzuberufen.[81]

Dimitrios I. zeigte sich in seinen ersten Äußerungen recht optimistisch sowohl hinsichtlich der Aufnahme des Dialogs mit den Alten Orientalischen Kirchen wie auch hinsichtlich dessen Aussichten. Schon bald nach seiner Amtsübernahme bildete die Heilige Synode eine besondere Kommission für diesen Dialog, nachdem die Beziehungen zu den Alten Orientalischen Kirchen bis dahin in den Bereich der Synodalkommission für gesamt-christliche Angelegenheiten gehört hatten. Die Leitung der neuen Synodalkommission wurde dem Metropoliten Chrysostomos von Myra übertragen, der zugleich (seit 1971) den Vorsitz der gesamt-orthodoxen Kommission für den Dialog mit den Nicht-Chalcedoniern innehat.

Athenagoras, dem sehr viel an den Alten Orientalischen Kirchen gelegen war, hatte bereits den persönlichen Kontakt auf höchster Ebene hergestellt. 1959 hatte er den koptischen Patriarchen von Alexandria, Kyrill VI., im Phanar empfangen, 1962 den armenischen Katholikos von Etschmiadzin, Vazken I., ein Jahr darauf den syrisch-jakobitischen Patriarchen von Antiochia, Mar Ignaz Jakob III., und schließlich 1971 den neuen äthiopischen Patriarchen Theophilos. Alle diese Kirchenoberhäupter waren — mit einer Ausnahme — noch im Amt, als Dimitrios I. im Juli 1972 den ökumenischen Thron bestieg. Ein Wechsel war allein im koptischen Patriarchat von Alexandria erfolgt. Kyrill VI. war im März 1971 verstorben. Zu seinem Nachfolger war am 31. Oktober des gleichen Jahres Bischof Amba Schenuda gewählt worden, der als Patriarch Schenuda III. im Alter von erst 48 Jahren an die Spitze der koptischen Kirche Ägyptens trat. Schenuda III., ein theologisch hochgebildeter Mann mit ökumenischem Verständnis und ökumenischer Erfahrung, war es vorbehalten, eine wichtige Rolle in den zwischenkirchlichen Beziehungen zu spielen. Den Ökumenischen Patriarchen besuchte er im Oktober 1972. Schenuda war das erste fremde — und noch dazu nicht orthodoxe — Kirchenoberhaupt, das Dimitrios I. nach seiner Thronbesteigung begrüßen konnte. Der Besuch verlief allem Anschein nach recht gut. Man sprach auch über den Kirchendialog, und Dimitrios gab seiner Hoffnung auf eine baldige offizielle Eröffnung Ausdruck. Der Ökumenische Patriarch wurde zu einem Besuch der koptischen Kirche Ägyptens eingeladen, nachdem Athenagoras bereits den Vorgänger Schenudas III. 1960 in Kairo besucht hatte.[82]

Seit den Beschlüssen von Chambésy im Jahre 1968 ist die Vorbereitung des Dialogs mit den Alten Orientalischen Kirchen auf eine gesamt-orthodoxe Grundlage gestellt. Daneben pflegen verschiedene Gliedkirchen, so namentlich die Patriarchate von Moskau und Rumänien, ihre zum Teil schon alten Beziehungen zu den Alten Orientalischen Kirchen weiter. In einer besonderen Position befinden sich die in der Region einheimischen Patriarchate von Alexandria und Antiochia. Sie sind unmittelbar im eigenen Jurisdiktionsbereich mit den orientalischen Sonderkirchen konfrontiert, ja stehen gewissermaßen zu diesen in »Konkurrenz«. Das Patriarchat von Alexandria hat ein an Zahl der Gläubigen weit überlegenes koptisches Patriarchat gleichen Titels neben sich. In den historischen Grenzen der alten Kirche von Antiochia bestehen ein orthodoxes und ein jakobitisches Patriarchat nebeneinander, hier allerdings sind die Orthodoxen in der Überzahl. Weniger betroffen ist Jerusalem von der Konkurrenz zwischen chalkedonischer und nicht-chalkedonischer Orthodoxie. Zwar besteht in Jerusalem auch ein armenisches Patriarchat, doch ergeben sich daraus im Allgemeinen keine Schwierigkeiten. Zur kirchlichen Zersplitterung und Rivalität kommt ein den orientalischen Christen gemeinsames Problem von zunehmender Dringlichkeit: der Zwang zur Auseinandersetzung mit den politischen, sozialen, ideologischen und religiösen Strömungen des arabischen Nationalismus, zur Integration der Christen in die arabisch-islamische Umwelt, die selbst tief greifenden Veränderungen unterworfen ist.[83]

Das Patriarchat von Antiochia, seit langem in der syrischen Hauptstadt Damaskus ansässig, ist die einzige orthodoxe Kirche rein arabischer Nationalität. Mit schätzungsweise 300 bis 400 000 Gläubigen und einer zahlreichen Diaspora in Nord- und Südamerika bildet es die stärkste christliche Gemeinschaft des Vorderen Orients östlich von Suez. Als solche empfindet das Patriarchat von Antiochia die Notwendigkeit und auch die Berufung, auf einen engeren Zusammenschluß der Christen im arabischen Raum hinzuwirken. In der Sicht Antiochias nimmt die Annäherung an die Alten Orientalischen Kirchen deutlich einen regionalen und arabischen Aspekt an. So ließ sich eine Initiative verstehen, die zu Beginn der siebziger Jahre Gestalt annahm, offenbar aber auf schon weiter zurückliegende Überlegungen zurückging. Das Patriarchat von Antiochia lud die »orthodoxen« Kirchen des arabischen Orients zu einer gemeinsamen Regionalkonfrenz ein. Der Begriff der Orthodoxie bezog sich hier sowohl auf die Kirchen chalkedonischen wie monophysitischen Bekenntnisses. Die Konferenz tagte vom 1. bis 5. März 1972 in der Theologischen Schule des Antiochener Patriarchats in Balamand (Libanon). Außer dem Gastgeber waren das koptische Patriarchat von Alexandria, das syrisch-jakobitische Patriarchat von Antiochia und das armenische Katholikat von Zilizien vertreten. Eingeladen war auch das griechisch-orthodoxe Patriarchat von Alexandria, der zur Teilnahme bestimmte Delegierte sagte jedoch im letzten Augenblick »wegen Erkrankung« ab. An das Patriarchat von Jerusalem, das sich in dem seit 1967 von Israel besetzten Gebiet befand, war keine Einladung ergangen.

Nachdem die Konferenz von Balamand ihre Beratungen beendet hatte, gab sie ein für die Öffentlichkeit bestimmtes Communiqué heraus. Die orthodoxen Kirchen des Vorderen Orients, so hieß es darin unter anderem, hätten das Bedürfnis empfunden, gemeinsam miteinander darüber zu beraten, wie sie die Hindernisse auf dem Wege zu ihrer vollkommenen Einheit überwinden könnten. Die Konferenz habe sich vier Ziele gesteckt: 1. die Etappen zur Verwirklichung der orientalischen Einheit festzulegen, 2.

die Möglichkeit einer gemeinsamen Stellungnahme zu den ökumenischen Fragen auf regionaler und internationaler Ebene zu prüfen, 3. die gemeinsame Verantwortung gegenüber den Lebensfragen der arabischen Welt zu präzisieren und endlich 4. konkrete Maßnahmen zur Herstellung einer dauernden Zusammenarbeit zu machen. Man habe alle diese Punkte erörtert und beschlossen, das Ergebnis den Oberhäuptern der beteiligten Kirchen vorzulegen. Über das Ergebnis selbst wurde nichts Näheres mitgeteilt. Erkennbare Konsequenzen hat die Konferenz von Balamand bisher nicht gehabt. Als Anlauf zu einer »Arabisierung« des Kirchendialogs verdient sie Beachtung.[84]

Aus dem Patriarchat von Alexandria ließen sich ähnliche Stimmen vernehmen, wie sie in Balamand laut geworden waren. Auch dort machte man sich Gedanken über die kirchliche Einheit im Vorderen Orient. Metropolit Parthenios von Karthago, Mitglied der Heiligen Synode, brachte sie in der Monatsschrift »Pantainos«, dem offiziellen Organ des Alexandriner Patriarchats, zum Ausdruck.[85] Er meinte, das Christentum des Vorderen Orients müsse, allein und geeint, seinen Weg bestimmen. Dies sei zwar schwierig, aber nicht unmöglich. Es gehe nicht um eine Kirchenunion innerhalb kurzer Frist, sondern um Zusammenarbeit ohne jede Ausnahme. Entscheidend für die Chriten der Region sei ihr Platz in der arabischen Welt. Die Christen müßten sich fragen, was sie dem arabischen Menschen zu sagen haben, denn das sei eine Lebensfrage für die Zukunft der arabischen wie der hellenischen Orthodoxie.

Die Ausführungen des Metropoliten Parthenios und die Idee der Konferenz von Balamand bewegten sich grundsätzlich in der gleichen Richtung: die Christen des Vorderen Orients haben ihre spezifisch regionalen Probleme und müssen an diese Probleme in enger Zusammenarbeit herangehen, ohne daß sie dem gemeinsamen Weg der gesamten Christenheit abträglich sein solle. Die Initiative des Patriarchats von Antiochia schien vielleicht stärker national-arabisch orientiert, der Metropolit von Karthago, der für ein im wesentlichen immer noch hellenisches Patriarchat sprach, schien den Nachdruck mehr auf die regionale Zusammengehörigkeit zu legen.

Die Verzögerung des offiziellen Dialogs mit den Alten Orientalischen Kirchen lag nach Meinung kompetenter Persönlichkeiten nicht zuletzt auch daran, daß man keine befriedigende Formel zur Bereinigung der christologischen Differenzen zu finden vermochte. Die Orthodoxen wollten sich nur zu einer »Neu-Interpretation« der Beschlüsse des Konzils von Chalkedon verstehen. Die Nicht-Chalkedonier, und hier vor allem die ägyptischen Kopten als geistig und theologisch führende Kirche monophysitischen Bekenntnisses, dagegen beharrten auf einer »Neu-Formulierung« der strittigen Konzilsbeschlüsse, die vor mehr als anderthalb Jahrtausenden zur Trennung geführt haben. Dies aber glaubte der Phanar im Einverständnis mit sämtlichen Gliedkirchen der Orthodoxie verweigern zu müssen.[86] Wenn sich eine Einigung mit der koptischen Kirche als besonders schwierig erwies, so spielte dabei auch deren Verhältnis zum griechisch-orthodoxen Patriarchat von Alexandria eine nicht zu unterschätzende Rolle. Die Beziehungen zwischen diesen beiden »Patriarchaten von Alexandria« haben sich zwar in mancher Hinsicht gebessert, trotzdem sind die Spuren ihrer historischen Rivalität nicht so leicht zu tilgen.

Eine gewisse Zurückhaltung gegenüber einer kirchlichen Union mit der Orthodoxie zeigt auch das armenische Katholikat von Etschmiadzin. Hier sind nationalpolitische Bedenken, auch in der armenischen Diaspora, maßgebend. Die Kirche ist der traditionelle Hüter des nationalen Gedankens für das weit in der Welt verstreute Volk der Armenier. Für das in der Sowjetrepublik Armenien gelegene Katholikat von Etschmiadzin ist die konfessionelle und kirchliche Besonderheit ein Schutz seiner Eigenständigkeit gegenüber dem orthodoxen Patriarchat von Moskau. Man befürchtet, eine förmliche Kirchenunion könnte Etschmiadzin in ähnliche Abhängigkeit von der weit stärkeren russischen Kirche bringen, wie es mit der benachbarten orthodoxen Kirche Georgiens der Fall ist. Daher hat auch die zum Teil scharf anti-kommunistische und anti-russische Diaspora Bedenken. In diese Überlegungen mischen sich die alten Spannungen zwischen Etschmiadzin und dem armenischen Katholikat von Zilizien (mit Sitz in Antelias/Libanon). Diesem ist die Jurisdiktion im Orient und in Amerika überlassen.[87]

Zur Annäherung der Orthodoxie an die Alten Orientalischen Kirchen entfaltete seit etwa 1970 der Vatikan parallele Bemühungen. Sie gingen aus von der Stiftung »Pro Oriente«, die der Wiener Erzbischof Kardinal König 1964 ins Leben gerufen hatte mit der Aufgabe, die römisch-katholischen Beziehungen zu den Ostkirchen zu fördern und zu vertiefen. Ähnlich wie der Weltkirchenrat Orthodoxe und Nicht-Chalkedonier zu theologischen Gesprächen zusammengebracht hatte, unternahm es die Stiftung »Pro Oriente«, ein Treffen zwischen römisch-katholischen Theologen und Theologen aus den Alten Orientalischen Kirchen zu organisieren. Ein solches Treffen fand im September 1971 in Wien statt. Eine zweite Zusammenkunft folgte im September 1973, ebenfalls in Wien. Beide Male verlief der inoffizielle Meinungsaustausch in einer freundlichen Atmosphäre gegenseitiger Verständigungsbereitschaft. Koptische Kreise bemerkten mit großer Befriedigung, daß eine neue »Formulierung« der Christologie vorgeschlagen und von beiden Seiten akzeptiert worden sei. Demnach ist Rom in den christologischen Differenzen den nicht-chalkedonischen Kirchen weiter entgegengekommen, als es die Orthodoxie bisher getan hat und nach ihrer Überzeugung tun konnte.[88]

An äußeren Zeichen der Annäherung fehlte es nicht. Im Jahr 1970 machte der armenische Katholikos von Etschmiadzin (Vazken I.) dem Papst in Rom seine Aufwartung. Der syrisch-jakobitische Patriarch Mar Ignaz Jakob III. tat im Oktober 1971 das Gleiche. Den Höhepunkt dieser in der Geschichte erstmaligen »Gipfeltreffen« zwischen Rom und den Alten Orientalischen Kirchen bildete der Besuch des koptischen Patriarchen von Alexandrien, Schenuda III., Anfang Mai 1973. Schenuda hatte, kurz vor seiner Wahl zum Patriarchen, der ersten Wiener Theologenkonferenz beigewohnt und von dieser Begegnung mit der römischen Kirche offenbar einen starken Eindruck empfangen. Sein Besuch bei Papst Paul VI. ging mit dem Beschluß zu Ende, eine gemischte Kommission beider Kirchen zur Fortenwicklung der gegenseitigen Beziehungen einzusetzen. Man beeilte sich, den Beschluß in die Tat umzusetzen. Schon im März 1974 konnte die gemischte Kommission in Kairo ihre erste Sitzung abhalten.[89]

Die nachdrücklich betriebene Öffnung Roms zu den Alten Orientalischen Kirchen, und insbesondere zu den Kopten, brachte so wie die Dinge liefen, ein neues Element in das unübersichtliche Feld nahöstlicher Kirchenpolitik. In der Orthodoxie scheint sie einige Zweifel ausgelöst zu haben. Kirchenpolitisch gut informierte Beobachter glaubten, der Vatikan habe seinen »Fahrplan« umgestoßen.[90] Ursprünglich sei geplant gewesen, daß Rom zuerst eine Einigung zwischen der Orthodoxie und den nicht-chalkedonischen

Kirchen abwarten und erst danach das eigene Gespräch mit dem christlichen Orient führen werde. In diesen »Plan« paßt die überraschend schnelle Annäherung der Kopten an Rom offensichtlich nicht, nachdem der Dialog mit der Orthodoxie offiziell noch nicht einmal hat beginnen können. Wenn man es einmal simplifizieren darf, so bewegen sich nunmehr die Alten Orientalischen Kirchen auf parallelen Wegen nach »Rom« und nach »Byzanz« — statt gemeinsam mit »Byzanz« den Weg nach »Rom« einzuschlagen. Die Christlichen Kirchen des Vorderen Orients sind kleine Inseln im weiten Meer des Islams. Von der Notwendigkeit eines Dialogs mit dem Islam hatte schon Athenagoras des öfteren gesprochen. Das Wort »Dialog« kann hier allerdings nicht die gleiche Bedeutung haben wie in den Beziehungen zu den anderen christlichen Kirchen. Die interchristlichen Dialoge sind auf Einheit, in welcher Form auch immer, gerichtet. Ein Dialog mit dem Islam kann nur ein Bemühen um gegenseitiges Verstehen und gegenseitige Achtung sein, wobei positiv der Gottesglaube und negativ die Abgrenzung gegenüber dem Atheismus als gemeinsamer Nenner dient.

Als Dimitrios I. sein hohes Amt übernahm, bestätigte er die Absicht seines Vorgängers, einen »Dialog mit dem Islam« in die Wege zu leiten. Er beließ es nicht bei der bloßen Ankündigung. Zugleich mit der Bildung einer neuen Synodalkommission für das Gespräch mit den Alten Orientalischen Kirchen setzte er eine analoge Kommission für den Dialog mit dem Islam ein. Der Vorsitz wurde dem Metropoliten Jakovos von Derkae übertragen, der ebenso wie die übrigen Mitglieder der neuen Kommission als guter Kenner des Islams bekannt war. Die Kommission leistet bis auf weiteres nur vorbereitende Arbeit, indem sie sich um eine Klärung der ihr gestellten Aufgabe bemüht und Studien anfertigt. Der Phanar bereitet den Dialog nur im eigenen Namen vor und denkt vorläufig in erster Linie an den Islam in der Türkei. Ein gesamt-orthodoxer Dialog mit dem Islam liegt noch in ferner Zukunft. Man nimmt an, daß sich das Konzil mit diesem Thema zu befassen haben wird.

Es ist seit je üblich, daß der Ökumenische Patriarch hohe islamische Feiertage zum Anlaß nimmt, um Grußbotschaften an die Moslems zu richten. Solche Botschaften pflegen zwar im Prinzip die Moslems der ganzen Welt anzusprechen, sind aber in erster Linie an die Moslems der Türkei gerichtet. Das Echo ist meist freundlich, aber ohne jede Verbindlichkeit. Ansätze zu einem Dialog ergeben sich daraus nicht.[91]

Ein Dialog mit dem Islam, was immer er auch bedeuten mag, ist in der Türkei weitaus schwieriger als im arabischen Raum. »Für die griechischen Orthodoxen spielt die Auseinandersetzung mit dem türkischen Volkstum eine wesentliche Rolle, die gleichzeitig ein Gegensatz zwischen Christentum und Islam ist . . . Die Christen in den arabischsprachigen Staaten sind ein Teil des nationalen und kulturellen Lebens.«[92] In türkischen Augen ist Orthodoxie mit Griechentum identisch, allenfalls auch mit den slawischen Nachbarn, was die Sache nicht leichter macht. Zwar ist es verfehlt, die tausendjährige Geschichte der Beziehungen zwischen orthodoxen Griechen und islamischen Türken nur im emotionellen Lichte einer »Erbfeindschaft« zu sehen. Trotz aller Kriege und Tragödien erscheint diese Geschichte eher als eine eigenartige Symbiose zweier Völker und Kulturen, die auch nach nationalstaatlicher Trennung noch miteinander verflochten bleiben.[93] Doch fällt nun einmal die religiöse Scheidelinie mit der Volkstumsgrenze zusammen. Im arabischen Raum ist dies nicht oder kaum der Fall. Christlich-islamische Bewegungen sind hier nicht mit der Hypothek nationaler Spannung belastet. Das Patriarchat von Antiochia ist rein arabisch. In den Patriarchaten von Alexandria und Jerusalem leben zwar Griechen und Araber zusammen, aber soweit sich daraus Spannungen ergeben, sind sie im wesentlichen innerkirchlicher Natur, zwischen hellenischen und arabischen Christen, nicht zwischen hellenischen Christen und arabischen Moslems. Orthodoxie und Islam können sich ohne die Last eines nationalen Antagonismus begegnen, zumal es zwischen Griechenland und den Arabern keine politischen Gegensätze oder Streitfragen gibt. Wieder anders liegen die Dinge in der Sowjet-Union. Entlang einer weit gestreckten Volkstumsgrenze zwischen dem Schwarzen Meer und den Steppen Innerasiens haben sich zwar Orthodoxie und Islam einen jahrhundertelangen Glaubenskampf geliefert, seit der Revolution von 1917 sind aber Christen wie Moslems gleichermaßen dem Druck eines atheistischen Staates unterworfen. So sind, von der Wolga bis zum Nil, Orthodoxie und Islam auf höchst unterschiedliche Weise miteinander verzahnt, die Möglichkeit eines gesamthaften Dialogs läßt sich daher kaum günstig beurteilen.

### Die Heiligen Stätten in Palästina

Wie es in der byzantinischen und osmanischen Vergangenheit immer der Fall war, so ist auch in der Gegenwart Kirchenpolitik im Vorderen Orient engstens verknüpft mit den inneren Spannungen der Region und der Rivalität der großen Mächte. Der arabisch-israelische Konflikt und die beiden Kriege, die sich Araber und Israelis im Juni 1967 und im Oktober 1973 lieferten, mußten unweigerlich auch die Orthodoxie in Mitleidenschaft ziehen, zunächst die in der Region »eingesessenen« Patriarchate von Alexandria, Antiochia und Jerusalem, dann aber auch die Gesamtkirche und das Ökumenische Patriarchat als deren im Primat begründetes »Koordinationszentrum«. Unmittelbar betroffen war die Gesamtkirche von der Tatsache, daß der Krieg vom Juni 1967 die Altstadt von Jerusalem und die Heiligen Stätten des Christentums unter israelische Herrschaft brachte. In der Zeit zwischen den Kriegen von 1967 und 1973 blieben Jerusalem und die Heiligen Stätten wohl auf der Tagesordnung, aber mehr am Rande der wieder erstarrenden Fronten. Erst im Gefolge des Krieges von 1973 kamen die Dinge erneut stärker in Fluß. Der Vatikan verlieh seinem Interesse und den Plänen, die er seit der Teilung Palästinas verfolgt hatte, wieder größeren Nachdruck. Die Orthodoxie, dem Heiligen Land traditionell besonders eng verbunden, sah sich zu eigener Stellungnahme gedrängt.

Die Heiligen Stätten sind in erster Linie ein inter-kirchliches, mit anderen Worten ein inter-christliches Problem. Die politische Souveränität über Jerusalem ist, mindestens in orthodoxer Sicht, nicht das Entscheidende, sofern sie in einer Weise ausgeübt wird, die der Entfaltung christlichen Lebens genügend Raum läßt. Die Orthodoxie, die römische Kirche und die Alten Orientalischen Kirchen haben ihren bestimmten Platz an den Heiligen Stätten. Ihre jeweiligen Rechte sind peinlichst genau und bis ins letzte Detail in einer Reihe von Erlassen der osmanischen Sultane festgelegt, deren letzter aus dem Jahre 1852 stammt und die vorangegangenen Regelungen zusammenfassend bestätigt. Dieser sogenannte Status-quo hat das britische Palästina-Mandat und die jordanische Herrschaft überdauert und ist bis heute in Kraft.[94] Schutz und Wahrnehmung der orthodoxen Rechte sind der (hellenischen) Mönchskongregation vom Heiligen Grabe anvertraut. Der Patriarch von Jerusalem ist zugleich Igoumenos (Prior) dieser »Hagiotaphitiki Adelphotis«, aus deren Reihen sich der höhere Klerus des Patriarchats rekrutiert. Als Hüter der Heiligen Stätten hat das Patriarchat von Jerusalem eine gesamt-orthodoxe Aufgabe, ist also nicht nur (aber auch) die lokale Kirche der arabophonen orhodoxen Christen zu beiden Seiten des Jordans. In vollem Einvernehmen mit sämtlichen Gliedkirchen sieht es das Patriarchat von Jerusalem als seine Pflicht an, darüber zu wachen, daß der Status-quo an den Heiligen Stätten unangetastet bleibt und nicht zuungunsten der Orthodoxen geändert wird. Differenzen mit dem politischen Souverän hat es in dieser Hinsicht seit langer Zeit kaum mehr gegeben, die Wachsamkeit ist in der Hauptsache auf etwaige Ansprüche anderer christlicher Kirchen — vornehmlich der »Lateiner« — gerichtet. Die »Neutralität« gegenüber dem politischen Souverän ist nun aber schwierig geworden, seitdem Palästina und Jerusalem von zwei Nationen umkämpft sind, zu deren einer, den Arabern, die rund 60 000 Gläubigen des Patriarchats gehören. Auf diese Weise sieht sich das Patriarchat wohl oder übel in den politischen Konflikt hineingezogen. Wenn die orthodoxen Kirchen in der Verteidigung des Status-quo an den Heiligen Stätten einmütig sind, so scheiden sie sich in der Stellungnahme zum politischen Konflikt. Hier kann es nicht ausbleiben, daß nationale Gesichtspunkte oder der Druck der Regierungen sich geltend machen.

Der Phanar hielt sich nach dem arabisch-israelischen Krieg von 1967 offiziell zurück. Ein anderes Verhalten hätte die Einheit der Orthodoxie gefährdet und unter Umständen auch zu Kollisionen mit der Außenpolitik der Türkei führen können. Der Vatikan wiederum trug sich, unmittelbar nachdem Israel das gesamte Cisjordanien besetzt hatte, wieder mit dem Gedanken an eine Sonderregelung für Jerusalem oder mindestens für die Heiligen Stätten. Damals war die Annäherung zwischen Rom und Konstantinopel auf dem Höhepunkt. Als Papst Paul VI. Mitte Juli 1967 in Rom seine Absicht bekundete, den Ökumenischen Patriarchen im Phanar zu besuchen, gab er zu verstehen, daß er mit Athenagoras auch über ein gemeinsames Vorgehen in Bezug auf die Heiligen Stätten sprechen wolle. Es gibt Anhaltspunkte dafür, daß Athenagoras persönlich der Ansicht war, für Jerusalem müsse eine Sonderregelung irgendwelcher Art getroffen werden.[95] Wie dem auch gewesen sein mag, der Ökumenische Patriarch konnte sich in einer Frage, welche von den Kreuzzügen an bis in die moderne Zeit Anlaß zu Konflikten zwischen Orthodoxen und Lateinern gegeben hat, nicht mit dem Vatikan arrangieren, ohne Unwillen in weiten Kreisen der Orthodoxie zu erregen. Das Patriarchat von Jerusalem, wo Athenagoras ohnehin im Rufe allzu großer Romfreundlichkeit stand, wäre ihm nicht gefolgt. Das Moskauer Patriarchat befand sich im Einklang mit der Nahostpolitik der Sowjetregierung, wenn es jeder Art einer Internationalisierung Jerusalems eine scharfe Absage erteilte. Das Patriarchat von Antiochia entsandte sogar eilends zwei Bischöfe zum Phanar, um vor einer Annahme der Vorschläge des Papstes zu warnen. Damit, so hieß es aus Antiochia, würde sich Athenagoras in Gegensatz zur Linie der übrigen Patriarchate des Orients und auch Moskaus stellen.[96]

Papst Paul VI. weilte vom 25. bis 28. Juli 1967 in Istanbul. Es kann als sicher gelten, daß er mit Athenagoras auch über Jerusalem gesprochen hat. Angeblich faßten die beiden Kirchenoberhäupter einen »Plan« ins Auge, wonach Jerusalem zu einer offenen und entmilitarisierten Stadt erklärt werden sollte unter einer aus Juden, Christen und Moslems bestehenden Zivilverwaltung und mit gewissen Garantien der UNO.[97] Der aus Jerusalem datierte Bericht blieb unbestätigt. Die Schlußerklärung zum Besuch des Papstes erwähnte Jerusalem und die Heiligen Stätten nicht. Darüber wurde auch nichts gesagt, als Athenagoras wenige Monate später einen Gegenbesuch in Rom abstattete.

Die Bemühungen um einen Nahostfrieden, die dem Krieg vom Oktober 1973 folgten, rückten auch Jerusalem wieder ins Rampenlicht. Es hieß, der Papst habe im Gespräch mit dem Abgesandten des amerikanischen Staatssekretärs ein »Patronat« über die Heiligen Stätten verlangt. Auf eine Anfrage von orthodoxer Seite hin dementierte der Vatikan diese Behauptung. Patriarch Benediktos von Jerusalem blieb beunruhigt. Er suchte Rückendeckung beim Phanar. Inzwischen hatte Dimitrios I. den »romfreundlichen« Athenagoras auf dem ökumenischen Thron abgelöst. Er machte alsbald deutlich, daß die letzte Entscheidung über das Verhältnis zu Rom auf gesamt-orthodoxer Ebene zu treffen sei, wenn sich auch die Zusammenarbeit gemäß den Beschlüssen der dritten pan-orthodoxen Konferenz zunächst »bilateral« entwickeln könne. In diesem Sinne äußerte sich Dimitrios zu der offiziellen Delegation des Vatikans, die ihn unter Leitung des Kardinals Willebrands im November 1973 besuchte.[98] Daß der Ökumenische Patriarch ausdrücklich auf die Notwendigkeit eines gesamt-orthodoxen Einvernehmens in den Beziehungen zu Rom hinwies, konnte im Patriarchat von Jerusalem nur begrüßt werden.

Im März 1974 schickte Benediktos den Erzbischof Vassilios von Jordan, ein Mitglied der Heiligen Synode des Jerusalemer Patriarchats, in offizieller Mission zum Phanar. Aus den Reden, die bei dieser Gelegenheit ausgetauscht wurden, ging die Übereinstimmung der Ansichten deutlich hervor. Erzbischof Vassilios erklärte, er sei überzeugt, daß Dimitrios den von seinem Vorgänger eingeschlagenen Weg festen Schrittes, aber mit »größter Bedachtsamkeit und Vorsicht« fortsetzen werde (die gleichen Worte »Bedachtsamkeit und Vorsicht« hatte Dimitrios in seiner Ansprache an Kardinal Willebrands gebraucht). Das Patriarchat von Jerusalem lege größten Wert darauf, daß die Beziehungen der orthodoxen Kirchen untereinander noch enger und fester würden. Es sei besonders erfreut darüber, daß Dimitrios die bilateralen Gespräche mit anderen christlichen Kirchen unter einem gesamt-orthodoxen Aspekt sehe. In seiner Antwort berührte der Ökumenische Patriarch auch das Thema der Heiligen Stätten. Er bekundete sein »wachsames Interesse« an den Rechten und Privilegien, die der Bruderschaft vom Heiligen Grabe des Patriarchats von Jerusalem zukämen, und versicherte, das Ökumenische Patriarchat werde alles in seiner Macht Stehende tun, um diese Rechte »im Weltmaßstab« zu verteidigen.[99]

Die Gespräche mit Erzbischof Vassilios fanden einen Niederschlag in der Osterbotschaft des Ökumenischen Patriarchen. Ein kurzer Absatz der Botschaft war den Heiligen Stätten gewidmet. In Übereinstimmung mit den Pflichten und der Verantwortung des Ökumenischen Patriarchats und »jenseits aller Politik« verlangte Dimitrios die universale Beachtung des Status-quo und namentlich der säkularen Rechte des Patriarchats von Jerusalem.[100]

Der Standpunkt des Phanar war nunmehr klar umrissen. Er hat einen doppelten Aspekt. Erstens besteht das Ökumenische Patriarchat auf der strikten Wahrung des (inter-kirchlichen) Status-quo und der daraus folgenden Rechte des Patriarchats von Jerusalem an den Heiligen Stätten. Zweitens können die Worte »Jenseits aller Politik« (ἐπέκεινα πάσης πολιτικῆς) nur bedeuten, daß sich der Phanar aus der politischen Kontroverse um Jerusalem und die von Israel seit 1967 besetzten Gebiete heraushält. Die Frage der Heiligen Stätten wird von dem politischen Status Jerusalems getrennt.[101] Was den ersten Punkt betrifft, so besteht volle Einigkeit unter den orthodoxen Gliedkirchen. Im zweiten Punkt geht der Phanar einig mit dem Patriarchen von Jerusalem und der Kirche von Griechenland[102], die Patriarchen von Antiochia und Moskau dagegen bleiben nicht »jenseits aller Politik«, sondern treten für die Arabisierung Jerusalems oder mindestens die Rückgabe der von Israel 1967 in Besitz genommenen Altstadt ein.

Die amerikanische Diplomatie hat in ihren Friedensbemühungen nach dem Krieg vom Oktober 1973 zwar mit dem Vatikan Fühlung genommen, aber nicht mit der Orthodoxie. In Anbetracht der Bedeutung, welche die Orthodoxie den Heiligen Stätten und dem Heiligen Land zumißt, und der Stellung, die sie seit alters dort einnimmt, wurde diese Unterlassung nicht ohne Verwunderung vermerkt. Um auch die orthodoxe Stimme zur Geltung zu bringen, unternahm Erzbischof Jakovos (Kukuzis) von Amerika einen Vorstoß. Die Kleriker-Laien-Versammlung des griechisch-orthodoxen Erzbistums, die vom 28. Juni bis 6. Juli 1974 in Chicago ihre 22. Tagung abhielt, faßte eine auf Jerusalem bezügliche Entschließung. Darin wurde die amerikanische Regierung aufgefordert, sich für die Rechte des Patriarchats von Jerusalem einzusetzen. Bevor die Genfer Friedenskonferenz diesbezügliche Beschlüsse fasse, solle die Orthodoxe Kirche auf dem Wege über das Patriarchat von Jerusalem konsultiert werden. Erzbischof Jakovos wurde beauftragt, dem amerikanischen Staatsdepartement seine »Beunruhigung« mitzuteilen. Zugleich sollte er auch der römisch-katholischen Kirche und den protestantischen Kirchen gegenüber seine Sorge zum Ausdruck bringen und um deren Mitarbeit ersuchen. Abschriften der Resolution wurden sowohl den auf der Genfer Konferenz vertretenen Delegationen wie auch dem Generalsekretariat der UNO zugestellt.[103]

Die Versammlung in Chicago repräsentierte in erster Linie die rund zwei Millionen starke griechisch-orthodoxe Gemeinde in den Vereinigten Staaten. Die von ihr gefaßte Resolution unterschied sich nicht von ähnlichen Aktionen anderer nationaler oder religiöser »pressure groups«. Erzbischof Jakovos ist aber auch ein Hierarch des Ökumenischen Patriarchats. Er ist schon mehrmals mit eigenwilligen, dem Phanar zuweilen durchaus nicht willkommenen Erklärungen hervorgetreten. Die Resolution von Chicago allerdings stand nicht im Widerspruch zu den Intentionen des Phanar. Sie beschränkte sich auf die Rechte des Patriarchats von Jerusalem, ohne zu den politischen Fragen Stellung zu nehmen. Damit entsprach sie der zwischen dem Phanar, der Kirche von Griechenland und dem Patriarchat von Jerusalem vereinbarten Linie.

## Zweiter Teil: Konstantinopel — Athen: Zerwürfnis und Versöhnung

Obenan in der inter-orthodoxen Diskussion und in der Vorarbeit zum Konzil steht das Verhältnis der autokophalen Kirchen zum Ökumenischen Patriarchat. Die Ära Athenagoras hat die Einheit der Orthodoxie wieder sichtbar gestärkt. In gleichem Maße stellten sich zwangsläufig Fragen nach der konstitutionellen Struktur der Gesamtkirche: Was hat der Primat Konstantinopels in der Gegenwart zu bedeuten? Wie grenzen sich Primat und Autokephalie gegeneinander ab?

Schon als auf der ersten pan-orthodoxen Konferenz vom September 1961 die Tagesordnung des in Aussicht genommenen Konzils beraten wurde, traten unterschiedliche Auffassungen zu Tage. Deutlich bemerkbar machten sich die Differenzen im Verlauf der Wiederannäherung an Rom und im Gefolge gewisser Schritte des Moskauer Patriarchats, die den Status-quo in der Gesamtkirche berührten. Demgegenüber trat das Ökumenische Patriarchat als Hüter der von Kanones und Tradition begründeten Ordnung auf. Es glaubte, dies auch gegenüber der Kirche von Griechenland tun zu müßen, als diese eigenmächtig die in Griechenland bestehende Ordnung der kirchlichen Jurisdiktion antastete. Gewiß sind die Beziehungen zwischen der Kirche des neugriechischen Staates und der Mutterkirche von Konstantinopel besonderer und in der modernen Orthodoxie einmaliger Natur. Das Zerwürfnis, zu dem das Verhalten der griechischen Kirche Anlaß gab, hatte aber auch allgemeine und grundsätzliche Bedeutung, weil es implicite die Frage nach den Grenzen der Autokephalie aufwarf.

Die Spannung im Verhältnis zur Kirche von Griechenland zeichnete sich bereits zu Lebzeiten des Athenagoras deutlich ab. Ihren Höhepunkt erreichte sie unter Dimitrios I. Es zeugte von dem Ernst der Spannung, daß es der neue Patriarch für notwendig erachtete, in seinem Programm den Standpunkt des Phanar ausdrücklich zu bestätigen. Ganz allgemein erklärte Dimitrios, die Rechte und den Besitzstand des Ökumenischen Patriarchats ungeschmälert erhalten zu wollen. Dann ging er auf den besonderen Fall Griechenlands ein. »Was die Diözesen in Nordgriechenland betrifft, die vorübergehend der heiligen Kirche von Griechenland anvertraut sind, so werden wir wachsam sein und uns im Rahmen der jurisdiktionellen Vorrechte des Ökumenischen Patriarchats halten.« Der Satz war ein unmißverständlicher Einspruch gegen gewisse Bestimmungen des im Februar 1969 erlassenen neuen Status der Kirche von Griechenland.

*Grenzen der griechischen Autokephalie*

Ein kurzer Rückblick auf Entstehung und Entwicklung des neugriechischen Nationalstaates gehört zum Verständnis des Konfliktes zwischen Konstantinopel und Athen.

Im Gefolge des nationalen Unabhängigkeitskrieges, der 1821 auf dem Peloponnes ausbrach und der osmanischen Herrschaft ein Ende setzte, trennte sich Griechenland vom Ökumenischen Patriarchat. Die Trennung entsprach dem in der Orthodoxie geltenden Grundsatz, daß staatliche Unabhängigkeit auch das Recht auf kirchliche Autokephalie begründet. Indessen muß die Autokephalie von der Mutterkirche gewährt werden. Die Zustimmung Konstantinopels wurde nicht eingeholt. Vielmehr erklärte die erste Kirchenverfassung des Königreiches Griechenland vom 23. Juli 1833 die griechische Kirche einseitig für autokephal. Sie übertrug die Verwaltung der Kirche einer von der Regierung ernannten Synode unter Aufsicht eines königlichen Prokurators, machte sich also unter dem Einfluß protestantischer Vorbilder das staatskirchliche Prinzip zu eigen.[104]

Das Ökumenische Patriarchat verweigerte der eigenmächtig proklamierten Autokephalie die Anerkennung. Ein offener Bruch zwischen Athen und Konstantinopel war die Folge. Das Schisma dauerte siebzehn Jahre. Schließlich konnte es in langen Verhandlungen geheilt werden. Der Ökumenische Patriarch Anthimos IV. gewährte mit einem Synodal-Erlaß (Tomos) vom 29. Juni 1850 der Kirche von Griechenland die Autokephalie. Erst mit diesem Akt erlangte die Kirche von Griechenland rechtmäßig ihre jurisdiktionelle Unabhängigkeit.[105]

Der Tomos von 1850 gewährte die Autokephalie unter gewissen Bedingungen. Er bestimmte, daß die Kirche von Griechenland gemäß den Heiligen Kanones »frei und unabhängig von jeder weltlichen Einmischung« regiert werden sollte. Höchste Autorität sollte eine ständige Bischofssynode sein, deren Mitglieder einander nach der »Anciennität« in regelmäßigem Turnus ablösen sollten.[106] Der Phanar verlangte mit anderen Worten die Abschaffung der staatskirchlichen Ordnung. Staat und Kirche Griechenlands sind diesem Verlangen nicht in dem Maße nachgekommen, wie es der Tomos des Patriarchats unzweideutig forderte. Die Kirche von Griechenland blieb für weitere siebzig Jahre eine Staatskirche, und auch nach der Reform des Erzbischofs Chrysostomos I. (Papadopoulos) vom Jahr 1923, die den grundsätzlichen Übergang zur Selbstverwaltung der Kirche vollzog, waren staatliche Eingriffe keine Seltenheit. Immerhin bewirkte der Tomos von 1850, daß hinfort der Grundsatz der Anciennität bei der Zusammensetzung der ständigen Synode eingeführt und bewahrt wurde. Von diesem Grundsatz wich erst das Kirchenstatut von 1969 ab. Dies war einer der Streitpunkte zwischen der Führung der Kirche von Griechenland und dem Phanar. Der andere betraf die Sonderstellung der nordgriechischen Diözesen.

Griechenland erstreckte sich, als es die Unabhängigkeit erlangte, nur bis zur südlichen Grenze Thessaliens. Seine heutigen Grenzen hat es im Verlauf eines langen Prozesses territorialer Erweiterung erreicht, der erst mit dem Erwerb des Dodekanes im Pariser Friedensvertrag vom 15. Februar 1947 seinen Abschluß fand. Die Grenzen der autokephalen Kirche haben sich jedoch nicht im gleichen Maße wie die Staatsgrenzen erweitert. Die autokephale Kirche blieb auf Altgriechenland unter Einschluß der Jonischen Inseln und Thessaliens beschränkt, also auf die Grenzen, die das Königreich Griechenland im Jahr 1882 erreicht hat. Die später erworbenen Gebiete sind kirchlich in unterschiedlichem Grade dem Ökumenischen Patriarchat verbunden geblieben. Die Kirche der Insel Kreta bildet ein halb-autonomes Erzbistum in kanonischer Abhängigkeit von Konstantinopel. Die vier Metropoliten des Dodekanes unterstehen unmittelbar dem

Phanar, ebenso einige Klöster, unter denen an erster Stelle das als Exarchie des Patriarchats verwaltete Kloster des Heiligen Johannes auf der Insel Patmos zu nennen ist. Ferner übt das Ökumenische Patriarchat die geistliche Aufsicht über die autonome Klostergemeinschaft des Heiligen Berges Athos aus. Der kirchliche Status der genannten Gebiete ist bisher nicht bestritten und auch verfassungsmäßig verankert. Auf einem anderen Blatt stehen die sogenannten Neuen Gebiete (νέαι χῶραι) in Nordgriechenland. Es sind dies der Epirus, Mazedonien und die ägäischen Inseln Samos, Lemnos, Mytilene, Methymni und Chios, die nach den Balkankriegen von 1912/13 zu Griechenland gekommen sind, sowie West-Thrazien, das nach dem ersten Weltkrieg hinzuerworben wurde. Auf die Neuen Gebiete entfallen 33 der insgesamt 69 Metropolitendiözesen der Kirche von Griechenland gemäß der bis 1974 geltenden Einteilung (ohne Kreta und den Dodekanes).[107]

Die nordgriechischen Diözesen wurden auch nach dem politischen Anschluß an Griechenland zunächst weiter vom Phanar verwaltet. Auf die Dauer war die direkte Verwaltung nicht durchführbar, zumal das Patriarchat stark betroffen war von den Veränderungen, die der Lausanner Frieden von 1923, die Gründung der Türkischen Republik und der griechisch-türkische Bevölkerungsaustausch mit sich gebracht hatten. Das Patriarchat, der griechische Staat und die Kirche von Griechenland einigten sich daher 1928 auf eine andere Regelung. Sie fand ihren Niederschlag in einem griechischem Staatsgesetz Nr. 3615 vom 10. Juli 1928 und einer Verordnung (Praxis) des Ökumenischen Patriarchats vom 4. September des gleichen Jahres.[108]

Die Regelung von 1928 überläßt die Verwaltung der nordgriechischen Diözesen »kommissarisch« (ἐπιτροπικῶς) der autokephalen Kirche von Griechenland, jedoch unter ausdrücklicher Wahrung der kanonischen Rechte des Ökumenischen Patriarchats. Die Neuen Gebiete werden also nur verwaltungsmäßig an die autokephale Kirche angeschlossen, kanonisch bleiben sie beim Patriarchat. Die Praxis des Patriarchats bestimmt unter anderem, daß die Metropoliten der Neuen Gebiete in gleicher Zahl und mit gleichen Rechten wie die Metropoliten Alt-Griechenlands an der ständigen Synode der Kirche von Griechenland beteiligt werden müssen, und zwar im Turnus nach der Anciennität. Ungeachtet der administrativen Zugehörigkeit zu Athen bleiben die Metropoliten der Neuen Gebiete Hierarchen des Ökumenischen Thrones.

Je weiter die Zeit fortschritt, um so mehr verringerte sich der kirchliche Unterschied zwischen Alt-Griechenland und den Neuen Gebieten. Die Zugehörigkeit der nordgriechischen Diözesen zum Phanar wurde allmählich nur noch als rein nominell angesehen. Dies mochte de facto zutreffen, de jure behielt die Regelung von 1928 ihre ungeschmälerte Gültigkeit. Das griechische Kirchenstatut vom 25. September 1943, das bis 1969 in Kraft blieb, trug ihr Rechnung, indem es die »Kirche von Griechenland« wie folgt definierte: »Die Kirche von Griechenland besteht aus der autokephalen Kirche von Griechenland sowie gemäß der Regelung von 1928 aus denjenigen Metropolien des Ökumenischen Patriarchats, die sich in Griechenland befinden«. Erwähnt wurden in diesem Zusammenhang sowohl das Staatsgesetz 3615/1928 wie die Praxis des Patriarchats vom 4. September des gleichen Jahres (Artikel 1). Der Formulierung des Statuts entsprechend bildete die Kirche von Griechenland zwar eine administrative Einheit (immer abgesehen von Kreta und dem Dodekanes), aber mit einem unterschiedlichen Status für Alt-Griechenland und die Neuen Gebiete. Die Staatsverfassung des Königreiches Griechenland vom 1. Januar 1952 war in diesem Punkt ungenau, wenn sie in Artikel 2 Absatz 1 besagte, die Kirche von Griechenland sei autokephal und übe ihre souveränen Rechte unabhängig von jeder anderen Kirche aus. Dem betreffenden Artikel war immerhin eine »déclaration interprétative« angefügt, worin es hieß, das kirchliche Regime in den Neuen Gebieten widerspräche dem Sinn des Artikels nicht. Auf die Regelung von 1928 nahm die Staatsverfassung von 1952 nur in dieser indirekten Form Bezug.

Schon der Trennung vom Ökumenischen Patriarchat im Jahr 1833 hat ein national- und staatskirchlicher Helladismus Pate gestanden.[109] Er setzte sich später fort in dem Bestreben, die Autokephalie auf das gesamte Staatsgebiet auszudehnen und die jurisdiktionelle Teilung zu beenden, die sich nach den Gebietserwerbungen von 1912/13 herausgebildet hat. Die helladische Tradition hatte stets sowohl in der Hierarchie wie in der politischen Schicht des Landes starken Einfluß. Vereinheitlichung der griechischen Kirche konnte unter den gegebenen Umständen nur Verdrängung des Ökumenischen Patriarchats aus Griechenland bedeuten. Nun sind Rechte und Besitzstand des Patriarchats in Griechenland eine wichtige Stütze des Ökumenischen Thrones, seitdem dessen Gemeinde in der Türkei selbst auf einen kleinen Rest zusammengeschmolzen ist. Aus diesem Grund, aber auch aus grundsätzlichen Erwägungen sind helladische Tendenzen im Phanar immer auf scharfe Ablehnung gestoßen. Es war daher vorauszusehen, daß es zu einem Konflikt zwischen Konstantinopel und Athen kommen mußte, wenn die Kirche von Griechenland versuchen sollte, die Bindung der nordgriechischen Diözesen an den Phanar entgegen der 1928 getroffenen Regelung zu ändern. Dieser Fall trat ein, als Erzbischof Hieronymos I. (Kotsonis) die Führung der Kirche von Griechenland innehatte.

### Der Konflikt um das Kirchenstatut von 1969

Unter dem Datum des 19. Februar 1969 veröffentlichte der griechische Staatsanzeiger ein neues Statut der Kirche von Griechenland. Das Gesetz war am 10. Februar von der Regierung Georg Papadopoulos verabschiedet und unterzeichnet worden. Es löste das bis dahin geltende, in der Besatzungszeit erlassene Statut vom 25. September 1943 ab. Nachdem das Statut im Staatsanzeiger veröffentlicht war und somit Gesetzeskraft erlangt hatte, berief der Erzbischof die Vollsynode der Hierarchie ein. Unter den gegebenen Umständen blieb der Hierarchie nur die nachträgliche Zustimmung übrig. Sie wurde mit mancherlei Vorbehalten und Änderungswünschen erteilt.

Das neue Statut brachte tiefgreifende Reformen in Regierung und Verwaltung der Kirche. Was die Rechte des Ökumenischen Patriarchats in Griechenland betrifft, so wich es in mehrfacher Hinsicht von der bestehenden Regelung ab. Unangetastet blieb der kirchliche Status Kretas, des Dodekanes und des Heiligen Berges Athos (Artikel 1, Absatz 2). Hingegen wurde die Sonderstellung der nordgriechischen Diözesen im Gegensatz zu früher nicht mehr ausdrücklich erwähnt. In Artikel 1, Absatz 2 hieß es lediglich, die Kirche von Griechenland umfasse die Diözesen des Landes »gemäß den bisher geltenden Bestimmungen« (κατὰ τὰ μέχρι τοῦδε τεθειμένα). Absatz 3 des gleichen Artikels fuhr fort: »Die Kirche von Griechenland ist autokephal«. Es fehlte die bis dahin eingehaltene Unterscheidung zwischen der auf Alt-Griechenland begrenzten autokephalen Kirche und den Diözesen des Ökumenischen Patriarchats in den »Neuen Gebieten«. Gewiß war die Formulierung »gemäß den bisher geltenden Bestimmungen« unklar. Sie konnte auch als indirekte Bestätigung der Regelung von 1928 interpretiert werden. In diesem Falle hätte aber kein Grund vorgelegen, von der Formulierung des Statuts von 1943 abzuweichen. Das Fehlen einer ausdrücklichen Bezugnahme auf die Regelung von 1928 ließ die Vermutung aufkommen, daß die Urheber des neuen Statuts sich nicht mehr strikt an diese Regelung gebunden fühlten.

In die gleiche Richtung deuteten die Bestimmungen über Bildung und Zusammensetzung der Ständigen Synode, also der eigentlichen Kirchenregierung. Das Statut trug in diesem Punkt weder dem Patriarchatstomos von 1850 Rechnung, noch hielt es sich an die Bedingungen, unter denen der Phanar der Kirche von Griechenland die Verwaltung der »Neuen Gebiete« übertragen hatte. Das Prinzip der Anciennität, das seit Erlaß des Tomos und des darauf folgenden griechischen Kirchengesetzes von 1852 die Zusammensetzung der Ständigen Synode bestimmt hatte, wurde fallen gelassen. Stattdessen bestimmte Artikel 10, Absatz 1 des neuen Status, daß die Ständige Synode aus dem Erzbischof von Athen als Vorsitzendem und den Vorsitzenden der zehn ständigen Synodalkommissionen bestehe, dazu noch aus einem stellvertretenden Vorsitzenden, sofern die Hierarchie dies beschließe. Gemäß Artikel 6 sollten die Vorsitzenden der Synodalkommissionen (also die Mitglieder der Ständigen Synode) von der Vollversammlung der Hierarchie bestellt werden, und zwar auf Vorschlag der jeweils amtierenden Synode. Die Auswahl war an keine bestimmten Voraussetzungen gebunden, mithin auch nicht an die Anciennität der Metropoliten. Es war auch nichts darüber gesagt, daß die Metropoliten der »Neuen Gebiete« in gleicher Zahl wie die Metropoliten Alt-Griechenlands an der Ständigen Synode zu beteiligen seien, wie es die Regelung von 1928 verlangte.

Am 10. März 1969 bestellte die Hierarchie zum ersten Mal eine Ständige Synode auf Grund der Bestimmungen des neuen Statuts. Die von Erzbischof Hieronymos vorgeschlagene und von der Hierarchie gebilligte Liste zählte zwei Metropoliten aus Alt-Griechenland und acht aus den »Neuen Gebieten«. Dazu kam noch als stellvertretender Vorsitzender der zu Alt-Griechenland gehörige Metropolit Georgios von Kalavryta. Als am 30. November 1972 die Ständige Synode erneuert wurde, enthielt der Vorschlag des Erzbischofs die Namen von 6 Metropoliten aus Alt-Griechenland (den stellvertretenden Vorsitzenden nicht gerechnet) und von 4 Metropoliten aus den »Neuen Gebieten«. In beiden Fällen wurde die seit 1928 geltende Regel nicht eingehalten. Im Ganzen deutete das Kirchenstatut von 1969 auf die Absicht hin, die »Neuen Gebiete« uneingeschränkt der Kirche von Griechenland einzuverleiben oder mindestens einen weiteren Schritt zu diesem Ziele hin zu tun.

Das Kirchenstatut trug den Stempel des Erzbischofs Hieronymos, eines Mannes, der ebenso viel bewundert und verehrt wie abgelehnt und gehaßt worden ist.[110] Unter außergewöhnlichen Umständen und auf außergewöhnliche Art war der Archimandrit Hieronymos Kotsonis, Professor des Kanonischen Rechts an der Theologischen Fakultät der Universität Saloniki, auf den erzbischöflichen Thron gekommen.

Am 21. April 1967 ergriff eine Gruppe von Offizieren um den Obersten Georg Papadopoulos die Macht in Athen. Zu diesem Zeitpunkt war Chrysostomos II. (Hadzistavrou) Erzbischof von Athen und Primas der Kirche von Griechenland. 87 Jahre alt, erlitt er am Karfreitag einen Schlaganfall und mußte ins Krankenhaus eingeliefert werden. Der Zustand der Kirche war wenig erfreulich. Die Wunden eines langen Konfliktes mit der Regierung Stefanopoulos, den erst ein Kompromiß im Dezember 1966 mühsam überdeckt hatte, waren noch frisch. Das Verhältnis zwischen Kirche und Staat wartete auf eine Bereinigung. Manche Hierarchen, darunter wohl auch der greise Erzbischof, erhofften sich die Rückkehr des Zentrumführers Georg Papandreou an die Macht. Stattdessen kamen die Obersten. Am 10. Mai 1967 erließ das Militärregime ein neues Kirchengesetz. Es unterwarf auch den Erzbischof der bis dahin nur für die Metropoliten geltenden Altersgrenze von 80 Jahren. Chrysostomos II. schied damit aus, und der erzbischöfliche Thron wurde frei. Das Gesetz löste die amtierende Synode auf und setzte eine Ausnahmesynode von acht Metropoliten ein (Aristindin Synodos). Dieser Synode wurde die Wahl eines neuen Erzbischofs übertragen, und zwar nach dem sogenannten triadischen System, das im alten Byzanz Geltung gehabt hatte und wonach die Synode dem König eine Liste von drei Kandidaten zur Auswahl vorzulegen hatte. Die Aristindin Synodos einigte sich auf die beiden Metropoliten Konstantin von Patras und Dionysios von Trikka. Als dritten setzte sie den Namen des Archimandriten Hieronymos Kotsonis auf die Kandidatenliste. Jedermann wußte, daß der Außenseiter Hieronymos der Favorit des Hofes und der Obersten war, und die neuen Machthaber verfehlten auch nicht, der Synode ihren Willen eindrücklich genug zu bekunden. So legte denn die Synode am 13. Mai die Dreierliste vor mit dem ausdrücklichem Wunsch, daß der König sich für Hieronymos entscheiden möge. Am gleichen Tage noch verkündete König Konstantin II. die Wahl des Hieronymos Kotsonis zum Erzbischof von Athen. Die Wahl war gewiß nicht ordnungsgemäß. In der bewegten Geschichte der Kirche des modernen Griechenlands war es indessen keineswegs der erste gravierende Eingriff des Staates.[111]

Von Hieronymos Kotsonis war schon lange bekannt, daß er die Würde des Erzbischofs erstrebte, um eine Erneuerung und Reorganisation der griechischen Kirche in die Wege zu leiten. Seine Reformpläne deutete er kurz in der Ansprache an, die er anläßlich seiner Inthronisierung hielt. Zu Beginn des Herbstes 1967 war Hieronymos so weit, daß er der Synode eine ausführliche Denkschrift zur Kirchenreform vorlegen konnte. Manche seiner Ideen stießen jedoch auf entschieden Wiederstand in der Hierarchie.[112] Im November 1967 brach eine neue schwere Krise um Zypern aus, einen Monat später unternahm König Konstantin II. einen Gegenputsch und mußte nach dessen Scheitern das Land verlassen. Alles dies mag dazu beigetragen haben, daß sich die Fertigstellung eines neuen Kirchenstatuts länger hinauszögerte, als zunächst angenommen worden war. Es verging nicht nur das Jahr 1967, sondern auch noch das folgende Jahr. Die Amtsdauer der Aristindin Synodos, die anfangs bis zum 30. September 1967 befristet war, wurde verlängert und ging erst zu Ende, nachdem das neue Statut in Kraft getreten und seinen Bestimmungen entsprechend eine neue Synode bestellt worden war.

Das Ökumenische Patriarchat verfolgte die Entwicklung in der Kirche Griechenlands aufmerksam. Es schien beunruhigt von der Tendenz, die sich bei der Vorbereitung eines neuen Statuts der griechischen Kirche abzeichnete. Noch bevor ihm der Entwurf vorlag, fühlte sich Patriarch Athenagoras bewogen, an Hieronymos ein persönliches Schreiben zu richten. Der vom 11. Mai 1968 datierte Brief brachte den Wunsch des Patriarchen zum Ausdruck, daß die neue Kirchenverfassung sich strikt an die Patriarchatsakte

(Praxis) von 1928 halten möge. In aller Ausführlichkeit zählte er die Rechte des Ökumenischen Patriarchats in den Diözesen Nordgriechenlands auf. Erzbischof Hieronymos
leitete in der Folge den Entwurf des Kirchenstatus dem Patriarchen zur Kenntnisnahme zu. Das Studium des Textes bestätigte die Befürchtungen des Phanar. Am 28. November 1968 griff Athenagoras nochmals zur Feder und schrieb dem Athener Erzbischof einen zweiten Brief. Das Schreiben war kurz und in verhältnismäßig scharfem
Ton gehalten. Der Patriarch stellte fest, daß der Entwurf des Statuts gegen die Regelung von 1928 verstoße. Er bedaure dies zutiefst und hoffe, Hieronymos werde das
Erforderliche »zur verfassungsmäßigen Bestätigung der Praxis von 1928« tun, damit
sich keine unerwünschten Rückwirkungen auf die Beziehungen zwischen den beiden
Kirchen ergäben. Hieronymos tat nichts dergleichen. Vom Inhalt der beiden Briefe des
Athenagoras erhielt die griechische Öffentlichkeit erst Jahre danach Kenntnis.[113] Das
Kirchenstatut wurde in Kraft gesetzt, ohne daß die Einwände des Ökumenischen Patri-
archen berücksichtigt worden wären.

Zu Lebzeiten des Athenagoras unternahm der Phanar keine weiteren Schritte. Der
hochbetagte Patriarch wollte in seinen letzten Jahren eine Verschärfung des Streites
vermeiden. Das Schweigen bedeutete jedoch keineswegs, daß der Phanar bereit gewesen
wäre, sich mit der von Hieronymos geschaffenen Lage abzufinden. Daß Dimitrios I.
es für notwendig hielt, unverzüglich das Interesse des Patriarchats an den nordgriechischen Diözesen öffentlich zu unterstreichen, zeugte von der Bedeutung, die man im
Phanar dem getrübten Verhältnis zur Kirche von Griechenland beimaß.

Die Spannung zwischen Konstantinopel und Athen verquickte sich nunmehr in zunehmendem Maße mit den sich verschärfenden Auseinandersetzungen innerhalb der griechischen Kirche. Die Vollversammlung der Hierarchie hatte seit März 1969 nicht mehr
getagt. Im November 1972 wurde sie vom Erzbischof zum ersten Mal wieder einberufen. Die Sitzung nahm einen stürmischen und wenig erfreulichen Verlauf. Hieronymos
ließ sich von der Opposition eines Teils der Metropoliten nicht beirren. Bei der Erneuerung der Ständigen Synode wurde der Vorschlag des Erzbischofs angenommen. Die
Zusammensetzung der neuen Synode ließ wiederum sowohl den Grundsatz der Anciennität wie die gleichberechtigte Vertretung der »Neuen Gebiete« außer Acht. Daraufhin
gingen die Gegner des Erzbischofs vor Gericht. Die beiden Metropoliten Ambrosios von
Eleftheroupolis und Augustinos von Florina, zwei nordgriechische Beschöfe, die freilich wegen ihres virulenten Fanatismus nicht gerade rühmlich bekannt sind und auch
dem Phanar schon manche Schwierigkeit gemacht haben, fochten im Dezember 1972
die Wahl der neuen Ständigen Synode beim Staatsrat an, dem obersten Verwaltungs-
gericht Griechenlands. Begründet wurde die Anfechtungsklage damit, daß die Synode
dem Tomos von 1850 und der Praxis von 1928 widerspreche. Die Entscheidung war
schwierig, und der Staatsrat ließ sich mit seinem Urteilsspruch Zeit. Zu dem Streitfall
gab das Sekretariat der Heiligen Synode des Ökumenischen Patriarchats am 8. Februar
1973 eine offizielle Verlautbarung heraus. Der Staatsrat, so hieß es darin, werde möglicherweise Entscheidungen fällen, von denen die Praxis von 1928 über die kirchliche
Neuordnung in den »Neun Gebieten« berührt werde. Dazu habe das Patriarchat zu
erklären, daß es »unbeugsam« auf den 1928 getroffenen Bestimmungen beharre und
nicht die geringste Änderung oder Verletzung hinnehmen werde. Die Regelung von
1928 sei ein dreiseitiger Vertrag (d. h. zwischen dem Ökumenischen Patriarchat, dem

griechischen Staat und der Kirche von Griechenland. Anmerkung des Verfassers) und könne daher in Abwesenheit des Ökumenischen Patriarchats nicht angetastet werden.[114] Der Erzbischof stützte sich zur Verteidigung seines Standpunktes auf die Autokephalie der Kirche von Griechenland. Im Verlauf eines langen Interviews mit der Zeitschrift »Ekklissia«, dem offiziellen Organ der Kirche von Griechenland, nahm er auch auf den Konflikt um das Kirchenstatut Bezug.[115] Dem Vorwurf des Verstoßes gegen den Tomos von 1850 und die Praxis von 1928 hielt Hieronymos entgegen, die Kirche von Griechenland sei autokephal und verwalte sich selbst. Die Art ihrer Verwaltung könne ihr nicht von anderen Kirchen vorgeschrieben werden. Auf die Frage, warum das Statut bei den Bestimmungen über die Zusammensetzung der Ständigen Synode vom Grundsatz der Anciennität abgewichen sei, erwiderte der Erzbischof, dieses Verfahren habe in den vergangenen anderthalb Jahrhunderten »Bankrott« gemacht. Der Hinweis auf das kanonische Recht sei irrelevant, denn die Institution der Ständigen Synode sei in den Kanones überhaupt nicht vorgesehen. Im übrigen sei der Entwurf des Statuts dem Ökumenischen Patriarchat vorgelegt worden. Dieses habe sich zwar zu vielen Fragen geäußert, aber nicht zur Zusammensetzung der Ständigen Synode. So weit das Interview des Erzbischofs. Zu bemerken wäre, daß Athenagoras in den beiden Briefen vom Jahr 1968 den Tomos von 1850 zwar nicht zitiert, sich aber insoweit auch zur Zusammensetzung der Ständigen Synode äußert, als diese sich aus der Praxis von 1928 ergibt (gleichmäßige Beteiligung der nordgriechischen Metropoliten nach der Anciennität).

Das Interview des Erzbischofs erschien im Januar 1973. Nachdem am 8. Februar die Verlautbarung des Ökumenischen Patriarchats herausgekommen war, meldete sich der Metropolit Leonidas von Saloniki, ein Gefolgsmann des Erzbischofs, zu Wort. Er wies die These des Phanar mit der Bemerkung zurück, die Praxis von 1928 sei kein Vertrag, sondern nur die Bestätigung des ihr zeitlich vorangegangenen Staatsgesetzes. Die Kirche von Griechenland könne daher »in absehbarer Freiheit und im Einvernehmen mit dem Staat« ihre Angelegenheiten selbst regeln.[116] Die Hieronymos-Partei, wenn man einmal so sagen darf, bezog mithin eindeutig eine »helladische« Position, indem sie für die Kirche von Griechenland die uneingeschränkte, absolute Autokephalie beanspruchte und die vom Phanar der griechischen Autokephalie gezogenen Grenzen nicht als bindend anerkannte.

Der Staatsrat fällte sein Urteil am 5. April 1973, veröffentlicht wurde das Urteil aber erst am 13. April. Das Gericht gab der Klage der beiden Metropoliten insofern statt, als es die am 30. November 1972 erfolgte Wahl der Ständigen Synode für ungültig erklärte. Es nahm aber keine Stellung zu dem von den Klägern vorgebrachten Argument, die Wahl habe gegen den Tomos von 1850 und die Praxis von 1928 verstoßen. Das Urteil wurde vielmehr mit dem rein formalen Einwand begründet, daß das Protokoll der Wahl nicht wie gesetzlich vorgeschrieben von sämtlichen Mitgliedern der Hierarchie unterschrieben worden sei. Eine Entscheidung in der umstrittenen Frage der Rechte des Ökumenischen Patriarchats in Griechenland brachte das Urteil daher nicht. Dennoch war die vom Staatsrat ausgesprochene Ungültigkeit der Wahl und infolgedessen auch der Amtsführung der im November 1972 gebildeten Synode eine schwere Niederlage für Hieronymos und ein erster Erfolg des Phanar.

Eine neue Synode mußte gewählt werden. Wer aber sollte die Hierarchie zu diesem

Zweck einberufen? Erzbischof Hieronymos hatte am 25. März (also noch vor dem Urteilsspruch des Staatsrats) seinen Rücktritt eingereicht. Die Synode hatte das Gesuch abgelehnt, und Hieronymos hatte es darauf wieder zurückgenommen. Aber die Synode war gemäß dem Urteil des Staatsrats illegal. Die Kirche hatte weder eine Synode, noch war es klar, ob sie noch einen im Amt befindlichen Erzbischof hatte. Schließlich griff Ministerpräsident Georg Papadopoulos in ultimativer Form ein. Ein Regierungsdekret vom 24. April 1973 berief die Hierarchie zu einer außerordentlichen Sitzung ein. Einziger Punkt der Tagesordnung war die Wahl einer neuen Synode. Die Hierarchie sollte am 10. Mai zusammentreten und innerhalb von zwei Tagen die neue Synode wählen. Für den Fall, daß die Wahl bis zum 12. Mai nicht zustande gekommen sei, behielt sich die Regierung selbst die Ernennung der Synode vor.

Nachdem die Wahl der neuen Synode gesetzlich auf den 10. Mai anberaumt war, hielt man es im Phanar für angebracht, nochmals nachdrücklich den eigenen Standpunkt in Erinnerung zu rufen. Dimitrios I. schrieb einen Brief an Erzbischof Hieronymos. Er nahm Bezug auf die bevorstehende Wahl der Synode und verlangte die »vollständige Beachtung« der dem Patriarchat gegenüber eingegangenen Verpflichtung. Nur wenn diese Verpflichtungen vollumfänglich eingehalten würden, könnten sich die Beziehungen zwischen den beiden Kirchen wieder normalisieren. Eine Abschrift des Briefes wurde sämtlichen Metropoliten Nordgriechenlands zugeleitet.[117] Hieronymos war über diesen Brief alles andere als erfreut, er sprach von einer »unzulässigen Einmischung in die inneren Angelegenheiten der griechischen Kirche«.

Dem Dekret der Regierung folgend trat die Hierarchie am 10. Mai 1973 in Athen zusammen. Noch am gleichen Tage schritt sie zur Wahl der neuen Synode. Diesmal vermochten sich Erzbischof Hieronymos und seine Anhänger nicht mehr durchzusetzen. Eine knappe Mehrheit der versammelten Metropoliten zeigte sich gewillt und entschlossen, den Forderungen des Ökumenischen Patriarchats nachzukommen. Sie trug schließlich den Sieg davon. Gewählt wurden in die neue Synode je fünf Hierarchen aus Altgriechenland und aus den »Neuen Gebieten«, und zwar jeweils nach der Anciennität. Die Wahl tat den Wünschen des Phanar vollauf Genüge. Ein erster, wichtiger Schritt auf dem Wege zur Wiederversöhnung zwischen Athen und Konstantinopel war damit getan.[118]

Unklar blieb die Stellung des Erzbischofs Hieronymos. In der neuen Synode waren seine Gegner in der Mehrzahl, was auf die Dauer eine gedeihliche Zusammenarbeit innerhalb der Kirchenführung schwierig, wenn nicht unmöglich machte. Eine Gruppe von sieben Mitgliedern der Synode (darunter auch der Metropolit Seraphim von Joannina, der später die Nachfolge des Hieronymos antreten sollte) machte geltend, daß der im März eingereichte Rücktritt des Erzbischofs noch immer gültig und der erzbischöfliche Thron daher als vakant anzusehen sei, kurz sie verlangten den Rücktritt des Erzbischofs. Hieronymos widersprach mit dem Argument, seine Gesundheit sei inzwischen wiederhergestellt und zudem habe er selbst sein Rücktrittsgesuch im April wieder zurückgezogen. Um Klarheit zu schaffen, wandte sich der Erzbischof an den Staatsrat. Der hohe Gerichtshof entschied am 29. Mai 1973 zugunsten des Erzbischofs, und Hieronymos blieb im Amt. So wie sich die Dinge entwickelt hatten, war indessen das Ende seiner Amtsführung an der Spitze der Kirche von Griechenland offensichtlich nur noch eine Frage der Zeit.

Die Ära Hieronymos gehört zu den am schärfsten umstrittenen Kapiteln in der bewegten Geschichte der Kirche von Griechenland. Sie hat alte Spannungen in der griechischen Kirche verschärft und die Hierarchie tief und bitter gespalten. Noch ist der zeit-
liche Abstand zu kurz und die Kenntnis der unter der Militärdiktatur vielfach undurchsichtig gebliebenen Vorgänge zu lückenhaft, um ein klares und abgewogenes Urteil zu ermöglichen. Abgesehen von den außergewöhnlichen politischen Umständen
resultierte die innerkirchliche Spannung zur Hauptsache aus der Person des Erzbischofs
sowie aus Methode und Geist der Reform, die Hieronymos I. zu verwirklichen trach-
tete.

Hieronymos Kotsonis war ein Mann von hoher Intelligenz, gründlicher Bildung und
in mancher Hinsicht von großen Fähigkeiten. Auch seine Gegner bestreiten das kaum.
Wenn Hieronymos aus diesen Gründen wohl zu den bedeutendsten Gestalten auf dem
erzbischöflichen Thron von Athen gerechnet werden darf, so war er doch eine höchst
widerspruchsvolle Persönlichkeit. Sprachgewandt und welterfahren wie wenige Hierarchen der Kirche von Griechenland, ließ er oft ausgesprochen provinziell-kleinbürger-
liche Züge erkennen. Seine ehrliche Aufgeschlossenheit für ökumenische Bestrebungen
paarte sich mit einem tief verwurzelten, engen griechischen Nationalismus, den er auch
in kirchlichen Dingen nicht verhehlte. Seine stark »helladisch« geprägte Kirchenpolitik
brachte ihn in Konflikt mit dem Ökumenischen Patriarchat. Brennender Ehrgeiz ließ
Hieronymos Kotsonis nach der höchsten Würde der Kirche von Griechenland streben,
bis ihm schließlich die Militärdiktatur dazu verhalf, das ersehnte Ziel zu erreichen. Als
Erzbischof regierte er autoritär. Er war nicht gerade wählerisch in den Mitteln, wenn
es galt, seine Feinde auszuschalten. Doch besaß er nicht die Qualitäten eines starken
Führers der Kirche, im Grunde war Hieronymos weich und außerordentlich sensibel.
Die heftigen Auseinandersetzungen in der Kirche und um die Kirche setzten ihm see-
lisch und körperlich schwer zu.

Es wäre ungerecht, Hieronymos zu unterstellen, er habe allein aus persönlichem Machtstreben gehandelt. Die Macht, die er als Erzbischof besaß, wollte er gebrauchen, um
der Kirche neues Leben und neue Form zu geben. Hierbei stützte er sich weitgehend
auf Kräfte außerhalb der etablierten Hierarchie, in erster Linie auf die Zoi-Bewegung.

In jüngeren Jahren war Hieronymos Kotsonis ein führender Mitarbeiter der Zoi-
Bewegung, hingegen war er niemals Mitglied der monastischen Zoi-Bruderschaft, die
den Kern der weit ausgefächerten Bewegung gleichen Namens bildet. Schon Anfang
der fünfziger Jahre zog sich Hieronymos aus der aktiven Mitarbeit zurück, blieb aber
in geistiger Übereinstimmung mit der Zoi und behielt zu dieser auch weiterhin enge
persönliche Beziehungen.[119] In der Hierarchie hatte die Zoi wenig aufrichtige Freunde,
wohl aber viele entschiedene Gegner. Nachdem Hieronymos Erzbischof geworden war,
ging er daran, sich in der Hierarchie eine seinen Reformideen geneigte Mehrheit
zu schaffen. Dies gelang ihm auch, zum Teil dadurch, daß er einige seiner schärfsten
Feinde mit kanonisch fragwürdigen Methoden ausschaltete. Vakante Metropolitandiözesen wurden mit Zoi-Anhängern, in einigen Fällen sogar mit Mitgliedern der Zoi-
Bruderschaft besetzt, wichtige kirchliche Ämter Männern anvertraut, die aus der Zoi
kamen oder ihr nahestanden. Da auch ein kleiner Teil der »alten« Bischöfe, wenn auch

nicht der Zoi zugehörig, so doch reformwillig war, erlangte der Erzbischof schließlich eine knappe Mehrheit in der Hierarchie. Die Leitung der Kirche ging allmählich in die Hand von Zoi-Anhängern über. Jedoch erscheint es fraglich, ob diese Entwicklung, wie von der Gegenseite behauptet wurde, auf ein zielbewußtes »Machtstreben« der Zoi zurückzuführen war.[120]

Nach anfänglichen Erfolgen ist Hieronymos' auf die Zoi gestützter Reformversuch gescheitert. Regierungsstil und Methoden des Erzbischofs schufen zu viel Ärgernis in der Kirche, und der Streit mit dem Ökumenischen Patriarchat ließ auch manche »alten« Metropoliten wankend werden, die Hieronymos bis dahin mehr oder weniger gefolgt waren. Die Waage in der Hierarchie senkte sich mehr und mehr zuungunsten des Erzbischofs. Es kam hinzu, daß sich auch der Rückhalt, den Hieronymos am Regime hatte, zusehends abschwächte. Der Erzbischof verlor den politischen Rückhalt vollends, nachdem Georg Papadopoulos und sein Kreis am 25. November 1973 von der Macht entfernt worden waren.

Mehrmals während seiner Amtszeit hat Hieronymos seinen Rücktritt angeboten oder mit dem Rücktritt gedroht. Wie ernst dies jeweils gemeint war, mag offen bleiben. Im Herbst 1973 scheint Hieronymos endgültig den Entschluß zum Rücktritt gefaßt zu haben. Am 4. November teilte er dem Staatschef Georg Papadopoulos und dem damaligen Ministerpräsidenten Spyros Markezinis in getrennten Briefen seinen »unabänderlichen« Beschluß mit, auf Ende des Jahres zurückzutreten. Der Heiligen Synode sagte er offenbar nichts davon. Die Öffentlichkeit erhielt von den beiden Briefen erst Kenntnis, nachdem Papadopoulos und Markezinis nicht mehr im Amt waren.[121] Hieronymos' Beziehungen zur neuen Regierung Androutsopoulos und deren militärischen Hintermännern standen von Anfang an unter einem schlechten Stern. Bei der Vereidigung des neuen Staatschefs Phaidon Ghizikis und der neuen Regierung wurde der Erzbischof, obwohl er in Athen weilte, geflissentlich übergangen und an seiner Statt der Metropolit Seraphim von Joannina herangezogen, den man nicht gerade zu Hieronymos' Freunden rechnen konnte. Der Vorfall sprach deutlich genug für die Abneigung der neuen Machthaber gegenüber dem Erzbischof. Am 15. Dezember 1973 reichte Hieronymos der Heiligen Synode ein schriftliches Rücktrittsgesuch ein. Die Synode nahm den Rücktritt an. Diesmal gab es keinen Widerruf mehr. Die Ära Hieronymos war zu Ende.

Mit Titel und Rang eines »früheren Erzbischofs von Athen« (Ἀρχιεπίσκοπος πρῴην Ἀθηνῶν) zog sich Hieronymos I. auf seine Heimatinsel Tinos zurück. Die Frage stellte sich nun, von wem und auf welche Weise der Nachfolger gewählt werden sollte. Vor dem Statut von 1969 hatte die Vollversammlung der Hierarchie den Erzbischof direkt gewählt. Das Kirchenstatut von 1969 hatte das Verfahren dahin abgeändert, daß sich die Aufgabe der Hierarchie auf die Aufstellung eines Dreierkataloges von Kandidaten beschränkte, also auf das triadische System zurückgegriffen wurde (Artikel 6). Ausführungsbestimmungen zu dieser allgemeinen Regelung waren nicht ergangen. Beim triadischen System pflegt das Staatsoberhaupt die Auswahl aus der Dreierliste zu treffen, wobei sich dieses in der Regel, aber nicht obligatorisch für den Kandidaten mit der höchsten Stimmenzahl entscheidet.

In Übereinstimmung mit den noch immer geltenden Bestimmungen konnte angenommen werden, daß die Hierarchie in ihrer Gesamtheit einberufen würde, um die Liste der drei Kandidaten aufzustellen. Formell hielt die Regierung daran fest, nahm jedoch einen gravierenden Eingriff in die Zusammensetzung der Wahlsynode vor. Unter dem Datum des 9. Januar 1974 erließ sie einen Verfassungsakt (συντακτική πρᾶξις) zur »Wahl des Erzbischofs und zur Wiederherstellung der kanonischen Ordnung«.[122] Der Verfassungsakt ging davon aus, daß die im Mai 1967 von einer Ausnahmesynode vorgenommene Wahl Hieronymos' I. und infolgedessen auch alle in der Amtszeit des zurückgetretenen Erzbischofs erfolgten Ernennungen und Verfügungen als »anti-kanonisch« anzusehen seien. Die Mitglieder der Ausnahmesynode von 1967 (soweit sie noch am Leben waren) und sämtliche unter Hieronymos gewählten Metropoliten wurden daher ausgeschlossen, so daß sie an der Wahl des neuen Erzbischofs nicht teilnehmen durften. Von den acht Mitgliedern der Ausnahmesynode (Aristindin Synodos) von 1967 waren noch fünf am Leben, 29 Metropoliten waren in der Ära Hieronymos zu Amt und Würden gekommen. Da außerdem drei Sitze vakant waren, blieben von den 69 Hierarchen der griechischen Kirche nur noch 32 vom Verfassungsakt als kanonisch bestätigte Metropoliten übrig. Diese bildeten die »Synode der Hierarchie«, der auf Grund eines Ausführungsgesetzes vom 11. Januar die Wahl des neuen Erzbischofs nach dem triadischen System übertragen wurde. Vermutlich war bei diesem Eingriff der Regierung nicht einzig und allein die Sorge um die kanonische Rechtmäßigkeit maßgebend. Es dürfte auch der Wunsch mitgespielt haben, die »Hieronymos-Partei« auszuschalten, um sicher zu sein, daß die Wahl in der gewünschten Bahn verlaufen würde.

Die Wahl erfolgte am 12. Januar 1974 im Beisein des Kultusministers. Einige Metropoliten enthielten sich aus grundsätzlichen Bedenken gegen die Verfassungsakte der Stimmabgabe, so daß sich schließlich nur 27 Metropoliten am Wahlakt beteiligten. Auf die Dreierliste kamen die Metropoliten Seraphim von Joannina, Dionysios von Kozani und Chrysostomos von Messenien. Alle drei hatten zuletzt in Opposition zu Hieronymos gestanden. Der offensichtlich von der Regierung favorisierte Seraphim lag mit 20 Stimmen an der Spitze. Ihn bestimmte daher auch Staatspräsident Ghizikes aus der ihm vorgelegten Liste zum neuen Erzbischof von Athen und Primas von Griechenland.[123] Mit der Wahl Seraphims gelangte die »etablierte« Hierarchie aus der Zeit vor dem Umsturz vom April 1967 wieder zur Herrschaft in der Kirche, nachdem Hieronymos sie zugunsten der Zoi-Bischöfe zur Seite geschoben hatte. Eine geschlossene Gruppe bildete sie freilich nicht.[124]

Der Verfassungsakt betraute die auf 32 Bischöfe reduzierte »Synode der Hierarchie« für die Dauer eines halben Jahres mit der Leitung der Kirche und den zur »Wiederherstellung der kanonischen Ordnung« als nötig erachteten Maßnahmen. Nach der Wahl des Erzbischofs ging die Synode sogleich an die Ausarbeitung einer neuen Kirchenverfassung. Diese lag zu Beginn des Sommers 1974 fertig vor, nachdem die Regierung noch einige Änderungen am Entwurf der Synode angebracht hatte. Zur Veröffentlichung im Staatsanzeiger und damit zur Inkraftsetzung des neuen Statuts kam es jedoch nicht mehr, weil in der zweiten Julihälfte das Militärregime den katastrophalen Fehlschlag des von ihm angezettelten Zypern-Abenteuers nicht überstand und die Macht an den aus dem Exil herbeigerufenen Konstantin Karamanlis abtrat. Zum zweiten Mal innerhalb eines Jahres sah sich die Kirche von Griechenland den Folgen eines innenpolitischen Umschwungs ausgesetzt.

Kirchliche Angelegenheiten traten in der Arbeit der Regierung Karamanlis verständlicherweise zunächst zurück hinter die schweren Aufgaben, die sich aus der Liquidierung einer siebenjährigen Diktatur und dem Rückweg zur parlamentarischen Demokratie ergaben. Wohl sagte der neue Kultusminister dem Erzbischof die baldige Veröffentlichung des neuen Kirchenstatuts zu. Indessen verging die Zeit, ohne daß etwas geschah. Innerhalb von Regierung und Parteien schienen sich Bedenken gegenüber der vom Eingriff des gestürzten Regimes in der Kirche geschaffenen Lage zu melden. Die ausgeschalteten Metropoliten verlangten wieder in ihre Rechte eingesetzt zu werden. Die Regierung zögerte, es mußte aber etwas getan werden, um der Verwaltung der Kirche wieder eine gesetzliche Grundlage zu geben, nachdem das Statut von 1969 ebenso hinfällig geworden war wie die von der Regierung Androutsopoulos erlassenen Verfügungen. Als der Schwebezustand Mitte September immer noch andauerte, berief Erzbischof Seraphim die »Synode der Hierarchie« zu einer Sondersitzung ein. Einstimmig wurde beschlossen, die Regierung um beschleunigte Veröffentlichung des Kirchenstatuts zu ersuchen. Die Antwort lautete, daran sei nicht vor der Wahl eines Parlaments zu denken. Um die Zwischenzeit zu überbrücken, wurde auf Vorschlag der Synode das Kirchengesetz von 1943 vorläufig wieder in Kraft gesetzt. Daß in Wahrheit das im Sommer 1974 vorgelegte Statut von der Regierung bereits zu den Akten gelegt war, machte der Auftrag an eine aus Klerikern und Laien zusammengesetzte Kommission klar, eine neue Kirchenverfassung auszuarbeiten. Der Kommission gehörten unter dem Vorsitz des Erzbischofs vier Metropoliten, zwei vom Erzbischof designierte Theologenpfarrer, der Generaldirektor für religiöse Angelegenheiten im Kultusministerium sowie zwei von diesem bestimmte Juristen mit Spezialkenntnissen in Kirchenfragen an. Zu Beginn des Jahres 1975 wartete das neue Kirchenstatut auf die Billigung des Parlaments. Bis dahin bleibt das Verhältnis von Staat und Kirche weiter in der Schwebe. In der Kirche selbst sind die Erschütterungen des vergangenen Jahrzehnts noch nicht überwunden. Eines jedenfalls ist erreicht: die Versöhnung mit dem Ökumenischen Patriarchat und die Bestätigung der diesem in Griechenland zustehenden Rechte. Artikel 3 der neuen griechischen Staatsverfassung vom 7. Juni 1975 bestimmt ausdrücklich, daß sowohl der Tomos von 1850 wie die Patriarchatsakte von 1928 in Kraft bleiben. Damit hat der griechische Staat den Wünschen des Phanar in vollem Umfang verfassungsrechtliche Genüge getan.[125]

Der Phanar hatte keinen Grund, den Rücktritt Hieronymos' zu bedauern. Die Wahl Seraphims begrüßte er als günstiges Vorzeichen einer definitiven Beilegung der langen Krise im Verhältnis zur Kirche von Griechenland. Der neue Erzbischof, ein Hierarch aus den »Neuen Gebieten«, war als aufrichtiger Freund des Ökumenischen Patriarchats bekannt. Obwohl Seraphim ein streng national-konservativer Bischof war, der die Kirche mit den Anliegen des griechischen Nationalismus zu identifizieren geneigt war, zählte er — in der Sicht gesamt-orthodoxer Kirchenpolitik — nicht zu den »Helladisten«. Mit dem politischen Wechsel, der am 25. November 1973 in Athen eintrat, konnte der Phanar auch darum zufrieden sein, weil das neue Regime deutlich seinen Wunsch zu erkennen gab, das Zerwürfnis mit dem Ökumenischen Patriarchat zu beenden. In der Regierung Androutsopoulos übernahm der Theologieprofessor Panayotis Christou das Erziehungs- und Kultusministerium, in dessen Kompetenz die Beziehungen zwischen Staat und Kirche fallen. Christou war bis dahin Direktor des dem

Phanar unterstehenden »Instituts für Patristische Studien« in Saloniki und ein Verwandter des verstorbenen Patriarchen Athenagoras.[126] Seine Ernennung konnte vielleicht als Zeichen des Entgegenkommens gegenüber dem Phanar gedeutet werden. Jedenfalls wirkte sie sich so aus. Schon in seinen ersten Erklärungen sprach sich Christou nachdrücklich für die Wiederherstellung guter Beziehungen zum Ökumenischen Patriarchat aus. Das gleiche tat Erzbischof Seraphim, als er anläßlich seiner Inthronisierung in großen Zügen sein Programm umriß.

Zum Beweis der großen Bedeutung, die der Phanar der neuen Ära in der Kirche von Griechenland beimessen wollte, schickte er eine ungewöhnlich starke Abordnung unter Leitung des zur inneren Führung des Patriarchats gehörenden Metropoliten Kyrillos von Chaldia nach Athen, um sich bei den Feierlichkeiten der Inthronisierung Seraphims vertreten zu lassen. Von den übrigen Gliedkirchen waren nur die Patriarchate des Orients vertreten, dagegen fehlten die orthodoxen Kirchen des Sowjetblocks und das serbische Patriarchat. Während der Feier in der Athener Kathedrale tauschten Kyrillos und Seraphim Reden aus, in welchen klar der Wille zum Ausdruck kam, den unseligen Zwist zwischen beiden Kirchen zu begraben. Seraphim pflichtete dem Delegierten des Ökumenischen Patriarchen vorbehaltlos bei, als dieser den Tomos von 1850 und die Patriarchatsakte von 1928 als »die goldenen Bindeglieder zwischen den beiden Kirchen« bezeichnete. Bevor Kyrillos die griechische Hauptstadt wieder verließ, versicherte er, die Ursachen der Spannung seien nunmehr beseitigt und in den Beziehungen zwischen Konstantinopel und Athen habe eine »neue Epoche« begonnen, die sich grundlegend von der Vergangenheit unterscheide.[127]

Ein offizieller Besuch Erzbischofs Seraphims beim Ökumenischen Patriarchen ließ nicht lange auf sich warten. Am 16. März 1974 fuhr Seraphim nach Istanbul. Er ließ sich von einer zahlreichen Delegation begleiten, darunter war die gesamte Synodalkommission für Auswärtige Beziehungen unter ihrem Vorsitzenden, dem Metropoliten Barnabas von Kitros, der sich mit seinen Arbeiten über die Verfassungen der orthodoxen Kirchen einen Namen gemacht hat und gut vertraut mit der Problematik der inter-orthodoxen Beziehungen war. Schon dieses Aufgebot zeigte an, daß der neue Primas von Griechenland nicht nur an eine bloße Höflichkeitsvisite dachte. Im Verlauf ihres siebentägigen Besuchs pflegten die griechischen Gäste einen intensiven Gedankenaustausch mit der vom Metropoliten Meliton präsidierten Kommission für Inter-orthodoxe Beziehungen des Patriarchats. Es machte keine Schwierigkeiten, die bilateralen Fragen, die sich in der Hauptsache auf die Rechte des Patriarchats in Nordgriechenland bezogen, zufriedenstellend zu regeln. Zur Sprache kamen auch die inter-orthodoxen Beziehungen im allgemeinen, die Vorbereitung des gesamt-orthodoxen Konzils und das Verhältnis zu den heterodoxen christlichen Kirchen. In allen diesen Punkten verzeichnete das Schlußcommuniqué vollständige Übereinstimmung. Seraphim suchte auch den türkischen Vali von Istanbul auf, wobei er an die Notwendigkeit griechisch-türkischer Freundschaft erinnerte. Eine solche Geste von seiten des Oberhauptes der griechischen Kirche konnte dem Phanar nur willkommen sein. Man ahnte freilich noch nicht, welchen schweren Belastungen das Verhältnis zwischen Griechenland und der Türkei schon bald ausgesetzt sein sollte.[128]

Das Ergebnis der Besprechungen im Phanar schlug sich in der weiteren Arbeit der Kirche von Griechenland nieder. Die »helladische« Tendenz des Kirchenstatuts von

1969 war abgetan. Der Entwurf einer neuen Kirchenverfassung stellte die Rechte des Ökumenischen Patriarchats in vollem Umfang und aller Klarheit wieder her.[129] Die Kirche von Griechenland, hieß es in Artikel 1, Absatz 2 des Entwurfes, umfaßt die Diözesen Alt-Griechenlands und der »Neuen Gebiete« in Übereinstimmung mit der Patriarchatsakte von 1928. Auch der Tomos von 1850 wurde namentlich erwähnt. Unter ausdrücklicher Bezugnahme auf dieses Dokument erklärte der Entwurf, daß die Kirche von Griechenland »unabhängig von jeder anderen Gewalt« (ἀνεξαρτήτως πάσης ἄλλης ἐξουσίας) regiert werden sollte (Artikel 1, Absatz 3). Die Ständige Synode sollte sich aus dem Erzbischof und zwölf amtierenden Metropoliten zusammensetzen, ihre Mitglieder sollten je zur Hälfte aus der Hierarchie der autokephalen Kirche von Griechenland (das heißt Alt-Griechenlands) und der »Neuen Gebiete« ausgewählt werden, und zwar gemäß der Anciennität. Die Ständige Synode sollte jeweils drei Jahre lang im Amt bleiben (Artikel 10 bis 13). Wenn auch dieser Entwurf keine Gesetzeskraft erlangt hat, so wird doch angenommen, daß an den Bestimmungen, die sich auf das Ökumenische Patriarchat beziehen oder dessen Wünschen entsprechen, nichts wieder geändert wird.

Von einer »neuen Epoche« in den Beziehungen zwischen Konstantinopel und Athen hatte Metropolit Kyrillos von Chaldia während seines Athener Besuches im Januar 1974 gesprochen. Er dürfte sich wohl nicht allein auf die vollständige Wiederherstellung der Rechte des Patriarchats, also auf die Rückkehr zum status-quo im bilateralen Verhältnis bezogen, sondern auch schon vorweggenommen haben, was zwei Monate später in den Gesprächen Seraphims und seiner Begleiter im Phanar bekräftigt wurde. Die neue Führung der Kirche von Griechenland bekundete ihre grundsätzliche Bereitschaft, sich in Zukunft eng an die kirchenpolitische Gesamtlinie des Ökumenischen Patriarchats zu halten. Darüber hatte es in der Vergangenheit — keineswegs erst unter Hieronymos, sondern mindestens ebenso deutlich schon unter dessen Vorgängern — häufig Meinungsverschiedenheiten, zuweilen auch scharfe Gegensätze zwischen der Kirche von Griechenland und dem Phanar gegeben.

## Athens Kirchenpolitik im Vorderen Orient

Als Athenagoras es unternahm, die ökumenische Zusammenarbeit zu vertiefen und zu einer Versöhnung mit Rom zu gelangen, stieß er gerade in der Kirche von Griechenland auf Unverständnis, Widerstand und leidenschaftliche Proteste. Der im Februar 1962 zum Erzbischof von Athen gewählte Chrysostomos II. (Hadzistavrou) begegnete den Initiativen des Ökumenischen Patriarchen mit unverhohlenem Mißtrauen, wenn nicht mit erklärter Feindschaft. Während seiner Amtszeit dominierte in der griechischen Kirche das konservativ-isolationistische Element. Chrysostomos II. scheint sogar zeitweise versucht zu haben, mit anderen als »konservativ« geltenden Gliedkirchen der Orthodoxie eine gemeinsame Front zu bilden.[130] Unter diesem Aspekt hatte daher der Phanar keine Veranlassung, den Wechsel von Chrysostomos II. zu Hieronymos I. zu beklagen. Man wußte von Hieronymos Kotsonis, daß er ein ökumenisch aufgeschlossener Mann war und auch ökumenische Erfahrung besaß. Das neue Oberhaupt der Kirche von Griechenland stattete schon wenige Wochen nach seinem Amtsantritt dem

Phanar einen viel beachteten Besuch ab und besprach sich mit Athenagoras. Der Besuch nahm, soweit man dies von außen her erkennen konnte, einen positiven Verlauf, und die Hoffnung schien nicht unberechtigt, daß Athen und Konstantinopel fortan enger zusammenrücken würden. Diese Hoffnung hat sich nicht erfüllt.

Gewiß war Hieronymos — im Gegensatz zu seinem Vorgänger — auf eine ökumenische Öffnung der griechischen Kirche bedacht und auch darum bis zu einem gewissen Grade bemüht. Sogar das von historisch bedingtem Lateinerhaß überschattete Verhältnis zu Rom besserte sich. Unter diskreter Beihilfe des Phanar konnte im Mai 1971 ein offizieller Besuch des Kardinals Johannes Willebrands, der dem vatikanischen Sekretariat für die Einheit der Christen vorsteht, in Athen arrangiert werden. Da es der erste offizielle Besuch eines hochgestellten Würdenträgers des Vatikans bei der Kirche von Griechenland war, wurde er als »historisches Ereignis« gefeiert. Indessen brachte der Willebrands-Besuch keine grundsätzliche Wendung.[131]

Was auch Hieronymus persönlich gedacht und angestrebt haben mag, er mußte nicht nur mit der starken konservativen Opposition in der alten Hierarchie rechnen, sondern auch mit den anti-ökumenischen Vorbehalten der von ihm geförderten Zoi-Bewegung. Soweit sich die Zoi als reformfreundlich bezeichnen läßt, bleibt dieser Reformismus weit entfernt von dem gesamt-christlichen Brückenschlag eines Athenagoras. »Der Zoi ging es allein um die Erneuerung der orthodoxen Kirche und um eine Wiedergeburt der griechischen Nation. Dies führte sie in einen engen Provinzialismus und einen starren Konfessionalismus hinein.«[132] Daß Hieronymos selbst mehr Verständnis für die ökumenische Idee aufbrachte als seine Vorgänger, genügte nicht zu dauerhafter Übereinstimmung mit dem Phanar. Es traten vielmehr bald wieder Gegensätze auf, die sich auf Wesen und Handhabung der inter-orthodoxen Beziehungen bezogen.

Mit der »Zoi-Ideologie« hatte Hieronymos ein hellenozentrisches, ja griechisch-nationalistisches Sendungsbewußtsein gemein, von dem auch seine persönlichen Ziele inspiriert schienen. Man schrieb ihm die ehrgeizige Absicht zu, Athen zum Zentrum der hellenischen, wenn nicht gar der gesamten Orthodoxie machen zu wollen. Öffentlich ausgesprochen hat es Hieronymos in dieser prononcierten Form nicht, doch spricht die Glaubwürdigkeit der Quellen dafür, daß die Behauptung nicht ganz aus der Luft gegriffen war.[133] Der Versuch, die jurisdiktionelle Bindung Nordgriechenlands an den Phanar zu lösen, weist in diese Richtung. Es gab noch andere Beispiele, die geeignet waren, im Phanar Mißtrauen gegenüber den Absichten des Athener Erzbischofs zu wecken.

Im Januar 1969 errichtete die »Apostolische Diakonie« der Kirche von Griechenland ein »Sekretariat zur Unterstützung der Auslandsgriechen«. Im Namen dieses Sekretariats verschickte das griechische Außenministerium ein Rundschreiben an die im Ausland tätigen griechischen Geistlichen mit der Aufforderung, dem zuständigen griechischen Konsulat Auskunft über ihre Gemeinde zu erteilen. Damit scheint man zunächst vor allem eine politische Absicht verfolgt zu haben. Offensichtlich wollte sich das Regime auf dem Wege über die Kirche Einblick in die oppositionellen Strömungen unter den Auslandsgriechen verschaffen. Was Hieronymos selbst damit zu tun hatte, ist nicht klar, jedenfalls kann die Aktion nicht ohne seine Zustimmung erfolgt sein. Der Phanar fühlte sich brüskiert, weil die griechische Diaspora (mit Ausnahme Afrikas) seiner kirchlichen Jurisdiktion untersteht und nicht der Kirche von Griechenland. An Hieronymos wurde ein energischer Protest gerichtet: der Erzbischof habe sich zuerst an die Heilige Synode des Ökumenischen Patriarchats zu wenden, wenn er mit der griechischen Geistlichkeit im Ausland korrespondieren wolle.[134] Der Vorfall hatte keine weiteren Folgen. Das Kirchenstatut von 1969 ließ aber erkennen, daß der Anspruch Athens grundsätzlich nicht aufgegeben war. Artikel 16 des Statuts zählte unter den Kompetenzen der Synodalkommission für Auswärtige Beziehungen auch ausdrücklich das Auslandsgriechentum auf (ἀπόδημος Ἑλληνισμός), ferner auch noch die »weltweite Ausstrahlung der Orthodoxie« (παγκόσμια προβολή), was in dieser Formulierung zweifellos als eine über die Aufgabe einer Gliedkirche hinausgehende Zielsetzung verstanden werden konnte. Es war bemerkenswert, daß der später unter Erzbischof Seraphim ausgearbeitete Entwurf einer neuen Kirchenverfassung nicht mehr auf diese Ambitionen zurückkam. Er begrenzte den Aufgabenbereich der erwähnten Synodalkommission auf die inter-orthodoxen und inter-christlichen Beziehungen der Kirche von Griechenland. Vom Auslandsgriechentum und von der weltweiten Ausstrahlung der Orthodoxie war keine Rede mehr (Artikel 14, Absatz 1 des Entwurfes von 1974). Eine andere Initiative war die Gründung des »Inter-orthodoxen Zentrums von Athen«. Daß sie auf Hieronymos persönlich zurückging, sagte dieser selbst. Zur Erläuterung seiner Beweggründe führte der Erzbischof an, Griechenland und besonders Athen befänden sich im Schnittpunkt aller Wege, welche die orthodoxen Schwesterkirchen miteinander verbänden. Man sei in eine Epoche inter-orthodoxer Diskussion eingetreten, daher müßten Zentren geschaffen werden, die es ermöglichten, Probleme der Gegenwart in kleinerem oder größerem Kreis der orthodoxen Familie zu erörtern.[135]

Zum Sitz des Zentrums wählte Hieronymos das berühmte Kloster Pendeli bei Athen, wo eigens zu diesem Zweck ein moderner, vorzüglich ausgestatteter Neubau erstellt wurde. Nachdem die langwierigen Bauarbeiten abgeschlossen waren, konnte das »Inter-orthodoxe Zentrum von Athen« am 3. Mai 1971 eingeweiht werden. Zum Direktor berief Hieronymos einen engen Mitarbeiter, den Archimandriten (und späteren Bischof) Anastasios Jannoulatos, der aus der Zoi-Bewegung, wenn nicht gar aus der Zoi-Bruderschaft kam. Eine programmatische Schrift aus der Feder des Archimandriten Jannoulatos erläuterte Sinn und Aufgabe des Zentrums. Dieses, so hieß es in der Schrift, habe eine doppelte Aufgabe zu erfüllen. Es solle einmal in Griechenland selbst ein gesamt-orthodoxes Bewußtsein wecken und pflegen. Zum anderen solle es dem inter-orthodoxen Gespräch dienen. Die einzelnen (orthodoxen) Kirchen könnten heute nicht mehr voneinander isoliert leben. Sie müßten sich vielmehr darauf besinnen, daß sie Glieder einer ungeteilten Kirche seien. Jannoulatos wies den Vorwurf zurück, das neue Zentrum sei eine Konkurrenz zum Ökumenischen Patriarchat. Diesem gebühre die Federführung in der inter-orthodoxen Zusammenarbeit »auf hoher Ebene«, aber auch die lokalen Kirchen hätten ihren Beitrag zu leisten.[136]

Wohl nicht rein zufällig wurde das Inter-orthodoxe Zentrum im gleichen Jahr eingeweiht, in welchem Griechenland den 150. Jahrestag des nationalen Aufstandes von 1821 festlich beging. Die kirchliche Feier dieses nationalen Jubiläums nahm der Erzbischof zum Anlaß einer großen gesamt-orthodoxen Manifestation, bei welcher Gelegenheit auch das Zentrum in Pendeli seiner Bestimmung übergeben wurde. Der von Hieronymos ergangenen Einladung leisteten zehn autokephale Kirchen sowie das Erzbistums Sinai Folge. Die Patriarchen von Alexandria und Rumänien, der locum tenens des damals verwaisten Patriarchats von Bulgarien und die Oberhäupter der othodoxen Kirchen Polens und der Tschechoslowakei erschienen persönlich in Athen. Das Moskauer Patriarchat, dessen Thron infolge des einen Monat zuvor erfolgten Todes des Patriarchen Alexei vakant war, schickte in der Person des Metropoliten Nikodem von Leningrad einen seiner höchsten und wichtigsten Würdenträger. Nikodem war es vorbehalten, im Namen der Gäste den nationalen Befreiungskampf der Griechen zu würdigen. Er vergaß dabei nicht ein Loblied auf die nationalkirchliche Unabhängigkeit. Im Anschluß an die Feiern in Athen traten die Gäste eine Reise durch Mazedonien an mit dem Endziel Saloniki, wo der Grundstein einer Kirche zu Ehren der beiden Slawenapostel Kyrillos und Methodios gelegt wurde. Die Veranstaltung in der nordgriechischen Metropole kam sicherlich nicht unbeabsichtigt einer Bekundung der Glaubensverbundenheit zwischen Griechen und Slawen gleich. Der Metropolit Dionysios von Kozani nannte die Erhebung der Griechen vom Jahr 1821 »die gemeinsame Leistung und den gemeinsamen Ruhm des Volkes der Orthodoxie«, während der Vertreter des serbischen Patriarchats an die »historische Verbundenheit von Serben und Griechen im Freiheitskampf gegen die Türken« erinnerte. Zum Schluß wies der Delegierte der bulgarischen Kirche auf die Bedeutung hin, die das Werk des Kyrillos und Methodios (zweier aus Saloniki gebürtiger Brüder griechischer Abkunft) für das bulgarische Nationalbewußtsein und die bulgarische Nation gehabt habe — gleichsam ein kirchlicher Beitrag zur politischen Annäherung zwischen Sofia und Athen. Zur Grundsteinlegung der zum Teil mit Staatsmitteln finanzierten Kirche hatte sich auch Ministerpräsident Georg Papadopoulos in Saloniki eingefunden.[134] Auch unter der Regierung Karamanlis wurden die Bestrebungen weiterverfolgt, eine engere Zusammenarbeit auf dem Balkan von der kirchlichen Seite her zu stärken. Gelegenheit dazu bot insbesondere der offizielle Besuch, den der bulgarische Patriarch Maximos Ende Mai 1975 der Kirche von Griechenland abstattete und in dessen Verlauf es nicht an Bekundungen des Wunsches nach griechisch-bulgarischer Freundschaft fehlte.

Unter den Teilnehmern an der von Hieronymos mit großem Aufwand veranstalteten Zusammenkunft fehlte das Ökumenische Patriarchat. Zwar waren zwei Bischöfe der halb-autonomen Kirche von Kreta, die dem Phanar untersteht, anwesend, doch war dies bei einer Feier eines nationalgriechischen Jubiläums ohne weiteres verständlich. Der Phanar selbst mußte fern bleiben, konnte er sich doch schwerlich an einer Veranstaltung beteiligen, die dem Gedanken an die Befreiung Griechenlands von der Türkenherrschaft galt. Gewiß war das alles nur eine geschichtliche Reminiszenz und zielte sicherlich nicht auf das Verhältnis zur heutigen Türkei. Immerhin pflegen die Türken auf solche Reminiszenzen meist empfindlich zu reagieren, zumal wenn noch der Glaubensgegensatz dabei angetönt wird. Daß Hieronymos es für angebracht hielt, dem Jubiläum der Befreiung Griechenlands eine besondere kirchliche Note, und dazu noch in pan-orthodoxem Rahmen, zu geben, konnte das Patriarchat im Hinblick auf seine prekäre Situation nur mit recht gemischten Gefühlen registrieren. Wohl hat der Phanar alles Interesse an einer engeren Zusammenarbeit der Balkanvölker, aber keinesfalls unter Ausschluß der Türkei, die sich ja auch zum Balkan rechnet, und nicht vor dem nationalen und kirchlichen Hintergrund der gemeinsamen Befreiung von der Turkokratia, der Herrschaft der muslimischen Türken. Hieronymos' Initiative vom Mai 1971 ließ sich schlecht mit dem Bestreben des Phanar vereinbaren, die Kirche aus dem nationalen Antagonismus zwischen Griechenland und Türken herauszuführen und herauszuhalten. Freilich war Hieronymos weder der erste noch auch der letzte Kirchenführer Griechenlands, der sich in einer dem Patriarchat abträglichen Weise politisch engagierte.

Intensiver als seine Vorgänger widmete sich Hieronymos einer kirchlichen »Reisediplomatie«. Zuerst besuchte er das Ökumenische Patriarchat im Juni 1967 und (was ein Novum war) die Kirche von Zypern im September des gleichen Jahres. Später stattete er den Kirchen des Balkans Besuche ab, dem rumänischen Patriarchat im Juni 1968, dem Patriarchat von Bulgarien im Mai 1969 und dem serbischen Patriarchat im Mai 1972. Sein Wunsch, nach Moskau zu fahren, ging nicht in Erfüllung, dafür erschien der Moskauer Patriarch Pimen im Oktober 1972 zu einem offiziellen Besuch in Athen. Schwieriger war das kirchenpolitische Terrain im Vorderen Orient. Auch in dieser Richtung hatte Hieronymos Reisepläne. Die Heilige Synode billigte seinen Beschluß, im Herbst 1970 die drei Patriarchate des Orients zu besuchen. Aus politischen Gründen mußte Hieronymos aber schließlich auf diese Reise verzichten und sich mit einem Besuch der koptischen Kirche Äthiopiens begnügen, der keine politischen Komplikationen befürchten befürchten ließ, weil er sich weit genug von dem nahöstlichen Krisenherd abspielte.

Die Kirche von Griechenland kann den Verkehr mit auswärtigen Kirchen frei und unbeschränkt pflegen, doch ist es üblich, daß sie Kontakt zum Außenministerium und der Regierung hält und deren Meinung einholt. Offizielle Kirchenbesuche werden stets mit dem Außenministerium abgestimmt. Wenn wichtige Fragen auswärtiger Kirchenpolitik anstehen, ist ein Meinungsaustausch zwischen Außenministerium und Kirche unerläßlich. Nicht immer gelangt man zu Übereinstimmung. So hat zum Beispiel der Staat noch nicht vermocht, den entschiedenen Widerstand der Kirche gegen die Aufnahme diplomatischer Beziehungen zum Vatikan zu überwinden.

In besonderem Maße ist der Orient ein Gebiet, wo kirchliche Belange in die Außenpolitik Griechenlands hineinspielen, sowohl die engeren Belange der Kirche von Griechenland wie mehr noch der hellenischen Orthodoxie im allgemeinen. Allerdings haben kirchliche Belange nicht mehr das gleiche Gewicht wie früher, nachdem das einst zahlreiche Griechentum in den Ländern des Vorderen Orients während der beiden letzten Jahrzehnte stark zusammengeschmolzen ist und weiter zurückgeht. Aber auch so hat Griechenland im arabischen Orient immer noch wichtige Positionen der hellenischen Orthodoxie zu verteidigen. Kurz formuliert ist es das Bestreben der Athener Diplomatie, den hellenischen Charakter der alten Patriarchate des Orients so weit wie möglich und so lange wie möglich zu erhalten. Der Begriff des »hellenischen Charakters« wird in diesem Fall nicht eng national gefaßt, vielmehr als geistiges Gepräge der betreffenden Kirchen verstanden, als Zugehörigkeitsgefühl zu dem gleichfalls mehr geistig-kulturell aufgefaßten Bereich der »hellenischen Orthodoxie«. In diesem Sinne glaubt man, auch das Patriarchat von Antiochia noch immer der hellenischen Orthodoxie zurechnen zu können, obwohl dieses bereits seit der letzten Jahrhundertwende gänzlich in arabische Hände übergegangen ist.[135] Man kann freilich darüber streiten, ob und wie weit Antiochia heute noch einen »hellenischen Charakter« selbst im weitgefaßten Sinne dieses Wortes hat. Schon im offiziellen Namen des Patriarchats besteht ein feiner Unterschied zu Alexandria und Jerusalem. Die beiden letztgenannten Kirchen werden in ihren Statuten als »griechisch-orthodox« tituliert, dagegen gebraucht das Statut Antiochias die Formulierung: »Die Kirche von Antiochia, bekannt als griechisch-orthodoxes Patriarchat von Antiochia.«[139] Die Nuance mag nicht sonderlich belangvoll erscheinen, bezeichnend ist sie doch.

Wenn vom hellenischen Charakter der Patriarchate die Rede ist, so denkt man in Athen auch daran, daß der Einfluß des Moskauer Patriarchats in der orientalischen Orthodoxie nicht zu stark werden soll. Besonders wird hier Antiochia im Auge behalten, wo griechisch-russische Rivalität schon eine lange Geschichte hat. Die griechische Diplomatie hat mit Erfolg dazu beigetragen, daß die russischen Bindungen des Patriarchats in Grenzen geblieben sind. Vor dem Hintergrund eines zähen Ringens zwischen griechischer und sowjetischer Diplomatie ist im Jahre 1958 die umstrittene Nachfolge des russophilen, im alten Rußland ausgebildeten Patriarchen Alexander III. (Tahhân) zugunsten eines neutralen, im Grunde mehr der hellenischen Orthodoxie zuneigenden Kandidaten entschieden worden. Unter dem damals auf den Thron gelangten Theodosios VI. (Abû Regailî) und unter dessen im September 1970 gewählten Nachfolger Elias IV. (Mu'awwad), die beide aus der Theologischen Hochschule von Halki hervorgegangen sind, hat sich Antiochia wieder mehr an das Ökumenische Patriarchat angelehnt. Freilich dürfte in Zukunft der Zug zu einer national-arabischen Kirche, der in den letzten Jahren, nicht zuletzt unter dem Einfluß des arabisch-israelischen Konflikts, sich mehr und mehr ausgeprägt hat, wohl weiter an Boden gewinnen. Die inneren Auseinandersetzungen im Patriarchat von Antiochia dürfen nicht einseitig unter dem Aspekt griechisch-russischer (oder gar amerikanisch-sowjetischer!) Rivalität gesehen werden. Ihnen liegen — neben rein persönlichen Spannungen im Episkopat — auch nationale und soziale Aspirationen im arabischen Kirchenvolk zugrunde.[140]

Die Patriarchate von Alexandria und Jerusalem können noch mit vollem Recht der hellenischen Orthodoxie zugerechnet werden. Ihre Führung ist bis auf geringe Ausnahmen griechischer Abkunft. Dem steht, von der Gemeinde her, eine starke Tendenz zur »Nationalisierung« gegenüber, was in Jerusalem Arabisierung bedeutet, in dem gesamt-afrikanischen Patriarchat von Alexandria auch Afrikanisierung. Je nach der politischen Konstellation könnte sich eine solche Nationalisierung mittelbar auch in einer stärkeren Anlehnung an die russische Kirche auswirken, so zum Beispiel in Palästina. Im übrigen liegen die Dinge in den beiden Patriarchaten recht verschieden.

Die Zahl der Griechen im Jurisdiktionsbereich Alexandrias ist in raschem Schwund begriffen. Die vorliegenden Angaben weichen stark voneinander ab, zeigen aber sämtlich den gleichen ziemlich steil abwärts gerichteten Trend. In ganz Afrika sollen Ende der fünfziger Jahre noch 300—320 000 Griechen (unter Einschluß von rund 50 000 Zyprioten griechischen Volkstums) ansässig gewesen sein. Davon ist heute nur noch ein Bruchteil, vielleicht ein Viertel, übrig. Gleichzeitig hat sich der Schwerpunkt der griechischen Gemeinde vom Niltal nach Südafrika verschoben. Was Ägypten betrifft, so wurden 1970 nur noch um 10 000 Hellenophone angegeben. Dazu kommt eine arabophone Gemeinde von rund 5 000 Seelen. Sie rekrutiert sich aus eingewanderten Syrern, Libanesen und Palästinensern. Eigentliche Ägypter orthodoxen Bekenntnisses gibt es kaum. Die einheimischen Christen Ägyptens gehören fast ausnahmslos der koptischen Kirche an. Demnach hat sich im Nilland das Verhältnis zwischen Griechen und Arabern stark zuungunsten des griechischen Elements verändert. Der Anteil der Arabophonen ist von wenigen Prozent vor zwanzig Jahren auf heute mindestens ein Drittel gestiegen. Ähnliche Verschiebungen, wenn auch nicht im gleichen Maße, zeichnen sich auch im schwarzen Afrika ab. Alle diese Feststellungen bewegen sich, um es noch einmal zu sagen, auf statistisch sehr unsicherem Boden. Immerhin vermitteln sie auch als grobe Größenordnungen ein anschauliches Bild fortschreitender Wandlung.[141]

Im November 1966 ließ sich der 90jährige Patriarch Christophorus II. (Danilidis) endlich zum Rücktritt bewegen, nachdem er schon lange Zeit aus Gesundheitsgründen nicht mehr an seinem Amtssitz, sondern in Athen gelebt hatte. Die Erwartung, daß es nun rasch zu einer Neuwahl kommen werde, erfüllte sich nicht. Vielmehr blieb das Alexandriner Patriarchat noch eineinhalb Jahre lang verwaist. Die Arabophonen meldeten Forderungen nach stärkerer Beteiligung an der Verwaltung der Kirche und auch an der Patriarchenwahl an. Angeblich um diesen Forderungen Nachdruck zu verleihen, ordnete die ägyptische Regierung eine Verschiebung der Patriarchenwahl an. Es wurde verlangt, daß alle Kandidaten sowie sämtliche Mitglieder des Wahlkollegiums die ägyptische Staatsangehörigkeit und eine gute Kenntnis der arabischen Sprache besitzen müßten. Das Patriarchat hielt dem entgegen, daß es nicht nur eine ägyptische, sondern eine gesamt-afrikanische Kirche sei und daß die Forderungen der Regierung dem Statut des Patriarchats widersprächen.[142] Die Gespräche mit den Regierungsbehörden zogen sich über das ganze Jahr 1967 und noch in das folgende Jahr hinein hin. Im Oktober 1967 starb der hochbetagte Metropolit Nikolaus von Axum, ein aus Nazareth gebürtiger Palästinenser, der als einziger arabophoner Kandidat in Frage kam. Am 9. Februar 1968 nahm die Regierung ihre Bedingungen zurück und gab den Weg zur Wahl nach den geltenden Bestimmungen endlich frei.

Auch die griechische Diplomatie schaltete sich in Kairo ein. Sie bemühte sich, der ägyptischen Regierung klar zu machen, daß die Wahl eines Griechen (das heißt eines Hierarchen griechischer Abkunft) angebracht und vorteilhaft sei.[143] In Athen wurde alsbald die Kandidatur des damals 60jährigen Metropoliten Jakovos (Kleomvrotos) von Mytilene lanciert. Es scheint, daß dieser Schachzug von Erzbischof Hieronymos ausging und vom Militärregime unterstützt wurde. Jakovos galt als ein Vertrauensmann des Erzbischofs. Hieronymos mochte hoffen, die Wahl dieses ihm nahestehenden Metropoliten zum Patriarchen von Alexandria könne seinen weit ausgreifenden kirchenpolitischen Plänen nützlich sein. Außer Jakovos von Mytilene meldete noch ein zweiter Bischof aus Griechenland seine Kandidatur an, der Metropolit Stephanos (Matakoulias) von Triphylia.[144]

Die Wahl wurde auf den 10. Mai 1968 angesetzt. Sämtliche Mitglieder der Heiligen Synode des Alexandriner Patriarchats mit alleiniger Ausnahme des Metropoliten Parthenios von Karthago präsentierten sich als Kandidaten, dazu noch die beiden griechischen Bischöfe Jakovos und Stephanos. Im ganzen gab es neun Kandidaten. Statutengemäß findet die Patriarchenwahl in zwei Stufen statt. Zuerst bestimmt eine aus den Bischöfen sowie Vertretern der niederen Geistlichkeit und der Laien zusammengesetzte Versammlung die endgültigen Kandidaten. Nur die drei Anwärter mit den höchsten Stimmenzahlen kommen in die Stichwahl der zweiten Stufe. An dieser beteiligten sich nur die Mitglieder der Heiligen Synode. Aus der Dreierliste wählen sie mit einfacher Mehrheit den Patriarchen.[145]

Die Wahlversammlung, die am 10. Mai 1968 zusammentrat, zählte 128 Elektoren, davon waren 86 Laien (64 Griechen und 22 Araber). Die meisten Stimmen entfielen auf die Metropoliten Nikolaus von Irenoupolis (75 Stimmen), Barnabas von Mareotis (65 Stimmen) und Synesios von Nubien (59 Stimmeen). Nur diese drei kamen in die Stichwahl. Jakovos von Mytilene kam mit 54 Stimmen erst an vierter Stelle und schied daher aus. In der Stichwahl entschied sich die Heilige Synode für den Metropoliten von Irenoupolis, der als Nikolaus VI. den Thron der Patriarchen von Alexandria bestieg. Einige Monate später bestätigte die ägyptische Regierung mit einem Dekret des Staatspräsidenten Jamâl Abd-en-Nasser die Wahl Nikolaus VI.[146]

Die griechische Regierung hatte zwar den von ihr favorisierten Kandidaten nicht durchgebracht, aber wenigstens erreicht, daß wieder ein Grieche zum Patriarchen gewählt wurde. Nikolaus VI. (Varelopoulos) war im Jahr 1915 in Istanbul geboren und hatte (wie auch der gleichaltrige Elias IV. von Antiochia) die Theologische Hochschule des Ökumenischen Patriarchats absolviert. Schon 1940 war er in den Dienst des Alexandriner Patriarchats getreten. Achtzehn Jahre später hatte man ihn zum Metropoliten von Irenoupolis (Dâr-as-Salam) gewählt, nachdem er vorher in Casablanca und in Addis Abeba das Priesteramt ausgeübt hatte. Nikolaus VI. war als überzeugter Anhänger der Athenagoras-Linie bekannt. Im Februar 1969 besuchte er Athenagoras im Phanar und im März 1973 auch dessen Nachfolger Dimitrios I. Mehrmals besuchte er auch Athen, um die Kirche von Griechenland um ihre Hilfe zu ersuchen, hatte doch das Alexandriner Patriarchat mit großen Schwierigkeiten zu kämpfen. Die lange Abwesenheit Christophoros' II. und die lange Vakanz, die dessen Rücktritt gefolgt war, hatten dem Patriarchat schweren Schaden zugefügt. Vieles war nachzuholen oder neu aufzubauen. Hilfe erhielt Nikolaus VI. von seinem Amtsbruder Makarios III. von Zypern, dem er im Juni 1970 einen offiziellen Besuch abstattete. Gegenstand des Gesprächs zwischen den beiden Kirchenoberhäuptern war vor allem die Mithilfe der Kirche von Zypern an der missionarischen Tätigkeit des Alexandriner Patriarchats in Afrika.[147]

Von den territorialen Veränderungen, die der arabisch-israelische Krieg vom Juni 1967 im Gefolge hatte, war das Patriarchat von Jerusalem unmittelbar und schwer betroffen. Zusammen mit dem gesamten Cisjordanien kam auch die Altstadt von Jerusalem, wo das Patriarchat seinen Sitz hatte, unter israelische Besetzung. Die in Cisjordanien ansässigen arabischen Gläubigen suchten zu einem großen Teil Zuflucht jenseits des Jordanflusses, der nunmehr als jordanisch-israelische Waffenstillstandslinie den Patriarchen von der Mehrheit seiner Gläubigen trennte. Patriarch Benediktos fühlte sich in erster Linie für den Schutz der orthodoxen Rechte an den Heiligen Stätten verantwortlich. Er war daher um ein korrektes Verhältnis zu den israelischen Behörden bemüht. Zwangsläufig ergaben sich daraus Spannungen zu den Arabern, was geeignet war, dem schon lange spürbaren Verlangen nach »Arabisierung« des Patriarchats Auftrieb zu geben. Benediktos unterließ es, seine Gläubigen jenseits des Jordans zu besuchen. Diese fanden fürsorglichen Schutz bei dem Kommissar des Patriarchats in Jordanien, dem Erzbischof Diodoros von Hierapolis, der es verstand, sich bei den Arabern großes Ansehen zu verschaffen. Auf diese Weise konnte ein gewisses Gleichgewicht in der Orientierung des Patriarchats gewahrt werden.[148]

Die griechische Diplomatie sah sich einer schwierigen Lage gegenüber, mußte sie ihre

Haltung doch sorgfältig sowohl nach der arabischen wie nach der israelischen Seite hin abwägen. Auf der einen Seite wollte und durfte sie es keinesfalls mit den Arabern verderben, sonst hätte sie den Tendenzen zu einer Arabisierung des Patriarchats Vorschub geleistet. Andererseits mußte sie auf die Erhaltung des status-quo an den Heiligen Stätten bedacht sein, wozu es des Kontaktes zu den Israelis bedurfte. Nun hatte aber Athen weder zu Israel diplomatische Beziehungen noch zum Vatikan, dessen Haltung in der Frage der Heiligen Stätten in Rechnung gestellt werden mußte.

Mit Rücksicht auf die traditionell araberfreundliche Politik, an der es schon wegen seiner gewichtigen Interessen im arabischen Raum festhielt, hatte Griechenland es vermieden, Israel de jure anzuerkennen. Es beschränkte sich auf eine Anerkennung de facto und beließ es auch dabei. Demgemäß standen Griechenland und Israel nur über sogenannte diplomatische Vertretungen miteinander in Verbindung, die freilich bis auf den Namen Rang und Aufgabe von Botschaften hatten. Die Funktionen der diplomatischen Vertretung bei der Regierung Israels nahm das griechische Generalkonsulat in Jerusalem wahr. In der bis Juni 1967 jordanischen Altstadt Jerusalems ansässig, hatte dieses Generalkonsulat zugleich und in erster Linie die Verbindung zum Patriarchat zu pflegen. Daraus ergaben sich mancherlei Unzuträglichkeiten. Nachdem Israel die Altstadt Jerusalems besetzt hatte, hielt man es daher für geboten, die Diplomatische Vertretung bei der israelischen Regierung vom Generalkonsulat zu trennen und zu verselbständigen. Obwohl es sich dabei um eine aus Gründen der Zweckmäßigkeit getroffene Maßnahme handelte, wurde sie vielfach als eine Vorstufe zur de jure Anerkennung Israels gedeutet, was man in Athen jedoch verneinte: die griechische Regierung sei zwar im Prinzip zur vollen Anerkennung Israels bereit, wolle dies aber nicht zu einem Zeitpunkt arabisch-israelischer Hochspannung tun, um den Eindruck eines Kurswechsels der griechischen Nahostpolitik zu vermeiden. Die Beziehungen zu Israel blieben also so, wie sie seit Gründung des jüdischen Staates waren. Eine Änderung war auch insofern nicht dringend, als die beiderseitigen Diplomatischen Vertretungen dem Verkehr zwischen den beiden Staaten durchaus gerecht zu werden in der Lage waren. Ähnliches galt auch für den Vatikan. Das Außenministerium war auf inoffizielle Kontakte angewiesen, und es scheint, daß dies in ausreichendem Maße möglich war.

In bezug auf den Status Jerusalem und der Heiligen Stätten legte sich Griechenland nicht auf eine bestimmte Linie fest, jedenfalls nicht offiziell. Inoffiziell konnte man im Außenministerium die Meinung hören, daß es erstrebenswert sei, die Frage der Heiligen Stätten aus dem politischen Zusammenhang des arabisch-israelischen Konfliktes nach Möglichkeit heerauslösen. Die Schaffung eines Sonderstatuts irgendwelcher Art für die Heiligen Stätten brauchte und sollte nicht mit der Frage der politischen Zugehörigkeit Jerusalems — also mit der Frage der politischen Souveränität — verknüpft werden. In dieser Hinsicht ließ sich weitgehende Übereinstimmung mit der Linie feststellen, auf die sich das Ökumenische Patriarchat und das Patriarchat von Jerusalem einigten.[149] Auch die Kirche von Griechenland hat sich dieser Linie angeschlossen, als Erzbischof Seraphim im März 1974 den Ökumenischen Patriarchen besuchte.

Nachdem der Meinungsaustausch im Phanar stattgefunden hatte, nahm die Kirche von Griechenland alsbald engere Fühlung mit dem Patriarchat von Jerusalem auf. Der Vorsitzende der Synodalkommission für Auswärtige Beziehungen, Metropolit Barnabas von Kitros, reiste zu einem Informationsbesuch nach Jerusalem. Im Anschluß daran wurde mitgeteilt, Erzbischof Seraphim werde Ende Mai den Patriarchen Benediktos besuchen. Wegen der internen Schwierigkeiten der griechischen Kirche mußte der Reisetermin verschoben werden. In der Folge wurde der Plan dahin erweitert, daß Seraphim nicht nur Jerusalem, sondern auch die Patriarchate von Alexandria und Antiochia besuchen sollte. Damit griff man ein Projekt wieder auf, das schon Hieronymos verfolgt, aber nicht hatte ausführen können. Seraphims Orientreise wurde mehrmals angekündigt, ließ indessen auf sich warten.

Erst im Frühjahr 1975 hatten sich die Verhältnisse in Griechenland so weit konsolidiert, daß Seraphim zu einem offiziellen Besuch des Patriarchats von Antiochia aufbrechen konnte. Der Besuch fand vom 9. bis 16. Mai 1975 statt und führte den Primas der Kirche von Griechenland zunächst nach Beirut und danach nach Damaskus. Er ließ sich in Zusammenhang mit den Bestrebungen Athens bringen, die Unterstützung der Araber im Zypernkonflikt zu gewinnen. Die arabischen Gastgeber brachten ihrerseits nachdrücklich ihren Standpunkt zu Jerusalem und den Heiligen Stätten zu Gehör. Es traf sich, daß Patriarch Elias IV. von Antiochia kurz zuvor in Djedda mit König Khalid von Saudi-Arabien zusammengetroffen war, was als ungewöhnliches Ereignis in den Beziehungen zwischen Orthodoxie und Islam im arabischen Raum starke Beachtung gefunden hatte. Ein Kommentar aus der Umgebung des griechischen Erzbischofs bemerkte, Elias IV. sei zu einer Persönlichkeit von gesamt-arabischer Bedeutung geworden, indem er sich die Anliegen seines Volkes und der gesamten arabischen Welt zu eigen gemacht habe.

Im Verlauf seiner Begegnung mit den griechischen Gästen wies Elias IV. wiederholt auf Jerusalem und die Rechte der Palästinenser hin: »Als Kirche haben wir die Pflicht, uns für Jerusalem zu interessieren. Die Araber waren stets die Beschützer der Heiligen Stätten.« Seraphim ging in seinen öffentlichen Reden nicht namentlich auf Jerusalem und Palästina ein. Er begnügte sich mit einem allgemeinen Lob der griechisch-arabischen Freundschaft. Bemerkenswert war, daß auch der syrische Staatschef Hafiz el-Asad den Athener Erzbischof zu einem Gedankenaustausch empfing, was nicht der Fall gewesen war, als der Moskauer Patriarch drei Jahre zuvor Damaskus besucht hatte. Berichten der griechischen Presse zufolge bezeichnete Asad im Gespräch mit Erzbischof Seraphim die Kirche als »geistliche Macht der Völkerverständigung« und äußerte seine Befriedigung darüber, daß die griechische Kirche zur Vertiefung der arabisch-griechischen Beziehungen beitrage.[150]

Die orthodoxen Kirchen sind sich in Bezug auf Jerusalem nicht einig. Einen gesamt-orthodoxen Standpunkt gibt es in dieser Frage nicht. Der Standpunkt des Phanar wird zwar vom Patriarchat von Jerusalem und der Kirche von Griechenland geteilt, nicht aber von Moskau und Antiochia, die auf der Arabisierung Jerusalems bestehen und einer »Entpolitisierung« des Statuts der Heiligen Stätten nicht geneigt sind. Athens Kirchenpolitik im Vorderen Orient bewegt sich mithin im schwierigen Rahmen interorthodoxer Meinungsverschiedenheiten und zudem auf dem heißen Boden eines internationalen Konflikts. Sie ist daher zu großer Vorsicht gezwungen, wenn sie das, was vom hellenischen Charakter der orientalischen Patriarchate verbleibt, zwischen arabischer und russischer Orthodoxie bewahren und erhalten will.

# Dritter Teil: Die Spaltung der Kirche von Zypern

*Die Spaltung der Kirche von Zypern*

Die Kirche von Zypern, in frühchristlicher Zeit begründet von dem Apostel Barnabas, ist seit dem Konzil von Ephesus vom Jahre 431 autokephal. Mit Erfolg vermochte sie den Ansprüchen des Patriarchats von Antiochia zu widerstehen, zu dessen Provinz die Insel damals in administrativer Hinsicht gehörte. In der Rangfolge (Taxis) steht die Kirche von Zypern vor der Kirche von Griechenland unmittelbar hinter den acht Patriarchaten. Ihr Oberhaupt besitzt aus byzantinischer Zeit gewisse äußere Vorrechte, die sonst nur dem Kaiser zustanden. So ist er berechtigt, Szepter und Mantel des Kaisers zu tragen und wie die Kaiser des alten Byzanz seine Unterschrift mit roter Tinte zu leisten. Die lange Tradition der Autokephalie und die »kaiserlichen« Privilegien ihres Erzbischofs geben der Kirche von Zypern besonderes Ansehen und besonderen Charakter, obwohl sie nicht viel mehr als eine halbe Million Gläubige zählt.[1]

Zypern gehörte von 1571 bis 1914 zum Osmanischen Reich. Obwohl die Insel bereits seit 1878 von den Briten besetzt und verwaltet worden war, wurde sie erst zu Beginn des ersten Weltkrieges vom Osmanischen Reich gelöst und zur britischen Kronkolonie erklärt. In osmanischer Zeit war der Erzbischof von Zypern entsprechend dem Millet-System zugleich der Ethnarch, das heißt der politische Chef der Insel-Griechen und deren Vertreter gegenüber dem Sultan. Auch unter der britischen Herrschaft blieb die Einrichtung der Ethnarchie bestehen. Die Kirche übte daher auch nationalpolitische Funktionen aus ('Εθναρχοῦσα 'Εκκλησία). In dieser Eigenschaft hatte sie sich dem Ziel der Vereinigung mit Griechenland (Enosis) verpflichtet, nachdem dieses seine Unabhängigkeit erlangt hatte. Das Ziel ist nie erreicht, aber im Prinzip auch niemals aufgegeben worden. Daraus ergab sich ein zwiespältiges Verhältnis der Kirche zu dem unabhängigen Zypern-Staat, der auf Grund der Verträge von 1959/60 gebildet wurde, nachdem ein langer Kampf gegen die britische Herrschaft vorangegangen war. Auf der einen Seite blieb das Oberhaupt der Kirche weiterhin der auf die Enosis verpflichtete Ethnarch. Andererseits wurde, wie es unter den gegebenen Umständen nicht anders zu erwarten war, Erzbischof Makarios III. (Muskos), der die politische Führung des Kampfes gegen die Briten innegehabt hatte, zum Präsidenten der neuen Republik gewählt. Als solcher war er an die internationalen Zypernverträge und an die mit diesen eng verknüpfte Staatsverfassung gebunden, die den Anschluß an Griechenland ausdrücklich und endgültig ausschlossen. Makarios hat den Widerspruch, den seine Doppelfunktion als Erzbischof-Ethnarch und als Erzbischof-Präsident in sich barg, stets vieldeutig in der Schwebe gelassen. Er rechtfertigte die Übernahme der Präsidentschaft mit dem Argument, daß sich der zypriotische Hellenismus weiterhin in einem »Notstand« befinde. Erst wenn dies nicht mehr der Fall sei, könne und werde er sich wieder allein auf sein kirchliches Amt beschränken.

Als Präsident der Republik ließ Makarios die Enosis auf sich beruhen, ohne ihr jedoch jemals öffentlich zu entsagen. Er verschrieb sich einer Außenpolitik der »Blockfreiheit«. Auf diese Weise glaubte er, ein Gleichgewicht zwischen den konkurrierenden Machtinteressen im östlichen Mittelmeer halten und zugleich die Unterstützung der Dritten Welt gewinnen zu können. Als am 21. April 1967 eine Militärjunta die Macht in Athen ergriff, setzte sie zunächst die Enosis auf ihr Programm, obwohl seit langem klar war, daß die Türkei niemals einer Vereinigung der Insel mit Griechenland zustimmen würde. Die schwere Krise vom November 1967, die dicht an den Rand eines griechisch-türkischen Krieges führte, nötigte zum Umdenken. Regierungschef Georg Papadopoulos und Außenminister Panayotis Pipinelis einigten sich auf eine neue Linie der Zypernpolitik. Unter Verzicht auf die Enosis sollte die staatliche Unabhängigkeit der Insel auf neue, mit den Türken auszuhandelnde Grundlagen gestellt werden. Volle Einmütigkeit bestand darüber jedoch innerhalb des Militärregimes nicht.

Das im Sommer 1968 zwischen den beiden Volksgruppen Zyperns aufgenommene Gespräch lief sich schnell fest. Das politische Klima auf der Insel verschlechterte sich wieder. Im Winter 1968/69 mehrten sich die Anzeichen dafür, daß die unentwegten Enosis-Nationalisten, offensichtlich von gewissen Kreisen des Athener Regimes unterstützt, wieder verstärkt in Aktion traten. Innerhalb des zypriotischen Griechentums entwickelte sich allmählich eine bürgerkriegsähnliche Polarisierung. Im Kampf gegen die rechtsextremen Nationalisten stützte sich Makarios auf die demokratische Linke und bis zu einem gewissen Grade auch auf die starke kommunistische Partei (AKEL) der Insel. Dahinter zeichnete sich der Schatten der Weltmächte ab, gewann doch Zypern erhöhte Bedeutung am Rande des arabisch-israelischen Konflikts und der damit verbundenen sowjetisch-amerikanischen Rivalität. In dieses kaum noch entwirrbare Netz ineinandergreifender Auseinandersetzungen wurde alsbald auch die Kirche von Zypern hineingezogen, indem die Enosis-Front versuchte, Makarios von der kirchlichen Seite her matt zu setzen. Dies war Hintergrund und Auftakt einer Entwicklung, die in einer Spaltung der Kirche von Zypern gipfelte.

## Makarios III. und die Metropoliten

Die Verfassung der Republik Zypern vom Jahre 1960 setzte in gewisser Weise das alte Millet-System im Rahmen eines bi-nationalen, laizistischen Staates fort. Wer zur hellenisch-orthodoxen Kirche gehörte, wurde der griechischen Volksgemeinschaft zugerechnet, die Bekenner des Islams der türkischen Gemeinschaft (Artikel 2). Der autokephalen (griechisch-orthodoxen) Kirche der Insel wurde das Recht bestätigt, ihre Angelegenheiten selbst zu verwalten im Einklang mit den Heiligen Kanones und dem in Kraft befindlichen Kirchenstatut. Die Gesetzgebende Versammlung der griechischen Gemeinschaft durfte nicht diesem Recht zuwiderhandeln (Artikel 110, Absatz 1). Kirchliches Recht war (soweit es die Griechen betraf) maßgebend für alle Fragen der Familie und des Zivilstandes (Artikel 111).

Das Statut der Kirche von Zypern, auf das sich die Staatsverfassung bezog, datiert vom 21. Mai 1914. Es stellte sich bald heraus, und die jüngste Entwicklung sollte es erneut beweisen, daß dieses Statut in mancher Hinsicht unzulänglich und mit kirchenrechtlichen Mängeln behaftet war. Unter Erzbischof Kyrillos III. legte die Heilige Synode im Jahre 1929 ein neues Statut vor. Dieses kam jedoch nicht zur Anwendung, weil die griechischen Mitglieder des Legislativrates (also die politische Instanz) gewissen finanziellen Bestimmungen des Entwurfes ihre Zustimmung verweigerten. Gültig ist daher bis heute das Statut von 1914, obwohl dessen Mangelhaftigkeit längst allgemein anerkannt ist.[2]

Die Kirche von Zypern umfaßt (oder umfaßte bis zur Neueinteilung vom Sommer 1973) nur vier Bistümer, und zwar das Erzbistum mit Sitz in der Hauptstadt Nikosia sowie die Metropolitandiözesen von Paphos, Kition und Kyrenia (in dieser Rangfolge). Höchste Autorität der Kirche ist die Heilige Synode, bestehend aus dem Erzbischof und den drei Metropoliten. Der offizielle Titel des Erzbischofs lautet »Erzbischof von Nea Justiniana und ganz Zypern«. Die Eigenart des Titels erklärt sich aus der Geschichte. Ende des 7. Jahrhunderts, als häufige Einfälle der Araber das Byzantinische Reich heimsuchten, ordnete Kaiser Justinian II. die Evakuierung der Insel an. Die Zyprioten wurden an den Dardanellen in der Nähe der Stadt Kyzikos angesiedelt, wo sie sich eine neue Stadt unter dem Namen Nea Justiniana oder Justinianopolis erbauten. Zur Erinnerung an das Exil hat das Oberhaupt der Kirche von Zypern den Titel eines Erzbischofs von Nea Justiniana beibehalten. Ähnlich verhält es sich mit dem heute nicht mehr bestehenden Kition. Nach ihrer Rückkehr auf die verwüstete Insel bauten die Zyprioten neue Städte, darunter Nikosia (griechisch: Lefkosia) in der Nähe des antiken Ledra und Larnaka an der Stelle des zerstörten Kition. Der Bischof dieser neuen Stadt führte aber weiter den Titel eines Bischofs (später Metropoliten) von Kition.[3]

Die persönlichen Beziehungen zwischen Erzbischof Makarios III. und den drei Metropoliten waren seit langer Zeit schlecht und gespannt. Gennadios von Paphos, Anthimos von Kition und Kyprianos von Kyrenia (besonders die beiden letztgenannten) hegten gegen Makarios eine tiefe, zum Teil aus langer, eifersüchtiger Rivalität herrührende Abneigung.[4] Der Politik des Erzbischof-Präsidenten standen alle drei scharf ablehnend gegenüber. Während sich Makarios — wenigstens dem Anschein nach — mehr oder minder elastisch den Realitäten anpaßte, beharrten alle drei Metropoliten unnachgiebig auf der Enosis. Den Erzbischof sahen sie als »Verräter an der nationalen Sache« an, hingegen gingen sie einig mit General Georg Grivas, dem kompromißlosen Enosiskämpfer und rechtsextremistischen Rivalen des Makarios. Mit Grivas teilten sie die Ansicht, daß Makarios das Recht auf den Titel des Ethnarchen verwirkt habe. Indessen konnten es die Metropoliten an Ansehen im Volke wie auch in der Kirche mit Makarios nicht aufnehmen, so daß die Spannung lange Zeit latent blieb und sich nach außen hin kaum bemerkbar machte.[5]

Auftrieb erhielten die Metropoliten erst, als sich die Enosis-Nationalisten wieder stärker regten. Seit Ende 1968 begann sich ein undurchsichtiges Netz von Geheimorganisationen über die Insel zu spannen. Darunter war in erster Linie die sogenannte Nationale Front ('Εθνικόν Μέτωπον). Ihr erklärtes Ziel war es, Makarios zu beseitigen und die Enosis pu proklamieren. Obwohl Makarios im August 1969 ein Verbot der

Nationalen Front verfügte, nahm die unterirdische Aktivität ungebrochen ihren Fortgang. Im Sommer 1971 konnte der während der Krise vom November 1968 aus Zypern zurückberufene Grivas unter nie ganz erklärten Umständen aus Athen entweichen und heimlich auf die Insel zurückkehren. Er übernahm die Führung der Makarios-feindlichen Enosis-Bewegung.

Von Anfang an bestanden mehr oder minder offene Querverbindungen von der neu belebten Enosisbewegung zur Fronde der drei Metropoliten. Namentlich Anthimos von Kition galt als eine treibende Kraft des rechtsnationalistischen Lagers. Von der Kanzel und in Erklärungen an die Presse führte er eine scharfe Kampagne gegen den Erzbischof und rief die Kirche zu einem »nationalen Kreuzzug für die Enosis« auf. Die drei Metropoliten kamen in Abwesenheit des Erzbischofs zusammen und erklärten, die Führung des »nationalen Kampfes« dürfe nicht mehr allein Makarios überlassen bleiben, es müsse vielmehr ein Nationaler Rat zur Behandlung der »nationalen Frage« (das heißt der Enosis) gebildet werden. Der Erzbischof versprach, das Anliegen zu prüfen, und die Heilige Synode faßte im Mai 1970 einen entsprechenden Beschluß. Indessen schob sie im September des gleichen Jahres ihren Beschluß wieder auf, und zwar auf Wunsch der Athener Regierung, die keine politischen Komplikationen wünschte.[6]

Eine neue Gelegenheit bot sich den Metropoliten, als im Winter 1971/72 die ohnehin stets prekären Beziehungen zwischen Makarios und dem Athener Regime in ein kritisches Stadium traten. Den Anstoß gaben Waffenkäufe in der Tschechoslowakei, die dem Ezbischof-Präsidenten zur Ausrüstung einer ihm ergebenen Sondertruppe verhelfen sollten. Die griechische Regierung intervenierte scharf. Am 11. Februar 1972 richtete Ministerpräsident Georg Papadopoulos eine Note an Makarios. Er verlangte die Ablieferung der tschechischen Waffen an die Friedenstruppen der UN, die Bildung einer Regierung der Nationalen Union (also unter Einschluß der Grivas-Anhänger) und schließlich allgemein die Anerkennung der Führungsrolle Athens. Makarios wies diese Forderungen als völlig unannehmbar zurück, worauf die griechische Regierung ihren Botschafter aus Nikosia abberief.[7] In dieser kritischen Phase hielten die drei Metropoliten die Zeit zu einem scharfen Angriff auf Makarios für gekommen. Vermutlich sind sie dazu von außen ermuntert worden, jedenfalls kann als sicher angenommen werden, daß sie im Einverständnis mit Grivas und dessen Hintermännern handelten.


Die »Absetzung des Erzbischofs«


Auf Verlangen der Metropoliten berief Erzbischof Makarios die Heilige Synode zu einer außerordentlichen Sitzung am 2. März 1972 ein. Der Reihe nach trugen Gennadios von Paphos, Anthimos von Kition und Kyprianos von Kyrenia die Forderung vor, Makarios solle vom Amt des Präsidenten der Republik zurücktreten. Es widerspreche der Heiligen Schrift und dem kanonischen Recht, daß ein Geistlicher politische Funktionen ausübe. Breiten Raum in den ziemlich ähnlich lautenden Reden der drei Metropoliten nahmen rein politische Anklagen gegen Makarios ein. Dem Erzbischof wurde vorgeworfen, er arbeite nicht genügend mit der griechischen Regierung zusammen, mißachte die Empfehlungen des »nationalen Zentrums« (das heißt Athens) und begünstige die Kommunisten.[8] Es war auffällig, daß die Argumente der Metropoliten weitgehend mit dem Tenor der Note übereinstimmten, die Ministerpräsident Georg Papadopoulos am 11. Februar an Makarios gerichtet hatte. Der Erzbischof behauptete hinterher, die Metropoliten hätten ihre Reden von vorbereiteten Schriftstücken abgelesen, er wollte sogar beobachtet haben, daß diese Schriftstücke zum Teil nicht die Handschrift des Redners aufgewiesen hätten.

Makarios hörte sich die Metropoliten an und behielt sich seine Antwort vor. Er antwortete seinen Widersachern einige Zeit später schriftlich.[9] Wie erwartet, lehnte er den Rücktritt vom Amt des Staatspräsidenten ab. Er begründete seinen ablehnenden Bescheid mit der Bemerkung, das Amt des Staatspräsidenten sei mit dem nationalen Kampf des zypriotischen Volkes verbunden und dieser Kampf sei auch ein Kampf für den Glauben. Diese Begründung stimmte durchaus mit der Tradition des zypriotischen Hellenismus überein, im Munde des Präsidenten eines Staates, der einen bi-nationalen (griechisch-türkischen) und religiös neutralen Charakter hatte oder haben sollte, klang sie weniger überzeugend. Doch darum ging es den auf die Enosis eingeschworenen Metropoliten auch gar nicht. Diese gaben sich mit der Antwort des Erzbischofs nicht zufrieden, sondern wiederholten nochmals ihre bereits auf der Sitzung vom 2. März ausführlich vorgetragenen Argumente, darunter auch den Vorwurf, Makarios arbeite mit dem »internationalen Kommunismus« zusammen.

Nachdem die Metropoliten nicht vermocht hatten, den Erzbischof zur Aufgabe des Präsidentenamtes zu bewegen, gingen sie dazu über, die kirchliche Verurteilung Makarios' III. zu betreiben. Am 1. Juni 1973 stellten sie ein Ultimatum: wenn der Erzbischof nicht binnen zehn Tagen seine »antikanonische Haltung« aufgebe, wären sie (die Metropoliten) genötigt, die von den Heiligen Kanones und dem Statut der Kirche von Zypern vorgesehenen Sanktionen zu ergreifen.

Makarios dachte nicht daran, sich zu fügen, und die Frist verstrich, ohne daß die angekündigten »Sanktionen« folgten. Inzwischen hatte sich der politische Wind wieder gedreht. Makarios hatte sich mit der griechischen Regierung arrangiert und die Beziehungen zwischen Nikosia und Athen hatten sich — wenigstens äußerlich — wieder normalisiert. Die Metropoliten ließen zwar nicht locker, offenbar aber wollten sie vor der im Februar 1973 fälligen Neuwahl des Staatspräsidenten nichts Entscheidendes unternehmen.

Makarios kandidierte erneut für die Präsidentschaft und wurde, da kein Gegenkandidat auftrat, am 8. Februar 1973 im Amte bestätigt. Er hatte erneut den Beweis erbracht, daß die große Mehrheit der Zypern-Griechen hinter ihm stand. Nichtsdestoweniger schritten die Metropoliten nunmehr zur Einleitung eines kirchlichen Gerichtsverfahrens. Zunächst forderten sie am 21. Februar 1973 den Erzbischof schriftlich auf, sich innerhalb von zwei Wochen zu »rechtfertigen«. Nach Ablauf der Frist berief Gennadios von Paphos als ranghöchster Metropolit die Heilige Synode ein. Makarios bezeichnete die Einberufung als rechtswidrig und die Beschlüsse der Synode im voraus als null und nichtig.[10] Trotzdem trat die Synode in Abwesenheit des Erzbischofs und unter Vorsitz des Metropoliten von Paphos am 7. März in Limassol zusammen. Das Dreierkollegium erklärte den Erzbischof einstimmig für abgesetzt. Dem »Angeklagten« wurde eingeräumt, binnen dreißig Tagen gegen den Absetzungsbeschluß Einspruch zu erheben. Als Makarios von dem Beschluß keinerlei Notiz nahm, kamen die drei Metropoliten am 13. April wiederum in Limassol zusammen, um die definitive Absetzung des Erzbischofs auszusprechen. Makarios wurde seiner geistlichen Würde entkleidet und unter seinem weltlichen Namen Michael Muskos in den Laienstand zurückversetzt. Die Metropoliten verzichteten darauf, die Wahl eines neuen Erzbischofs in die Wege zu leiten. Diese wurde vielmehr auf unbestimmte Zeit vertagt und Gennadios von Paphos zum Platzhalter (τοποτηρητής) des erzbischöflichen Thrones bestellt. Mit dem Verzicht auf eine baldige Neuwahl gaben die Metropoliten selbst ihre Schwäche zu. Der Erzbischof von Zypern wird nämlich satzungsgemäß von einer Versammlung gewählt, deren Mitglieder mehrheitlich vom Kirchenvolk gewählte Vertreter sind.[11] Es wäre also wohl zu erwarten gewesen, daß in einem ordnungsgemäß durchgeführten Wahlverfahren wiederum Makarios auf den erzbischöflichen Thron gekommen wäre. Die Frage stellte sich gar nicht. Makarios ignorierte die »Absetzung« und entschloß sich, nunmehr seinerseits gegen die rebellischen Metropoliten vorzugehen.

Die kanonische Begründung des Absetzungsbeschlusses war fragwürdig und umstritten, das Verfahren widersprach nach der so gut wie einhellig von der gesamten Orthodoxie geteilten Meinung den kanonischen Bestimmungen. Zur Frage, ob ein Geistlicher ein politisches Amt bekleiden dürfe, hatten sich die Metropoliten unter anderem ein Gutachten des Athener Professors Konstantin Muratidis besorgt, eines streng konservativen Theologen, der den Auffassungen der Zoi-Bewegung nahestand und zeitweise auch einmal den Athener Erzbischof Hieronymos beraten hatte. Die Quintessenz des Gutachtens lautete, daß das kanonische Recht es einem Geistlichen unbedingt und ohne Ausnahme verbiete, ein politisches Amt zu übernehmen. Andere Gelehrte teilten die kategorische Aussage des Professors Muratidis in dieser Form nicht. Sie machten geltend, das allgemeine Verbot lasse sehr wohl Ausnahmen zu, wenn der Zwang der Verhältnisse und das Interesse des Volkes es erforderten.[12]

Die Frage war demnach, ob im Falle Makarios III. eine Ausnahme gerechtfertigt sei. Der Erzbischof berief sich darauf, daß (nach seiner Meinung) auch nach der Zypern-Regelung von 1959/60 ein Notstand des griechisch-zypriotischen Volkes fortbestehe. Im Grunde genommen gaben dies auch die Metropoliten zu, wenn sie Makarios Vernachlässigung des »nationalen Kampfes« vorwarfen, also die fortbestehende Notwendigkeit eines solchen Kampfes bejahten. Ihre Forderung, Makarios solle von der Präsidentschaft der Republik zurücktreten, war nicht im Sinne einer klaren Trennung von Kirche und Politik zu verstehen. Sie verlangten eine Neubelebung der Ethnarchie, also einer unbestreitbar politischen Institution. In der Sache ging der Streit nicht um eine Ent-Politisierung der Kirche, sondern um die von Makarios als Präsidenten der Republik Zypern befolgte Politik.

Die Geschichte der orthodoxen Völker kennt besonders, aber nicht allein in Zeiten der Fremdherrschaft, zahlreiche Beispiele einer Vereinigung geistlicher und weltlicher Funktionen. Während der langen Osmanenherrschaft war die Kirche auch die politisch-administrative Vertretung der Glaubensgemeinschaft gegenüber dem Souverän (Millet-System). Ein Verstoß gegen die kanonischen Bestimmungen oder die Heilige Schrift ist daraus nicht abgeleitet worden. Auch andere Notstände als Fremdherrschaft haben bis in die Gegenwart hinein dazu geführt, daß Männer der Kirche politische Aufgaben übernahmen. Als Griechenland im Dezember 1944 vom Fieber eines Bürgerkrieges geschüttelt wurde, bestellte man den damaligen Erzbischof von Athen, Damaskinos (Papandreou), zum Regenten, bis ein Volksentscheid über die Rückkehr König Georgs II. entschied. Und es ist ein offenes Geheimnis, daß Erzbischof Hieronymos I., gewiß ein profunder Kenner des kanonischen Rechts, nach der Flucht König Konstantins II. im Dezember 1967 die Regentschaft bereitwillig angenommen hätte, wenn sie ihm die »Obersten« nur angetragen hätten. Den drei Metropoliten Zyperns ist schließlich auch entgegengehalten worden, sie hätten es immerhin zwölf Jahre lang hingenommen, daß Makarios das Amt eines Staatspräsidenten ausübte. Nur einer von ihnen, Gennadios von Paphos, will bereits 1963 einen mahnenden Brief an Makarios verfaßt haben, den er allerdings erst fünf Jahre später dem Adressaten übergeben habe.[13]

Die drei Metropoliten konnten wohl geltend machen, daß das von ihnen eingeschlagene Verfahren zur Absetzung des Erzbischofs sich an die darauf bezüglichen Bestimmungen des Statuts von 1914 gehalten habe. Diese Bestimmungen ließen sich aber nach allgemeiner Auffassung nicht mit den kanonischen Vorschriften für die Verurteilung und Absetzung eines Bischofs vereinbaren. Es war dies ein eklatanter Beweis für die Fehlerhaftigkeit und Widersprüchlichkeit des Statuts von 1914, das einleitend die heiligen Kanones als Richtschnur der Kirche von Zypern erklärte, dann aber gegen eben diese Bestimmungen verstieß, wahrscheinlich aus Unkenntnis seiner Urheber. Was Artikel 14 des Statuts über die Absetzung eines Bischofs bestimmte, war ein klarer Verstoß gegen den in diesem Fall als maßgeblich geltenden 12. Kanon des Konzils von Karthago vom Jahre 419. Demzufolge kann ein Bischof nur von einem kirchlichen Gericht abgeurteilt und abgesetzt werden, das außer dem Vorsitzenden aus mindestens dreizehn Bischöfen besteht. Diesem Erfordernis kann die Kirche von Zypern allein gar nicht genügen, weil sie insgesamt nur 4 Bischöfe zählt, also unter Ausschluß des Angeklagten nur ein aus drei Bischöfen bestehendes Kirchengericht bilden kann. Das Statut von 1914 sah darüber, was die erste Instanz betrifft, völlig hinweg. Erst für den Fall, daß der Verurteilte Berufung einlegte, verfügte es die Einberufung einer Außerordentlichen Synode unter Hinzuziehung von Bischöfen der benachbarten Kirchen. In dieses Berufungsgericht sollten die Patriarchate von Konstantinopel, Alexandria, Antiochia, und Jerusalem sowie die Kirche von Griechenland je einen Bischof entsenden. Auch diese Zahl blieb ungenügend und konnte daher auch den kanonischen Regeln nicht gerecht werden. Es war auch nichts darüber gesagt, nach welchen Grundsätzen die benachbarten Kirchen ihre Vertreter auswählen sollten.[14] Grundsätzlich gehen die Heiligen Kanones der landeskirchlichen Gesetzgebung vor. Die drei Metropoliten konnten sich demnach nicht auf das Statut der Kirche von Zypern stützen. Zur Aburteilung des Erzbischofs hätten sie bereits in der ersten Instanz eine außerordentliche Synode von mindestens dreizehn Bischöfen (unter Zuhilfenahme der benachbarten Kirchen) einberufen müssen. Ob sie dies aus Unkenntnis der kanonischen Regeln unterließen oder in der Überzeugung, daß eine solche Synode ihrer Klage gegen Makarios vermutlich nicht stattgegeben würde, muß offen bleiben. Später haben sie die Meinung vertreten, die von ihnen als »Einmischung« charakterisierte Hinzuziehung fremder Kirchen vertrage sich nicht mit der Autokephalie der Kirche von Zypern, ähnlich wie dies auch der Athener Erzbischof Hieronymos in seinem Konflikt mit dem Ökumenischen Patriarchat getan hat. Im Falle Zyperns konnte die Beiziehung fremder Kirchen nicht als »Einmischung« bezeichnet werden, sondern nur als eine Art Nachbarschaftshilfe, um der an Bischöfen armen Kirche von Zypern eine kanonisch ordnungsgemäße Gerichtsbarkeit zu ermöglichen.

## Die »Größere Synode«

Makarios ließ mit Maßnahmen gegen die drei Metropoliten nicht lange auf sich warten. Zuerst erklärte er den Thron des Metropoliten von Paphos für vakant, weil Gennadios sich schon länger als ein Jahr nicht mehr an seinem Amtssitz aufgehalten habe und die ihm anvertraute Gemeinde vernachlässige. Darauf empfing er die Äbte der drei berühmten Klöster von Kykko, Macheras und Agios Neophytos, die ihm eine Anklageschrift gegen die drei Metropoliten überreichten. Die Anklage lautete auf Verschwörung, unrechtmäßige Versammlung (παρασυναγωγή) und Schisma. Makarios gab seine Absicht bekannt, die Anklage einer »Größeren Synode« (Μείζων Σύνοδος) aus Bischöfen der benachbarten Kirchen zu unterbreiten.[15] Er nahm sogleich Fühlung mit den betreffenden Kirchen auf, um sie zur Teilnahme an der Synode einzuladen. Immerhin verging noch einige Zeit, bis die »Größere Synode« zusammentreten konnte. Das Ökumenische Patriarchat und die Kirche von Griechenland leisteten der Einladung keine Folge. Das Patriarchat von Alexandria entsandte sechs, das Patriarchat von Jerusalem fünf und das Patriarchat von Antiochia drei Bischöfe, so daß die kanonisch vorgeschriebene Mindestzahl von 13 Bischöfen sogar überschritten war. Die Kirche von Zypern selbst war an der Synode nicht vertreten, weil sie außer dem Erzbischof und den drei Metropoliten, die nicht in eigener Sache zu Gericht sitzen konnten, keine weiteren Bischöfe hatte. Während die Jerusalemer Delegation von dem Metropoliten Isidoros von Nazareth, dem ersten im Range nach dem Patriarchen, geführt wurde, fanden sich die Patriarchen Nikolaus VI. von Alexandria und Elias IV. von Antiochia persönlich in Nikosia ein. Die »Größere Synode« kam am 5. Juli 1973 zu ihrer ersten Sitzung zusammen. Den Vorsitz übernahm als Vertreter der ranghöchsten Kirche der Alexandriner Patriarch, der eine führende Rolle in der ganzen Angelegenheit spielte. Die angeklagten Metropoliten verweigerten jeden Kontakt mit der Synode. Diese freilich legte von Anfang an ihren Standpunkt offen dar und erweckte nicht den Eindruck, daß ihr an einer ernsthaften Vermittlung zwischen den beiden Parteien viel gelegen war.

Der Urteilsspruch des in Nikosia tagenden Gerichtshofs erging am 14. Juli 1973. Die drei Metropoliten wurden in Abwesenheit der ihnen zur Last gelegten Verfehlungen für schuldig befunden, für abgesetzt erklärt und ihrer geistlichen Würde entkleidet. Der von ihnen vorgenommenen Absetzung des Erzbischofs wurde die Rechtmäßigkeit abgesprochen. Zu der für die Absetzung des Erzbischofs gegebenen Begründung, daß die Übernahme des Präsidentenamtes unvereinbar mit den geistlichen Pflichten sei, erklärte die Synode, Makarios habe sein politisches Amt auf Verlangen des Volkes übernommen. Darin sei kein Verstoß gegen die Heilige Schrift und die Kanonischen Regeln zu erblicken, vielmehr habe der Erzbischof entsprechend der Geschichte, der Tradition und dem Gewissen der orthodoxen Kirche gehandelt. Aus Gründen der »historischen Notwendigkeit« müsse er Präsident der Republik Zypern bleiben. Die Synode ging auseinander, nachdem sie Makarios mit der Vollstreckung des von ihr gefällten Urteils beauftragt hatte.[16]

Die drei Metropoliten erkannten Einberufung und Urteil der »Größeren Synode« nicht an. Die Spaltung der Kirche von Zypern war damit besiegelt. Auf der einen Seite gab es nun die »legale« Kirche unter Führung Makarios III., auf der anderen Seite die Kirche der zu »Schismatikern« erklärten Metropoliten mit Gennadios von Paphos als locum tenens an der Spitze. Bereits zum Osterfest 1973 hatten Makarios und Gennadios getrennte Enzykliken im Namen der Kirche herausgegeben.

In Vollstreckung des Urteils der »Größeren Synode« schrieb Makarios zunächst die Wahl eines neuen Metropoliten von Paphos aus. Gewählt wurde einer seiner engsten Mitarbeiter, der bisherige Landbischof Chrysostomos von Konstantia. Kraft eines Synodalbeschlusses vom 13. August 1973 verfügte Makarios eine Neueinteilung der Kirche. Mit Sitz in Limassol und in Morphou wurden zwei neue Metropolien geschaffen, so daß sich die Zahl der Bischöfe von vier auf sechs erhöhte. Bis Anfang 1974 waren sowohl die beiden neuen Sitze wie auch die für vakant erklärten Sitze von Kition und Kyrenia wieder besetzt, und zwar mit Klerikern, die das Vertrauen des Erzbischofs hatten.[17]

Soweit sich erkennen ließ, hielt die große Mehrheit des Kirchenvolkes zu Makarios, offenbar auch die Mehrheit des Klerus. Die drei »Schismatiker« kamen Mitte August 1973 in Kyrenia zusammen, um wissen zu laßen, daß in ihren Augen alle Maßnahmen des Makarios, der für sie nur noch der Laie Michael Muskos sei, nichtig seien. Hinter ihnen stand in der Hauptsache die militante Minderheit der Rechtsnationalisten. Bereits unmittelbar nach der im April 1973 ausgesprochenen »Absetzung« des Erzbischofs hatte Grivas seine Anhänger aufgefordert, von nun an nur noch Gennadios von Paphos als Oberhaupt der Kirche anzuerkennen. Als Grivas am 27. Januar 1974 starb, hinterließ er den ausdrücklichen Wunsch, Gennadios solle die Trauerfeier abhalten. So war die kirchliche Situation, als am 15. Juli 1974 ein von der Athener Junta eingefädelter Putsch der zypriotischen Nationalgarde Makarios zum Verlassen der Insel zwang und kurz darauf die türkische Intervention auslöste.

Die Makarios-Gegner erlebten einen kurzlebigen Triumph. Gennadios zog in das erzbischöfliche Palais in Nikosia ein. Zur Vereidigung des neuen Staatspräsidenten Nikos Sampson und der neuen Regierung wurde Gennadios herangezogen, die von Makarios eingesetzten neuen Bischöfe dagegen wurden ignoriert. Nachdem der Putsch in eine Katastrophe des zypriotischen Griechentums ausgemündet war, schien die Zeit zur Beilegung der leidigen Kirchenspaltung gekommen. Ein gewisser Verständigungswille machte sich spürbar. Anthimos von Kition fuhr Ende November 1974 nach Athen, wo er mit Makarios zu einer Aussprache zusammentraf. Hinterher meinte er, das Eis sei gebrochen und es bestehe Hoffnung auf eine Lösung des Konfliktes. Nachdem Makarios Anfang Dezember 1974 nach Zypern zurückgekehrt war, zeigte sich aber bald, daß der Graben immer noch zu tief war. Im Einvernehmen mit dem Phanar und mit Erzbischof Seraphim von Griechenland machte Makarios einen Lösungsvorschlag in drei Punkten. Erstens sollte erneut eine »Größere Synode« einberufen werden, um die Absetzung der drei Metropoliten rückgängig zu machen. Zweitens sollten die drei ehemaligen Metropoliten als »Präsidenten« (πρόεδροι) von Paphos, Kition und Kyrenia eingesetzt werden, aber ohne Amtsbefugnis. Drittens sollten sie mit vollem Stimmrecht an der Heiligen Synode der Kirche von Zypern beteiligt werden. Die Metropoliten gingen auf diesen Vorschlag nicht ein. Sie beharrten weiterhin auf dem Rücktritt des Erzbischofs vom Präsidentenamt »innerhalb einer bestimmten Frist« und verlangten, mit vollen Rechten wieder in ihre Bischofssitze eingesetzt zu werden.[18]

Der Streit in der Kirche schlug neue Wellen, als Makarios am 3. März 1975 über das Büro der Heiligen Synode eine Mitteilung veröffentlichen ließ. Darin wurden die drei Makarios-feindlichen Metropoliten als Werkzeuge der Athener Junta bezeichnet und mit hintergründiger Aktivität »dunkler Kräfte« in Zusammenhang gebracht. Die Mitteilung nahm Bezug auf ein Memorandum des früheren Staatssekretärs im griechischen Außenministeriums Konstantin Panayotakos über ein Gespräch mit dem türkischen Botschafter Ilter Türkmen vom 25. Februar 1972. Diesem Memorandum zufolge soll Panayotakos seinem türkischen Gesprächspartner gesagt haben, daß die griechische Regierung und namentlich er selbst in ständiger Verbindung zu den drei Metropoliten stehe und mit diesen zusammenarbeite, weil man in Athen über das Zusammenspiel des Erzbischofs mit den Kommunisten besorgt sei. Panayotakos bestritt unverzüglich die Echtheit des von Nikosia zitierten Dokuments und die darin verzeichneten Angaben über seine Unterredung mit dem türkischen Botschafter. Das Athener Außenministerium leitete eine amtliche Untersuchung der Angelegenheit ein, die zu dem Ergebnis kam, daß das Memorandum nicht echt sei. Auch der türkische Botschafter Kamuran Gürün, der inzwischen die Nachfolge Türkmens angetreten hatte, bestritt in einem offenen Brief an eine Athener Zeitung, daß sein Vorgänger mit Panayotakos darüber gesprochen habe, Makarios aus dem Amt zu entfernen. Gänzlich unsinnig sei schließlich die Behauptung, daß in dem Gespräch zwischen Türkmen und Panayotakos die Möglichkeit einer Kandidatur des Erzbischofs für den Thron des Ökumenischen Patriarchen erörtert worden sei. Die Kontroverse um das angebliche Memorandum verlief sich wieder im Sande. Immerhin blieb der Eindruck zurück, daß die politischen Hintergründe der Kirchenspaltung auf Zypern noch weiterer Aufklärung bedürfen, die wohl erst die Zukunft wird liefern können.[19]

## Inter-orthodoxes-Echo

Es konnte nicht ausbleiben, daß die Vorgänge in der Kirche von Zypern ein starkes Echo in der Orthodoxie fanden. Über die Zweckmäßigkeit der politischen Aktivität, die Makarios als Präsident der Republik Zypern entfaltete, mochten mehr oder minder deutliche Meinungsverschiedenheiten bestehen, im Zusammenhang damit auch über die grundsätzliche Frage der kanonischen Vereinbarkeit geistlicher und weltlicher Funktionen. Hier spielte natürlich auch die Haltung der jeweiligen Regierungen zum Zypernkonflikt hinein. Immerhin hat sich keine orthodoxe Kirche der von den drei Metropoliten vertretenen Meinung offiziell angeschlossen, daß Makarios von seinem politischen Amt zurücktreten müsse.

Einig waren sich die Oberhäupter sämtlicher Gliedkirchen darüber daß das Absetzungsverfahren kanonisch unzulässig und die Absetzung des zypriotischen Erzbischofs daher rechtswidrig sei. Nach allgemeiner Übereinstimmung blieb Makarios III. das rechtmäßige Oberhaupt der Kirche von Zypern, die »Schismatiker« fanden nirgends offiziell-kirchliche Anerkennung. Die Patriarchen von Alexandria, Antiochia und Jerusalem sowie die Patriarchen Serbiens, Rumäniens und Bulgariens versicherten Makarios ihrer uneingeschränkten Unterstützung. Der Alexandriner Patriarch führte auch noch einen Präzedenzfall aus dem 12. Jahrhundert an. Damals habe der Ökumenische Patriarch die Absetzung eines zypriotischen Bischofs annulliert, weil diese nicht von der vorgeschriebenen Zahl von Bischöfen ausgesprochen worden sei. Besonders energisch setzte sich das Moskauer Patriarchat für Makarios ein. Auch Erzbischof Hieronymos I. von Athen erklärte, die Absetzung des Makarios widerspreche eindeutig und unbestreitbar den kanonischen Regeln. Er zog nicht nur den 12. Kanon des Konzils von Karthago heran, sondern verwies auch noch auf den 15. Kanon des Konzils von Konstantinopel vom Jahre 861, wonach der Klerus sich nur dann von seinem Primas trennen dürfe, wenn dieser öffentlich die Häresie predige. In allen anderen Fällen dürfe der Klerus die Beziehungen zu seinem Primas nicht abbrechen, bevor dieser in einer den kanonischen Regeln gemäßen Weise verurteilt worden sei.[20] Bei einem Teil der griechischen Kirche fanden die »Schismatiker« allerdings Verständnis und Unterstützung.

In einer sehr schwierigen Lage befand sich das Ökumenische Patriarchat. In der Vergangenheit hatte es der Kirche von Zypern, wenn diese in Schwierigkeiten war, stets hilfreich beigestanden — so zuletzt noch, als die Briten im Oktober 1931 zwei Metropoliten von der Insel verbannt hatten und die Kirche von Zypern dadurch funktionsunfähig geworden war.[21] Doch die Verhältnisse hatten sich grundlegend geändert, seit Zypern zum Zankapfel zwischen Griechen und Türken geworden war und das Oberhaupt der Kirche von Zypern sich in der vordersten Front dieses Konfliktes exponiert hatte. Der Phanar mußte sich unter diesen Umständen größter Zurückhaltung, in allem was Zypern betraf, befleißigen. Mit Schweigen konnte er eine heftige Auseinandersetzung in einer Gliedkirche auch nicht übergehen. Dimitrios I. beschränkte sich auf die allgemeine Feststellung, daß das kanonische Recht die Verurteilung eines Bischofs klar geregelt habe. Die Strafe der Absetzung könne nur von einer Synode von mindestens zwölf Bischöfen verhängt werden. Dieses Verfahren sei im gegenwärtigen Fall nicht beachtet worden.[22] Der Phanar schloß sich also dem Standpunkt der übrigen orthodoxen Kirchen an, daß die Absetzung des Erzbischofs Makarios III. der kanonischen Rechtmäßigkeit entbehre. Eine Beteiligung an der von Makarios einberufenen »Größeren Synode« konnte der Phanar nach Lage der Dinge nicht in Betracht ziehen. Seiner kirchlichen Pflicht und Aufgabe nachkommend richtete das Ökumenische Patriarchat dringende Apelle der Versöhnung an die streitenden Parteien. Sie blieben ungehört. Nachdem das Urteil der »Größeren Synode« ergangen war, bemühte sich der Phanar diskret um einen Kompromiß. Makarios ging sofort auf die Anregung ein, die drei Metropoliten ließen sich mit ihrer Antwort Zeit. Was der Phanar im Sinne hatte, entsprach ungefähr den Vorschlägen, die Makarios im Dezember 1974 unterbreitete, die aber von der Gegenseite nicht akzeptiert wurden.

Zwiespältig war von Anbeginn die Haltung der Kirche von Griechenland zum Kirchenstreit auf Zypern. Offensichtlich gingen die Meinungen innerhalb der Hierarchie auseinander, auch dürften auf die Kirche Gegensätze im Regime abgefärbt haben, wo die offizielle Zypernpolitik von einem Teil der Junta und von rechtsextremen Kreisen bekämpft wurde. Als die drei Metropoliten am 2. März 1972 von Makarios verlangten, er solle vom Staatspräsidium zurücktreten, soll sich der Erzbischof Hieronymos telefonisch mit seinem Amtsbruder auf Zypern in Verbindung gesetzt haben, um ihm zu sagen, er brauche nicht zurückzutreten, möge sich aber den (in der Note vom 11. Februar 1972 gestellten) Forderungen der griechischen Regierung fügen und wieder gute Beziehungen zu Athen herstellen. Diese Intervention soll auf Ersuchen der griechischen Regierung erfolgt sein.[23] Einwandfrei verbürgt ist sie nicht, ebenso wenig wie der Inhalt eines Briefes, den Makarios von Hieronymos erhalten haben soll. Darin erging sich der Primas von Griechenland in sibyllinischen Wendungen darüber, wie wichtig die Persönlichkeit eines Makarios für die gesamte Orthodoxie sei und wie notwendig es daher sei, daß Makarios seine Kräfte für höhere Aufgaben schone. Wenn der Brief wirklich so geschrieben worden ist, ließ er sich eher als eine verschleierte Aufforderung zum Rückzug aus der Tagespolitik deuten.[24]

Nachdem die Metropoliten Makarios im April 1973 abgesetzt hatten, hielt die Kirche von Griechenland offiziell an Makarios als dem rechtmäßigen Erzbischof von Zypern fest. Kurz darauf besuchten Gennadios von Paphos und Anthimos von Kition Griechenland, um für ihre Sache Unterstützung zu suchen. Die Mission scheint ein Fehlschlag gewesen zu sein. Auf die Insel zurückgekehrt, erklärten die beiden Metropoliten, der Erzbischof von Athen und die griechische Regierung ließen sich allein von »politischem Opportunismus« leiten.

Ganz auf taube Ohren stießen die Metropoliten in Griechenland nicht. Wie sich zeigte, neigten ihnen gewisse Kreise in Hierarchie und Öffentlichkeit zu und machten aus ihrer Feindschaft gegen Makarios keinen Hehl. Unterschiedliche Motive kamen zusammen und vermischten sich miteinander. Die nationalistische Rechte verzieh Makarios den »Verrat« an der Enosis und das Zusammenspiel mit den Kommunisten nicht. Die Verfechter einer vom Staat unabhängigen Kirche nahmen grundsätzlichen Anstoß daran, daß Makarios kirchliche und politische Funktionen in seiner Hand vereinigte. Aus ähnlichen Motiven schlossen sich auch die (im Grunde a-politischen) para-kirchlichen Organisationen wie Zoi und Sotir weitgehend den Thesen der zypriotischen Metropoliten an. Man kann also wohl sagen, daß eine ziemlich starke, wenn auch nicht mehrheitliche und keineswegs einheitliche Strömung im kirchlichen Leben Griechenlands Makarios gegenüber mehr oder minder feindselig eingestellt war. Ihr war es auch zuzuschreiben, daß die Kirche von Griechenland die Beteiligung an der von Makarios einberufenen »Größeren Synode« verweigerte.[25] Das Urteil der »Größeren Synode« schlug einige Wellen in der griechischen Hierarchie. Mehrfach wurde verlangt, die Kirche solle sich mit dem Zwist zwischen Makarios und den Metropoliten befassen und »Initiativen« ergreifen, die nur den Sinn haben konnten, den Gegnern des Makarios zu Hilfe zu kommen. Die Führung der griechischen Kirche, die inzwischen von Hieronymos auf Seraphim übergegangen war, hielt sich jedoch von derartigen rechtlich kaum zu begründenden Einmischungen in die Angelegenheiten der Kirche von Zypern zurück.

Im Gefolge der Katastrophe, die der Putsch gegen Makarios über Zypern heraufbeschworen hatte, ging die nationale Woge auch in der griechischen Kirche hoch und drängte die Polemik um Makarios zurück. Konstantin Karamanlis löste die Makariosfeindlichen Militärs ab, die im November 1973 Georg Papadopoulos von der Macht entfernt hatten. Es vollzog sich sogar auch in der Kirche ein merklicher Umschwung zugunsten des zypriotischen Erzbischofs. Man bemühte sich um eine vermittelnde Lösung, ohne Erfolg. Die Regierung Karamanlis konnte nur »mit Bedauern« feststellen, daß weiterhin Kräfte darauf aus seien, Unruhe in der Kirche von Zypern zu stiften.[26]

Ein besonderes Merkmal des Kirchenstreites auf Zypern waren dessen Verzweigungen in den arabischen Raum. Sie ergeben sich zum Teil zwangsläufig aus der Tatsache, daß der Konflikt um und auf Zypern recht vielschichtiger Natur ist. Es standen nicht nur Griechen gegen Türken und Griechen gegen Griechen. Als Schlüsselposition des östlichen Mittelmeeres liegt die Insel auch im Vorfeld des nahöstlichen Krisenherdes. Araber und Israelis lieferten sich daher auf Zypern einen meist undurchsichtigen »Kleinkrieg«, und dies vor dem Hintergrund der amerikanisch-sowjetischen Rivalität.

Man hat mit Recht gesagt, daß das Vorgehen der drei Metropoliten gegen Erzbischof Makarios eine Begleiterscheinung oder auch ein Nebenprodukt der von den Enosis-Nationalisten entfalteten Aktivität gewesen sei. Die Enosis-Nationalisten gaben sich als kompromißlos anti-kommunistische Vorkämpfer des »Westens« aus, während Makarios in manichäischer Vereinfachung von ihnen als pro-kommunistischer und pro-arabischer Neutralist hingestellt wurde.[27] In Wahrheit lehnte sich Makarios zwar eng an gewiße Araberstaaten, vor allem an Ägypten an, unterhielt aber auch durchaus korrekte Beziehungen zu Israel. Zum Verhängnis ist Zypern schließlich nicht die blockfreie Außenpolitik des Erzbischof-Präsidenten geworden, sondern dessen Fehleinschätzung der türkischen Mentalität und des Interesses der Türkei an der Insel. In diesem Punkt haben sich die unbedingten Enosis-Nationalisten noch verhängnisvoller verrechnet als der gewiegte Taktiker Makarios, der immerhin den Bogen nicht bis zum Brechen überspannte.

Makarios mußte wohl voraussehen, daß das Ökumenische Patriarchat seiner Einladung zur »Größeren Synode« nicht folgen werde. Die Beteiligung der Kirche von Griechenland war ungewiß und fiel schließlich erwartungsgemäß dahin. So ergab es sich, daß nur die drei Patriarchate des arabischen Raumes auf der Synode vertreten waren. Ob es Makarios von vornherein so gewollt hat, ist nicht erwiesen und auch nicht wahrscheinlich. Die Gegner des Erzbischofs nahmen den »arabischen« Anstrich der Synode und die führende Rolle, die dem Patriarchen von Alexandria zufiel, zum Anlaß, Makarios ein abgekartetes Spiel mit gewissen arabischen Regierungen zu unterstellen.

In der Kampagne gegen die »Größere Synode« tat sich die rechtsextreme Athener Zeitung »Estia« besonders hervor. Sie bezeichnete die Vertreter der Patriarchate des Orients als »die unfreiwilligen Sprecher des Islams« und als »ausführende Organe der politischen Ziele des gegenwärtigen Islams«. Die Patriarchen von Alexandria und Antiochia hätten »im Auftrag der Regierenden von Kairo und Damaskus« gehandelt, und die Synode von Nikosia sei nichts anderes als eine »arabisch-kommunistische Machenschaft[28]

Die Behauptungen der »Estia« waren zu dick aufgetragen, um glaubwürdig zu wirken. Sie werden hier nur als besonders krasses Beispiel der von dem Konflikt um Makarios aufgewühlten Leidenschaften zitiert. Mit einer religiösen oder religionspolitischen Offensive des Islams hatte die Synode von Nikosia selbstverständlich nichts zu tun. Makarios arbeitete schon lange mit dem Patriarchat von Alexandria zusammen. Er pflegte beste Beziehungen zu dem im Mai 1968 gewählten Patriarchen Nikolaus VI. Diesem wiederum konnte die Hilfe der reichen Kirche von Zypern nur willkommen sein, da sich das Alexandriner Patriarchat in ernsten Schwierigkeiten finanzieller und anderer Natur befand. Im Mai 1970 besuchte Nikolaus VI. offiziell die Kirche von Zypern. Abgesehen von dem Besuch des Athener Erzbischofs Hieronymos im September 1967 war dies in neuerer Zeit das einzige Mal, daß ein orthodoxes Kirchenoberhaupt die Kirche der Insel besuchte. Daß Nikolaus VI. den engen Kontakt zu Makarios nicht ohne das Einverständnis der ägyptischen Regierung pflegen konnte, lag auf der Hand. Aus verständlichen Gründen waren Ägypten und andere arabische Staaten lebhaft an der »neutralistischen« Außenpolitik des zypriotischen Erzbischof-Präsidenten interessiert. Sicherlich konnten weder der Alexandriner Patriarch noch sein Amtsbruder von Antiochia zur Synode nach Zypern fahren, ohne sich vorher mit ihren Regierungen ins Benehmen zu setzen. Es liegt indessen kein Grund vor, daraus zu folgern, daß die beiden Patriarchen »im Auftrag« ihrer Regierungen gehandelt hätten. Der Vorwurf einer »arabischen Machenschaft« konnte schon gar nicht auf das Patriarchat von Jerusalem zutreffen, das immerhin auch die Interessen Israels nicht ganz außer acht lassen konnte. Das Urteil der Synode zugunsten Makarios' schließlich war kein Alleingang der »arabischen« Patriarchate, sondern stand prizipiell durchaus im Einklang mit der in der gesamten Orthodoxie vorherrschenden Auffassung. Gewisse Zusammenhänge mit dem politischen Kräftespiel im östlichen Mittelmeerraum waren sicherlich gegeben, sie dürfen aber nicht überbewertet werden.

Das Moskauer Patriarchat ergriff von Anfang an in prononcierter Weise für Makarios Partei. Daß es hierbei auch die Linie der sowjetischen Zypernpolitik in Betracht zog, verstand sich angesichts der in der Sowjetunion gegebenen Umstände von selbst. Am 26. März 1972, nachdem die drei Metropoliten den Rücktritt Erzbischofs Makarios' vom Präsidentenamt gefordert hatten, gab der Moskauer Patriarch Pimen eine offizielle Erklärung ab. Darin sagte er, das Moskauer Patriarchat wolle sich nicht in die inneren Angelegenheiten der Kirche von Zypern einmischen, beobachte aber mit Sorge, daß sich die Metropoliten gegen ihren Erzbischof aufgelehnt hätten. Ihre Argumente seien belanglos, nachdem Makarios das Amt des Staatspräsidenten bereits dreizehn Jahre lang bekleide. Pimen schloß mit einem ausgesprochenen politischen Akzent, indem er sich »mit Empörung« gegen die angestrebte Unterdrückung der Freiheit und Unabhängigkeit Zyperns wandte.[29] Nachdem die »Größere Synode« im Juli 1973 ihre Arbeiten beendet hatte, bezeichnete Pimen in einem Telegramm an Makarios deren Beschlüsse als richtig und fügte hinzu, die russische Kirche habe von Anfang an die Handlungsweise der »rebellischen Bischofsgruppe« verurteilt.[30]

Makarios' Bestreben, Rückendeckung bei der Sowjetunion zu suchen, spiegelte sich naturgemäß auch in den Beziehungen zum Moskauer Patriarchat wieder. Im Juni 1971 stattete Makarios als Präsident der Republik Zypern der Sowjetregierung einen Staatsbesuch ab. Der Besuch fiel — zufällig oder nicht — mit der Wahl und Inthronisierung des neuen Moskauer Patriarchen Pimen zusammen. In seiner Eigenschaft als Oberhaupt der Kirche von Zypern wohnte Makarios der kirchlichen Feier bei. Im Frühjahr 1972 unternahm Pimen eine Reise in den Vorderen Orient. Ursprünglich wollte er bei dieser Gelegenheit auch die Kirche von Zypern besuchen. Makarios ersuchte den Moskauer Patriarchen jedoch, davon Abstand zu nehmen, damit nicht der Eindruck entstehe, die russische Kirche wolle sich in den damals bereits offen ausgebrochenen Konflikt zwischen dem Erzbischof und dem drei Metropoliten einmengen.[31] Zur »Größeren Synode« wurde das Moskauer Patriarchat nicht eingeladen, weil gemäß dem Statut der Kirche von Zypern die Teilnahme an einer solchen außerordentlichen Synode nur den »benachbarten« Kirchen zustand. Es ist auch nicht ersichtlich, wie die russische Kirche mittelbar auf die Entscheidung der Synode von Nikosia hätte einwirken können. Ihr Einfluß auf die orientalischen Patriarchate war nicht derart stark, daß sie in der Lage gewesen wäre, deren Verhalten maßgeblich zu beeinflußen. Dessen bedurfte es auch gar nicht, um ein für Makarios günstiges Urteil zu erwirken. Die prozedurale Rechtswidrigkeit der von den drei Metropoliten ausgesprochnen »Absetzung« des zypriotischen Erzbischofs war in der gesamten Orthodoxie so gut wie unbestritten. Zusammenfassend wäre lediglich festzuhalten, daß sich das Moskauer Patriarchat nachdrücklich für den Verbleib Makarios in seinem geistlichen und in seinem politischen Amt eingesetzt hat und daß es sich damit parallel zu den Interessen der sowjetischen Außenpolitik verhielt.

# Vierter Teil: Das Moskauer Patriarchat im Nahen Osten

Am 17. April 1970 verschied der Moskauer Patriarch Alexei (Simanski) im hohen Alter von 93 Jahren. Gewählt im Februar 1945, hatte er ein Vierteljahrhundert lang der russischenKirche vorgestanden. Alexei, ein Mann aus der Oberschicht des alten Rußland, war der dritte russische Patriarch, seit das von der Kirchenreform Peters des Grossen abgeschaffte Patriarchat von Moskau im Jahre 1917 wiederhergestellt worden war. Als er sein hohes Amt antrat, befand sich die russische Kirche noch in nahezu völliger Isolierung von der Außenwelt. Während Alexeis Amtsführung hatte sich das Moskauer Patriarchat wieder der Mitarbeit an der gesamtorthodoxen und auch der ökumenischen Entwicklung geöffnet. Einer alten Tradition folgend, war es besonders im Nahen Osten nach langer Unterbrechung wieder in Erscheinung getreten. Diese Aktivität stimmte mit den Intentionen der Sowjetdiplomatie überein und wurde offensichtlich von dieser ermuntert und unterstützt. Bereits die Orientpolitik des Zarenreiches hatte sich der russischen Kirche und des Einflusses der russischen Orthodoxie bedient. Darauf hat sich die Sowjetunion nach dem zweiten Weltkrieg wieder besonnen, wenn sie als atheistischer Staat auch nicht mehr als »Protektor der Orthodoxie« auftreten konnte und wollte, wie es die Zaren gegenüber dem Osmanischen Reich getan hatten.

Das Landeskonzil trat am 30. Mai 1971 zur Bestimmung eines Nachfolgers im Kloster des Heiligen Sergius in Zagorsk zusammen. Sämtliche amtierenden Hierarchen des Patriarchats aus dem In- und Ausland nahmen teil, sowie aus jedem Bistum je ein Vertreter der Geistlichkeit und der Laien. Auf welche Weise diese Vertreter bestimmt wurden, ist unbekannt. Insgesamt betrug die Zahl der Teilnehmer am Landeskonzil 236 Personen, davon waren etwa ein Drittel Laien. Vor dem Beginn des Landeskonzils fand hinter verschlossenen Türen eine Bischofssynode statt. Auf ihr dürften die wichtigsten Entscheidungen schon gefallen sein. Einziger Kandidat für die Würde des Patriarchen war der Metropolit Pimen, so daß von vornherein kein Zweifel über den Ausgang der Wahl bestehen konnte. Am 2. Juni 1971 wählte das Landeskonzil Pimen zum Patriarchen, einstimmig und in offener Abstimmung. Am folgenden Tage wurde der neue Patriarch in der Kathedrale des Moskauer Patriarchats feierlich inthronisiert.[1]

Eine stattliche Zahl ausländischer Gäste war nach Moskau gekommen, um dem Landeskonzil der russischen Kirche und der Inthronisierung des neuen Patriarchen beizuwohnen. Rom hatte den Kardinal Johannes Willebrands entsandt, der Weltkirchenrat seinen Generalsekretär Dr. Blake. Von orthodoxer Seite waren unter anderen die Patriarchen von Alexandria und Rumänien persönlich anwesend, ferner der Erzbischof von Sinai und die Oberhäupter der autokephalen Kirchen von Polen und der Tschechoslowakei. Das Ökumenische Patriarchat ließ sich durch die Metropoliten Damaskinos von Tranoupolis und Jakovos von Deutschland vertreten. Der Inthronisierungsfeier wohn te auch Erzbischof Makarios von Zypern bei, der sich zu diesem Zeitpunkt gerade zu einem Staatsbesuch in Moskau befand.

Der neue Patriarch von Moskau wurde im Jahre 1910 unter dem bürgerlichen Namen Sergej Michailowitsch Izvekow geboren. Sein Geburtsort Bogorodsk bei Moskau heißt heute Noginsk. Die offizielle Biographie gibt den Beruf des Vaters als Beamter an. Mit 17 Jahren legte Sergej Michailowitsch das Mönchsgelübde ab, drei Jahre später empfing er die Priesterweihe. Kirche und Religion waren damals in der Sowjetunion besonders harter Verfolgung ausgesetzt, eine systematische theologische Ausbildung konnte der Mönchspriester Pimen daher nicht erhalten. In seiner offiziellen Biographie werden die Jahre 1935 bis 1945 mit Schweigen übergangen. Kenner der sowjetischen Verhältnisse schließen daraus, daß Pimen diese Jahre stalinistischen Terrors in der Verbannung oder im Gefängnis verbrachte.[2] Nach dem zweiten Weltkrieg hatte Pimen verschiedene kirchliche Stellen inne, bis er 1957 zum Bischof geweiht wurde. Danach stieg er schnell zu hohen Würden auf. Kurze Zeit leitete er das Generalsekretariat der Heiligen Synode. 1961 rückte er zum Metropoliten von Leningrad auf, womit der Eintritt in den kleinen Kreis der ständigen Mitglieder der Heiligen Synode verbunden war.[3] Von Leningrad wechselte Pimen 1963 zum Metropoliten von Krutitsy, der die Erzdiözese Moskau zu verwalten hat. In dieser Eigenschaft, und weil er zudem der Rangälteste unter den ständigen Mitgliedern der Heiligen Synode war, hatte Pimen die besten Aussichten, einmal Nachfolger des hochbetagten Alexei zu werden.[4]

Ein Jahr, nachdem Pimen den Thron der Patriarchen von Moskau bestiegen hatte, trat in der Leitung des kirchlichen Außenamtes ein vielbeachteter Wechsel ein. Metropolit Nikodem, der dieses wichtige Amt seit 1960 geleitet hatte, reichte seinen Rücktritt ein. Die Heilige Synode genehmigte das Gesuch auf ihrer Sitzung vom 30. Mai 1972. Für die Weltöffentlichkeit war Nikodem (Rotow) während seines zwölfjährigen Wirkens an der Spitze des Außenamtes zum bekanntesten Repräsentanten des Moskauer Patriarchats geworden, sowohl in den interorthodoxen Beziehungen wie in der Ökumene und den Kontakten zu Rom. Sein Rücktritt, der mit dem schlechten Gesundheitszustand des Metropoliten begründet wurde, erregte daher berechtigtes Aufsehen. Da Nikodem kurz zuvor einen Herzanfall erlitten hatte, klang die Begründung verständlich.

Zu Nikodems Nachfolger wurde der 37-jährige Juvenal, Metropolit von Tula, ernannt. Die Ernennung überraschte nicht, denn Juvenal war bereits seit 1964 Stellvertreter und enger Mitarbeiter Nikodems im kirchlichen Außenamt.[5] Zuerst war man geneigt, im Rücktritt Nikodems eine Entmachtung oder mindestens einen Schritt in dieser Richtung zu vermuten. Die Vermutung hat sich, soweit man es beurteilen kann, nicht bestätigt. Nikodem ist einmal als Metropolit von Leningrad ständiges Mitglied der Heiligen Synode geblieben, zum anderen behielt er den Vorsitz der Synodalkommission für Christliche Einheit bei. Diese Kommission wurde in »Kommission der Heiligen Synode für Fragen der christlichen Einheit und der inter-orthodoxen Beziehungen« umbenannt und mit erweiterten Befugnissen ausgestattet. Ihr obliegt es, das Programm für die Tätigkeit des Patriarchats im Ausland aufzustellen, während das kirchliche Außenamt als Exekutivorgan fungiert. Der Vorsitzende der Kommission gibt dem Leiter des Außenamtes Richtlinien und hat darauf zu achten, daß diese Richtlinien befolgt werden, wofür er die Verantwortung gegenüber dem Patriarchen und der Heiligen Synode trägt.[6]

Das Moskauer Patriarchat unterhält im Nahen Osten eine Reihe von Vertretungen und Niederlassungen. Teils sind diese neueren Datums, teils gehen sie schon auf frühere Zeiten zurück. Seit dem Jahr 1958 hat der Moskauer Patriarch einen ständigen »Gesandten« (ἀποκρισάριος) beim Patriarchen von Antiochia. Die Stelle pflegt mit einem Bischof besetzt zu werden, der ziemlich häufig wechselt, wie übrigens die meisten Vertreter des Moskauer Patriarchats im Ausland. Seinen Sitz hat er in Damaskus. In Beirut hat die russische Kirche ein Klostergut (μετόχιον). Dessen Vorsteher wird neuerdings auch als »Vertreter des Moskauer Patriarchats beim Patriarchen von Antiochia« bezeichnet, so daß die Russen sowohl in Syrien wie in Libanon ständig vertreten sind. Umgekehrt hat das Patriarchat von Antiochia einen ständigen Abgesandten in Moskau. Noch aus der Zarenzeit datiert die »Russische Geistliche Mission in Palästina« mit Sitz in Jerusalem. Ihre Gründung geht auf die Mitte des 19. Jahrhunderts zurück, als die Diplomatie der Zaren stärkeres Interesse an Palästina nahm und den Bestrebungen des Vatikans (aber auch dem hellenischen Einfluß) entgegenzuwirken bemüht war.[10] Schließlich besitzt das Moskauer Patriarchat eine russische Kirche in Alexandria, die Kirche des Heiligen Alexander Newskij. Das Patriarchat von Alexandria unterhält seinerseits eine Exarchie in Odessa und das Patriarchat von Jerusalem eine solche in Moskau, die allerdings schon lange nicht mehr besetzt ist.

## Pimens Pilgerfahrt in den Orient

Pilgerreisen nach dem Heiligen Land mißt die orthodoxe Glaubensgemeinschaft traditionell und sentimental großen Wert zu. In früheren Zeiten waren russische Pilger besonders zahlreich. Die bolschewistische Revolution ließ den Strom russischer Wallfahrer versiegen, und auch das Moskauer Patriarchat konnte die alten Verbindungen der russischen Kirche zum Heiligen Land nicht mehr pflegen. Erst nach dem zweiten Weltkrieg konnte es wieder sein Interesse an Palästina manifestieren. Patriarch Alexei hat zweimal die Heiligen Stätten besucht, das erste Mal im Frühjahr 1945 kurz nach seiner Inthronisierung, das zweite Mal im Spätherbst des Jahres 1960. Beide Male war die Pilgerfahrt Anlaß zum Besuch der Schwesterkirchen des Vorderen Orients. Nachdem das Moskauer Patriarchat drei Jahrzehnte lang von der Weltbühne abwesend war, kam die erste Orientreise Alexeis überraschend. Nicht zu Unrecht wurde sie als ein mit der Sowjetregierung abgestimmter kirchenpolitischer Vorstoß in den Nahen Osten gewertet. Der Wind des kalten Krieges wehte bereits über dem östlichen Mittelmeer. Das Ökumenische Patriarchat wurde nicht in die Reise des russischen Kirchenoberhauptes einbezogen. Außer Jerusalem besuchte Alexei nur noch die Patriarchate von Antiochia und Alexandria.

Unter anderen Aspekten trat der russische Patriarch im November 1960 seine zweite Pilgerreise an. Gewiß schimmerte immer noch die alte Rivalität zu Konstantinopel durch. Ein Jahr zuvor hatte Athenagoras den Kirchen des Orients einen Besuch abgestattet. Es schien, als ob Alexei ihm nicht nachstehen wollte. Doch unterließ er diesmal scharfe Polemiken. Die inter-orthodoxen Beziehungen waren sichtlich auf dem Wege der Besserung, die Russen zeigten sich für die Teilnahme an der von Athenagoras geplanten pan-orthodoxen Konferenz aufgeschlossen. Alexei wollte unter diesen Umständen den Phanar nicht wieder umgehen. Zum ersten Mal in der Geschichte erschien ein russisches Kirchenoberhaupt im Ökumenischen Patriarchat. Zuvor hatte Alexei die Heiligen Stätten in Palästina besucht und den Patriarchen von Alexandria und Antiochia seine Aufwartung gemacht. Vom Phanar aus kehrte er über Athen nach Moskau zurück.

Pimen folgte alsbald dem Beispiel, das der Vorgänger gegeben hatte. Seine erste Auslandsreise stellte er unter das Zeichen einer Wallfahrt zum Heiligen Land und eines Besuches der alten Patriarchate des Orients. Das Reiseprogramm hielt sich dieses Mal streng an das kirchliche Protokoll. Zuerst sollte das Ökumenische Patriarchat an die Reihe kommen, dann sollten in der Folge ihres protokollarischen Ranges die Patriarchate von Alexandria, Antiochia und Jerusalem besucht werden. Da inzwischen die Israelis die Altstadt von Jerusalem und ganz Cisjordanien besetzt hatten und Pimen nicht direkt von Beirut nach Israel fliegen konnte, mußte ein Zwischenhalt auf Zypern eingeschoben werden, den man mit einem offiziellen Besuch der Kirche der Insel zu verknüpfen gedachte. In dieser Form wurde das Programm den betreffenden Kirchen, darunter auch dem Ökumenischen Patriarchat, im März 1972 mitgeteilt.[8] Im letzten Augenblick trat jedoch noch eine unvorhergesehene Änderung ein.

Pimens Ankunft in Istanbul war für den 24. April 1972 geplant. Noch eine Woche vorher bestätigte der Phanar, daß man den russischen Patriarchen zum vorgesehenen Termin erwarte. Alle Vorbereitungen seien getroffen, das Einverständnis der zuständigen türkischen Stellen liege vor. Kurz ehe es so weit war, sagte das Moskauer Patriarchat den Besuch telefonisch ab, zunächst offenbar ohne Angabe von Gründen. Später wurde erklärt, die Türken hätten der russischen Delegation das Einreisevisum verweigert.[9] Auch der Besuch der Kirche von Zypern wurde annulliert, und zwar auf ausdrücklichen Wunsch des Erzbischofs Makarios, der wegen der kirchlichen und politischen Spannung auf der Insel den Russen empfahl, von ihrem Besuch abstand zu nehmen. Anstelle von Zypern wurde ein Besuch des bulgarischen Patriarchats in das Reiseprogramm eingeschoben.

Nachdem das Programm abgeändert worden war, kam an erster Stelle das Patriarchat von Alexandria. Am 28. April verließ Pimen die sowjetische Hauptstadt in Richtung Ägypten. Die Sowjetregierung hatte ihm ein Sonderflugzeug der Aeroflot zur Verfügung gestellt. Ein Gefolge von sechzehn Personen begleitete den Patriarchen, darunter waren zwei Metropoliten, ein Erzbischof und ein Bischof. Es fehlte der Metropolit Nikodem von Leningrad, zu diesem Zeitpunkt noch Leiter des kirchlichen Außenamtes. Er hatte kurz vorher einen Herzanfall erlitten und konnte daher nicht teilnehmen.

Der Besuch eines Moskauer Patriarchen im Orient war keine Sensation mehr, und die Reise verlief im Großen und Ganzen ohne besondere Ereignisse.[10] Sechs Tage dauerte der Besuch des Patriarchats von Alexandria. Am 4. Mai traf Pimen in Damaskus ein. Der neue Patriarch von Antiochia, Elias IV., der wenige Monate zuvor erst Moskau besucht hatte, ließ es sich nicht nehmen, seinen Gast daran zu erinnern, daß die Araber ihre Rechte in Palästina einschließlich Jerusalems wiedererlangen müßten, denn sie seien die rechtmäßigen Besitzer des Landes. In dieser Beziehung konnte Elias IV. der Zustimmung der Russen gewiß sein.[11] Von Damaskus aus fuhr Pimen am 8. Mai nach Beirut, wohin ihn der dortige Metropolit eingeladen hatte. In Ägypten und auch in Syrien hatten sich die politischen Instanzen des Landes zurückgehalten. Die Republik Libanon bereitete dem russischen Besucher einen offiziellen Empfang, was weniger mit Russophilie zu tun hatte als mit dem starken christlichen Einschlag in diesem Land. Auch der Staatspräsident, traditionsgemäß ein Maronit, empfing den Moskauer Patriarchen zu einer offiziellen Audienz. Am 13. Mai setzte Pimen seine Reise fort, zunächst nach Sofia und von dort am 17. Mai nach Jerusalem.

Jerusalem war die letzte und zugleich die wichtigste Etappe der mehrwöchigen Reise. Es war das eigentliche Ziel der Pilgerfahrt, außerdem lagen hier besondere Verhältnisse vor, die geeignet schienen, den russischen Besuch in ein politisches Licht zu rücken. Die Sowjetunion hatte die diplomatischen Beziehungen zu Israel seit dem arabisch-israelischen Krieg vom Juni 1967 abgebrochen. Da die Patriarchenreise zweifellos mit der Sowjetregierung genau abgestimmt war, wollten die Israelis dem Besuch eine gewisse politische Bedeutung oder Nebenabsicht zumessen. Schon im November 1970, also nach dem Abbruch der sowjetisch-israelischen Beziehungen, hatte sich der Metropolit Nikodem in seiner Eigenschaft als Leiter des kirchlichen Außenamtes zwei Wochen lang in Israel aufgehalten, wobei er auch mit israelischen Regierungsstellen Gespräche geführt hatte.[12] Daß nun noch der Patriarch selbst nach Israel kam, konnte den Eindruck erwecken, als ob den Sowjets an einer inoffiziellen Fühlungnahme gelegen war. Vermutlich waren derartige Spekulationen nicht in dem Maße gerechtfertigt, wie sie zum Teil angestellt wurden. Einen politischen Auftrag hatte Pimen, soweit bekannt, nicht. Wohl aber hatte er — neben dem Besuch der Heiligen Stätten — gewisse kirchliche Anliegen an die israelische Regierung, die zwangsläufig in die politische Sphäre hineinspielten. Während seines Aufenthaltes hatte Pimen verschiedentlich Gelegenheit zu Gesprächen mit israelischen Regierungsmitgliedern. Er traf mit dem Justizminister zusammen, der Kultusminister gab sogar ein Essen zu Ehren des Patriarchen. Bei den Gesprächen dürfte es in der Hauptsache um die »historischen Rechte« der russischen Kirche in Palästina gegangen sein.

Die russische Kirche hatte während der Zarenzeit stattlichen Besitz in Palästina erworben. Diese Besitztümer waren nach 1917 dem Moskauer Patriarchat verlorengegangen. Als Palästina 1948 geteilt wurde und Israel seine Unabhängigkeit erlangte, unterhielt der neue Staat anfangs recht gute Beziehungen zur Sowjetunion, hatte diese doch den Teilungsbeschluß der UN unterstützt und damit maßgeblich zur Entstehung des jüdischen Staates beigetragen. Auf Verlangen der Russen übergab Israel den auf seinem Gebiet gelegenen Teil des alten russischen Kirchenbesitzes an das Moskauer Patriarchat. Es handelte sich dabei im wesentlichen um die russische Kathedrale und um das Gebäude der »Russischen Geistlichen Mission«. Dagegen beließ Jordanien den russischen Besitz in der Altstadt von Jerusalem und im arabischen Cisjordanien der scharf anti-kommunistischen, mit dem Moskauer Patriarchat heftig verfeindeten »Russischen Kirche im Ausland«. Später geriet Israel immer mehr in politischen Gegensatz zur Sowjetunion. Nachdem es 1967 ganz Palästina bis zum Jordan besetzt hatte, glaubte Metropolit Philaret, das in New York residierende Oberhaupt der russischen Exilkirche, die Stunde für gekommen, um die Frage der Besitztümer des Moskauer Patriarchats in Israel anzuschneiden. Im Mai 1970 weilte er in Jerusalem und sprach mit israelischen Regierungsstellen. Israel war aber offenbar nicht bereit, etwas an dem bestehenden Zustand zu ändern, so daß alles beim alten blieb.[13] Das Moskauer Patriarchat seinerseits hörte nicht auf, den gesamten russischen Kirchenbesitz in Palästina für sich zu beanspruchen. Auch Pimen scheint dieses Verlangen den Israelis in der einen oder anderen Form vorgetragen zu haben, mit Sicherheit hat er über den russischen Kirchenbesitz gesprochen. Der Schritt war politisch delikat, denn wenn der russische Patriarch mit der Regierung Israels die Frage des russischen Besitzes in Cisjordanien und der Altstadt von Jerusalem erörterte, konnte dies implicite als Anerkennung der israelischen Souveränität (oder eines israelischen Verfügungsrechtes) in den besetzten Gebieten interpretiert werden. Dies aber hätte der Linie der Sowjetregierung wie auch des Moskauer Patriarchats widersprochen und die Araber vor den Kopf gestoßen. Wie dem auch sei, Pimen vermochte den status-quo ebenso wenig zu ändern wie sein Gegenspieler Philaret. Der russische Kirchenbesitz in Israel (innerhalb der Grenzen von 1948) verbleibt dem Moskauer Patriarchat, den Besitz in Alt-Jerusalem und dem besetzten Cisjordanien behält die »Russische Kirche im Ausland.«

Einen besonderen Anstrich erhielt Pimens Orientreise noch dadurch, daß der russische Patriarch stark darauf bedacht war, seinem Besuch ein ökumenisches Gepräge zu geben. Während Alexei auf seinen beiden Orientreisen keinerlei Kontakt zur katholischen Hierarchie aufgenommen hatte, zeigte Pimen stakes Interesse für die römische Kirche und traf überall auch mit deren lokalen Vertretern zusammen. Es war dies ein deutlicher Beweis dafür, wie sehr sich die Beziehungen zwischen Moskau und Rom seit 1960 geändert hatten. Ferner versäumte Pimen nicht, den Alten Orientalischen Kirchen (Nicht-Chalkedoniern) seine Aufmerksamkeit zu bezeugen. In Syrien freilich hielt sich der syrisch-jakobitische Patriarch aus nicht genau bekannten Gründen fern, in Ägypten aber konnte Pimen den koptischen Patriarchen Schenuda III. besuchen. Er übermittelte ihm den Wunsch der russischen Kirche nach engen Beziehungen zu den Alten Orientalischen Kirchen, vergab eine Reihe von Stipendien für koptische Theologiestudenten und lud Schenuda zu einem Besuch Moskaus ein. Dieser leistete der Einladung noch im Oktober des gleichen Jahres Folge.[14] Dem Kontakt zu den Kopten Ägyptens sollte später, im Januar 1974, ein offizieller Besuch Pimens bei der koptischen Kirche Äthiopiens folgen. Noch kein russisches Kirchenoberhaupt hatte vorher dieses Land besucht. In einem gemeinsamen Communiqué gaben Pimen und der äthiopische Patriarch Theophil ihren Beschluß bekannt, einen ständigen Ausschuß beider Kirchen einzusetzen.[15] Kurz darauf wurde allerdings die mit dem Feudalregime Kaiser Haile Selassies eng liierte Kirche Äthiopiens von der Militärrevolution schwer in Mitleidenschaft gezogen, so daß der Besuch Pimens keine nachhaltige Wirkung haben konnte.

Pimens Pilgerfahrt vom Frühjahr 1972 erscheint mehr als eine acte de présence der russischen Kirche, und nicht als ein neuer kirchenpolitischer Vorstoß. Es gibt keine Anzeichen dafür, daß Pimens Reise den Einfluß des Moskauer Patriarchats im Vorderen Orient über das Maß hinaus gesteigert hätte, das er bereits seit längerer Zeit wieder erreicht hatte. Seit die Russen 1945 zum ersten Mal nach langer Pause sich wieder den Kirchen des Orients zuwandten, haben sie mit wechselndem Erfolg ihre kirchlichen Beziehungen zu diesem Raum wieder so weit ausgebaut, daß sie unter den gegebenen Umständen nicht viel weiter kommen können. Auf der anderen Seite scheint die Sowjetdiplomatie nicht mehr so stark auf kirchliche Unterstützung angewiesen, nachdem das Moskauer Patriarchat mitgeholfen hat, ihr den Weg in den Orient zu öffnen.

# Die »russische Partei« im Patriarchat von Antiochia

Hauptsächlicher Ansatzpunkt russisch-kirchlichen Einflusses im Vorderen Orient ist seit langer Zeit das Patriarchat von Antiochia. Hier können sich die Russen auf freundschaftliche Beziehungen berufen, die auf das 19. Jahrhundert zurückgehen. Die Orientpolitik der Zaren hat die »Arabisierung« des bis dahin von einer mehrheitlich hellenischen Hierarchie geführten Patriarchats nach Kräften und auch mit Erfolg gefördert. Gegen Ende des vorigen Jahrhunderts spitzte sich der schon lange spürbare Antagonismus zwischen Griechen und Arabern innerhalb der Kirche von Antiochia zu. Der Patriarch Spyridon, ein Grieche, mußte 1897 zurücktreten. Zwei Jahre später wurde erstmalig ein Araber, Meletios II. Dumani, zum Patriarchen gewählt. An der Wahl nahmen nur die arabischen Hierarchen teil, die Griechen waren ausgeschlossen. Da das Verfahren als rechtswidrig angesehen wurde, blieb der Wahl Meletios' II. die gesamtorthodoxe Anerkennung versagt. Erst unter dem Nachfolger Gregor II. Haddad normalisierte sich die Lage wieder. Obwohl ebenfalls arabischer Abkunft (wie sämtliche Patriarchen seit 1899), bemühte sich Gregor II. auch um Verständnis für die Griechen. Er wurde 1909 allgemein anerkannt. Weitere Krisen blieben aber dem Patriarchat von Antiochia nicht erspart.[16]

Die Hilfe, die Rußland den arabischen Bestrebungen angedeihen ließ, verschaffte ihm eine starke Position im Antiochener Patriarchat. Die Russen leisteten willkommenen finanziellen Beistand, sie stifteten Kirchen, Schulen und Krankenhäuser. Zahlreiche Geistliche des Patriarchats erhielten ihre theologische Ausbildung in Rußland. So kam es, daß weite Kreise der arabischen Orthodoxie im »Heiligen Rußland« den großen Beschützer suchten, dessen sie als kleine Minderheit inmitten des Islams bedurften. Daraus erklärt sich das Bestehen einer »russischen Partei« im Patriarchat von Antiochia. Die bolschewistische Revolution hatte zur Folge, daß die engen Beziehungen zwischen der russischen Kirche und dem Antiochener Patriarchat für mehrere Jahrzehnte unterbrochen wurden. Als das Moskauer Patriarchat wieder auf den Plan treten konnte, bemühte es sich in erster Linie darum, den alten Einfluß in Antiochia wiederzugewinnen. Es konnte sich dabei auf die Sympathie der noch im alten Rußland ausgebildeten Hierarchen stützen. Das Patriarchat war in finanzieller Bedrängnis, die Russen traten als Helfer in der Not auf. Den politischen Hintergrund lieferte der kalte Krieg. Er griff auf den arabischen Orient über und konzentrierte sich seit Mitte der fünfziger Jahre in zunehmendem Maße auf Syrien, zeitweise auch auf den Libanon, also auf den Bereich des Antiochener Patriarchats. Zwangsläufig verschärfte sich daher auch die innerkirchliche Spannung zwischen der »russischen Partei« und der hellenisch-westlich orientierten Richtung.

Im Juni 1958 verstarb der Patriarch Alexander III. Tahhan von Antiochia nach einer ungewöhnlich langen Regierung von 27 Jahren. Obwohl er im alten Rußland ausgebildet war und auch bereitwillig die finanzielle Hilfe des Moskauer Patriarchats angenommen hatte, war Alexander III. um eine ausgleichende Linie zwischen den verschiedenen »Parteien« des Patriarchats bemüht gewesen.[17] Das Ringen um die Nachfolge Alexanders III. entwickelte sich zu einer Kraftprobe von hoher politischer Bedeutung. In den Kulissen agierten die sowjetische und die von den Amerikanern sekundierte griechische Diplomatie. Es war wohl kein Zufall, daß das Moskauer Patriarchat gerade zu diesem Zeitpunkt eine ständige Vertretung beim Patriarchat von Antiochia einrichtete. Mitte August 1958, als die Vorbereitung der Patriarchenwahl in vollem Gange war, traf der erste »Gesandte« der russischen Kirche in Damaskus ein.[18] Favorit der Russen war der in Rußland ausgebildete Metropolit von Homs, Alexander Geha. Dieser kam jedoch nicht zum Zuge, als am 14. November 1958 der neue Patriarch von Antiochia gewählt wurde. Die Wahl fiel auf Theodosios Abu Rgeili, den Metropoliten von Tripolis, der als Theodosios VI. die Nachfolge Alexanders III. antrat. Der neue Patriarch hatte auf der Theologischen Hochschule des Ökumenischen Patriarchats studiert und galt als »neutral «mit hellenisch-westlicher Tendenz. Die »russische Partei« hatte eine klare Niederlage erlitten. Die Gegensätze dauerten an und entluden sich in mehreren Krisen, deren Anlaß die Besetzung vakanter Bischofssitze war.

Das (orthodoxe) Partriarchat von Antiochia umfaßt heute insgesamt 17 Metropolitandiözesen unter Einschluß des vom Patriarchen selbst verwalteten Erzbistums Damaskus. Außerdem werden noch immer drei Diözesen in der Türkei aufgeführt (Adana, Diyarbakir und Erzurum). Diese sind jedoch schon lange nicht mehr besetzt und stehen nur noch auf dem Papier. Von den 17 Metropolien befinden sich je sechs in Syrien und im Libanon, eine hat ihren Sitz in Bagdad. Zu dieser gehören außer dem Irak auch die gesamte Arabische Halbinsel sowie Iran. Nachdem die überseeische Auswanderung eine starke Diaspora hat entstehen lassen, hat das Patriarchat von Antiochia vier Metropolien auf dem amerikanischen Kontinent errichtet, und zwar je zwei in den USA (New York und Toledo/Ohio) und in Südamerika (Buenos Aires und Sao Paulo). Die Gemeinde des Patriarchen wird auf 400 000 bis 500 000 Gläubige geschätzt, wovon etwa ein Viertel auf die Diaspora entfallen dürfte, hauptsächlich in Amerika, zu einem kleinen Teil auch in Australien und Neuseeland. Unter den orthodoxen Patriarchaten des arabischen Orients steht Antiochia zahlenmäßig weitaus an erster Stelle, es ist eine fast rein arabische Kirche und nimmt in der Gesamtheit des stark aufgesplitterten arabischen Christentums einen hervorragenden Platz ein.[19]

Die Heilige Synode als höchste Instanz des Patriarchats besteht aus sämtlichen amtierenden Metropoliten unter dem Vorsitz des Patriarchen. Ihre Einberufung steht dem Patriarchen zu. Eine ständige Synode kennt das Patriarchat von Antiochia nicht. Die Heilige Synode ist beschlußfähig, wenn mehr als die Hälfte ihrer Mitglieder versammelt ist. Gemäß dem Statut von 1955 (Artikel 10 bis 27) wurde der Patriarch von den Bischöfen zusammen mit Vertretern der Laien gewählt. Eine Wahlversammlung bestehend aus den Bischöfen und gewählten Vertretern der Laiengemeinde, stellte eine Liste von drei Kandidaten auf, unter denen die Heilige Synode die Auswahl zu treffen hatte. Dieses Verfahren ist seither geändert worden. Im Juli 1972 erließ die Heilige Synode ein neues Statut. Der Patriarch wird nunmehr nur noch von der Heiligen Synode gewählt, die Laien nehmen an der Patriarchenwahl nicht mehr teil.[20]

Im April 1966 wurde der Bischofssitz von Lattakia infolge Todesfalls vakant. Die Heilige Synode trat Ende Mai zur Wahl eines neuen Metropoliten zusammen. Ihr lag eine Liste von drei Kandidaten vor, die der lokale Gemeinderat von Lattakia statutengemäß in Vorschlag gebracht hatte. Eine Gruppe von vier Mitgliedern der Synode wies den Vorschlag zurück. Als ihren Kandidaten benannte sie Antun Schedrawi, einen an der Geistlichen Akademie von Moskau ausgebildeten Archimandriten, den seine Gegner kommunistischer Neigungen bezichtigten. Als keine Einigung erzielt werden konnte, brach der Patriarch die Sitzung der Synode ab, ohne es zu einem Beschluß kommen zu lassen. Die oppositionellen Metropoliten versammelten sich darauf noch am gleichen Tage im Hause eines der Ihren und wählten eigenmächtig Schedrawi zum Metropoliten von Lattakia. Der Patriarch erklärte diese mit der kanonischen Ordnung unvereinbare »Wahl« für null und nichtig. Die Opposition ließ sich dadurch nicht beirren. Sie weihte am 5. Juni Schedrawi in Homs zum Bischof und wollte ihn in Lattakia inthronisieren. Die Gemeinde von Lattakia hielt jedoch zum Patriarchen und verhinderte, daß Schedrawi sein Amt antreten konnte.

Die vier oppositionellen Metropoliten waren Niphon Saba von Zahle (Libanon), Epiphanios Zaid von Akkar (Libanon), Alexander Geha von Homs (Syrien) und Basilios Samaha von Bostra-Hauran (Syrien). Die drei erstgenannten hatten alle im zaristischen Rußland studiert, und von ihnen war Alexander Geha von Homs der erfolglose Kandidat der »russischen Partei« bei der Patriarchenwahl von 1958 gewesen. Der jüngere Basilios Samaha hatte lange Zeit das Antiochener Patriarchat in Moskau vertreten. Es war bekannt, daß er gute Beziehungen zur russischen Kirche und wohl auch zu sowjetischen Stellen bewahrt hatte. Führer der Gruppe war Niphon von Zahle, als an Jahren ältester Bischof der Doyen der Heiligen Synode. Im weiteren Verlauf der Ereignisse schloß sich noch der Metropolit Paul Khuri von Tyros (Libanon) der Opposition an, so daß diese auf fünf Metropoliten anwuchs. Wenn die »Rebellen« gehofft haben sollten, die Mehrheit der Synode für sich zu gewinnen, so sahen sie sich freilich enttäuscht.

Theodosios VI. verließ Ende Juli Syrien, um sich nach Libanon zu begeben, von wo er nicht mehr an seinen Amtssitz in Damaskus zurückkehren sollte. Er berief die Heilige Synode nach dem bei Beirut gelegenen Patriarchatskloster des Heiligen Elias ein. Alle dreizehn amtierenden Metropoliten fanden sich am festgesetzten Tage, dem 5. August, zu der Sitzung ein, die fünf »Rebellen« zogen sich jedoch sofort zum Zeichen des Protestes wieder zurück und fuhren nach Damaskus. Der Metropolit Michael Schahin von Toledo/Ohio erklärte sich als »neutral«. Danach verblieb dem Patriarchen immer noch eine knappe, aber ausreichende Mehrheit von sieben »Loyalisten«. Die Heilige Synode war mithin beschlußfähig. Sie wählte den Vorsteher des Klosters Balamand, Ignatios Hazim, zum Metropoliten von Lattakia.

Während die Synode noch im Gange war, versammelten sich die fünf »Rebellen« im Patriarchatsgebäude in Damaskus. Sie wollten, so ließen sie verlauten, gemeinsam mit Laienvertretern einen Ausweg aus der Krise suchen. Theodosios VI. verurteilte diese Zusammenkunft scharf, sah diese doch fast wie eine eigenmächtige »Besetzung« des Patriarchats aus. Die Gefahr einer Spaltung schien akut. Die »Rebellen« lenkten aber schließlich ein, und es kam zu einem Kompromiß. Die Opposition stimmte der Wahl Ignatios Hazims zum Metropoliten von Lattakia zu, dafür erhielt sie die Genugtuung, daß der von ihr geweihte Schedrawi als Titularbischof bestätigt und zum Delegierten des Patriarchats in Mittelamerika ernannt wurde. Der Streit um den Sitz von Lattakia war zugunsten des Patriarchen und der kirchlichen Legalität entschieden. Kurz darauf starb Niphon von Zahle. Sein Tod beraubte die Opposition ihres Führers.[21]

Lange hielt der Frieden nicht an. Im Herbst 1969 brach erneut ein Konflikt aus, der noch schärfere Formen als die Krise von 1966 annehmen sollte. Wiederum war die Wahl neuer Metropoliten der Anlaß. Drei Sitze waren vakant geworden, nachdem die Metropoliten von Homs, Hama und Berg-Libanon gestorben waren. Außerdem stand der schon lange verwaiste Sitz von Bagdad immer noch leer. Die Heilige Synode versammelte sich im Mai 1969 zur Wahl der vier neuen Metropoliten, gelangte aber zu keinem Ergebnis. Es wurde lediglich beschlossen, daß der Patriarch die Synode für Anfang Oktober wieder einberufen sollte, und zwar entweder nach Damaskus oder in eines der Patriarchatsklöster. Als es so weit war, begehrte die Opposition offen gegen den Patriarchen auf. Sieben Metropoliten folgten dem Ruf des Patriarchen nach dem Kloster des Heiligen Elias. Ein achter, der Metropolit Meletios von Buenos Aires, war am Erscheinen verhindert, ließ aber wissen, daß er an der Seite des Patriarchen und der »Loyalisten« stehe. Die Zahl der amtierenden Metropoliten belief sich zu diesem Zeitpunkt auf zwölf. Die vom Patriarchen einberufene Synode von Beirut war mithin beschlußfähig. Sie wählte neue Metropoliten für Homs, Hama und Bagdad. Die Wahl eines neuen Metropoliten für Berg-Libanon wurde aufgeschoben und auf einer späteren Sitzung vom Februar 1970 nachgeholt.

Die Opposition hielt währenddessen ihre eigene »Synode« in Damaskus ab unter dem Vorsitz des Metropoliten Epiphanios Zaid von Akkar. Von den »Rebellen« des Jahres 1966 waren nur noch drei am leben, nachdem Niphon Saba und Alexander Geha gestorben waren. Zu den drei verbliebenen Exponenten der »russischen Partei« gesellte sich jetzt noch Michael Schahnin von Toledo/Ohio, der sich bereits 1966 zweideutig verhalten hatte. Irgendwelche Beziehungen zu den Russen hatte Michael Schahin nicht. Der Grund seines offenen Übergangs zur Opposition dürfte es gewesen sein, daß er Schwierigkeiten mit seinem Amtsbruder in New York hatte.

Die Vierer-Synode von Damaskus wählte ebenfalls neue Metropoliten für die verwaisten Sitze. Nur in einem Fall stimmte ihre Entscheidung mit dem Beschluß der Synode von Beirut überein. Bezeichnenderweise betraf dieser Fall den Archimandriten Alexis Abdul Karim, den Vorsteher des Antiochener Klosterhofes in Moskau. Die legale Synode von Beirut wählte Alexis zum Metropoliten von Homs, die Damaskus-Gruppe zum Metropoliten von Hama. Übrigens sagte sich Alexis alsbald von den Dissidenten los und bekundete dem Patriarchen seine Loyalität. Seine Wahl zum Metropoliten von Homs war daher unbestritten.

Die Damaskus-Gruppe hatte offensichtlich den Boden der kanonischen Rechtmäßigkeit verlassen. Der Patriarch und die Synode von Beirut brachen alle Verbindungen zu den Dissidenten ab. Ein offizieller Beschluß erklärte den »Bruch der Kommunion« mit den vier Metropoliten der Damaskusgruppe. Weiter wollte man nicht gehen, um die Gefahr eines Schismas abzuwenden. Die Dissidenten wurden weder abgesetzt noch förmlich exkommuniziert. Der »Bruch der Kommunion« sollte so lange aufrechterhalten werden, bis sich die Abtrünnigen wieder dem Patriarchen und der rechtmäßigen Synode unterordneten und deren Beschlüsse anerkannten. Theodosios VI. teilte diesen Synodalbeschluß den Oberhäuptern sämtlicher orthodoxen Kirchen mit.[22]

Der Bruch in der Hierarchie blieb unverändert, bis Theodosios VI. im September 1970 starb. Sein Nachfolger Elias IV. bemühte sich schon kurz nach seiner Wahl darum, den Bruch wieder zu heilen. Auf seine Veranlassung forderte die Heilige Synode am 21. Oktober 1970 die Dissidenten schriftlich auf, ihre Fehler einzugestehen, damit Frieden und Eintracht in der Kirche wiederhergestellt werden könnten. Basilios Samaha und Michael Schahin kamen der Aufforderung nach und wurden wieder in die Heilige Synode aufgenommen. Dagegen wollten Paul Khuri und Epiphanios Zaid nicht nachgeben. Sie blieben daher weiterhin ausgeschlossen, waren jedoch völlig isoliert und ohne Einfluß. Der lange Streit hat seine Bedeutung verloren. Ob damit eine dauerhafte Wende in den traditionellen, von äußeren Einflüssen genährten Gegensätzen innerhalb des Antiochener Patriarchats eingetreten ist, hängt nicht zuletzt von der politischen Entwicklung in der Region und besonders in Syrien ab.[23]

Die Regierung Syriens legte während der Krise von 1966 ein zweideutiges Verhalten an den Tag. Offiziell erklärte sie ihre Neutralität und versicherte, sie wolle mit dem Streit im Patriarchat nichts zu tun haben. Das Patriarchat könne seine Schwierigkeiten selbst überwinden. Man werde nicht zulassen, daß religiös-kirchliche Differenzen zu politischen Zwecken mißbraucht würden.[24] Sowohl Ministerpräsident Yusuf Zu'aiyin wie Staatschef Nur ad-Din el-Atasi gaben dem Patriarchen die Zusicherung, daß die Regierung nur ihn als Oberhaupt der orthodoxen Gemeinschaft und Gesprächspartner anerkenne. Es fehlte jedoch nicht an Anzeichen, daß die oppositionelle Bischofsgruppe gewisse Sympathien bei der Regierung und der herrschenden Ba'th-Partei genoß. Wenige Monate vor Ausbruch der kirchlichen Krise, im Februar 1966, hatte der linkssozialistische Flügel der Ba'th-Partei die Macht in Damskus an sich gerissen. Im Gefolge dieses Umschwungs verstärkte sich die anti-westliche Propaganda zusehends, die Beziehungen zur Sowjetunion wurden enger. Den neuen Machthabern dürften entsprechend ihrer politisch-ideologischen Ausrichtung die Bestrebungen der »russischen Partei« im Patriarchat nicht ganz unwillkommen gewesen sein. Der von der Opposition zum Metropoliten von Lattakia gewählte Antun Schedrawi hatte dem Vernehmen nach die Gunst der syrischen Regierung. Die syrische Polizei leistete Beistand, als Schedrawi in Lattakia in sein Amt eingeführt werden sollte. Sie vermochte allerdings auch nicht, den hartnäckigen Widerstand der Gemeinde zu brechen, so daß Schedrawi unverrichteter Dinge wieder aus Lattakia abreisen mußte. Es ist sicher, daß der Patriarch nicht zuletzt deswegen sich von Syrien nach Libanon begab, weil er den Druck der syrischen Regierung ausweichen wollte. In Libanon fühlte er sich freier, dort wurde ihm auch offizielle Unterstützung zuteil. Man sprach sogar von einem freiwilligen Exil des Patriarchen. Gewiß, Theodosios VI. stritt derartige Interpretationen offiziell ab, er dankte sogar der syrischen Regierung für ihr »neutrales Verhalten«. Außerdem war die Abreise insofern nicht ganz ungewöhnlich, als die Patriarchen im Sommer jeweils längere Zeit in den Bergen Libanons zu verbringen pflegen. Doch lag es unter den gegebenen Umständen auf der Hand anzunehmen, daß sich Theodosios in Syrien nicht im vollen Besitz seiner Handlungsfreiheit glaubte und deshalb außer Landes ging. Zudem hatte die syrische Regierung einigen Metropoliten Libanons die Einreise gesperrt, was die Aktivität der Heiligen Synode stark behinderte.

Anders lagen die Dinge drei Jahre später, als der Zwist im Patriarchat abermals ausbrach. Das politische Klima in Syrien hatte sich gegenüber 1966 deutlich verändert. Im Februar 1969 hatte Luftwaffenchef General Hafiz al-Asad die Linksextremisten beiseite gedrängt. Er war bereits mitten auf dem Wege zum Vollbesitz der Macht, was er schließlich im März 1971 mit der Übernahme der Präsidentschaft auch erreichen sollte. Obgleich auch zur inneren Führung des Ba'th gehörig, war Asad mehr ein Pragmatiker als ein marxistischer Ideologe, vor allem war er stärker arabisch-nationalistisch gesinnt als die Links-Ba'thisten. Die Zusammenarbeit mit den Kommunisten setzte auch er fort, hielt sie aber deutlich in Grenzen. Asad war bestrebt, die Bindung an die Sowjetunion nicht zu einseitig werden zu lassen und Syrien wieder aus der Isolierung innerhalb der arabischen Staatenwelt herauszuführen. Im Zuge dieser Politik besserte sich auch das Verhältnis Syriens zum benachbarten Libanon zusehends.[25]

Von Asad konnte die oppositionelle Bischofsgruppe oder wenn man so will, die »russische Partei« nicht mehr die Unterstützung erwarten, die ihr die Linksba'thisten in mehr oder minder verdeckter Form hatten angedeihen lassen. Während der Krise von 1969 nahmen die syrischen Behörden sogar aktiv Partei für den Patriarchen und die legale Synode. Der von den Dissidenten zum Metropoliten von Homs gewählte Gabriel Faddul, der sich bereits in seinem Amtssitz niedergelassen hatte, wurde gezwungen, die bischöfliche Residenz wieder zu räumen. Das ging nicht ohne Gewaltanwendung ab, denn die Anhänger Fadduls hatten sich in der Residenz verschanzt. Die syrische Militärpolizei ging gegen sie vor, wobei es Tote und Verletzte gab. Zu den blutigen Vorfällen in Homs bemerkte später ein Sprecher des Patriarchats, daß sich unter den von der Polizei verhafteten Personen zahlreiche Nicht-Orthodoxe und Nicht-Syrer befunden hätten, die von den politischen Parteien mobilisiert worden seien.[26]

Das Moskauer Patriarchat stellte sich während der Krisen in der Kirche von Antiochia offiziell hinter den Patriarchen und die rechtmäßige Synode. Alle übrigen Gliedkirchen der Orthodoxie taten das gleiche. Moskau konnte kaum anders handeln, ohne sich in Widerspruch zur kirchlich-kanonischen Legalität zu setzen und die Einheit mit den Schwesterkirchen zu verletzen. In den Kulissen freilich dürften die Russen der Bischofsopposition, die im wesentlichen, wenn auch nicht allein, den russophilen Teil der Hierarchie repräsentierte, Sympathien entgegengebracht, vielleicht sogar in gewissem Maße Unterstützung gewährt haben. Dies war naheliegend, und darüber gingen zahlreiche mehr oder weniger begründete Gerüchte um. Es wirkte wie eine ostentative Widerlegung derartiger Mutmaßungen, daß der ständige Vertreter des Moskauer Patriarchats in Damaskus, Bischof Vladimir (Kotljarow), dem Patriarchen Theodosios VI. in Libanon einen Besuch machte. Immerhin muß etwas Wahres an den Behauptungen gewesen sein, daß die Russen ein hintergründiges Spiel trieben. Anders läßt es sich nicht erklären, daß das Moskauer Patriarchat gebeten wurde, Bischof Vladimir abzuberufen, weil er sich in erster Linie mit Politik befasse.[27] Tatsächlich kehrte Vladimir im Herbst 1966 in die Sowjetunion zurück, wo ihm de Leitung der Diözese Kirow übertragen wurde. Seinen Platz in Damaskus nahm Bischof Hermogen (Orjechow) ein.

Als Theodosios VI. am 10. Oktober 1969 die Schwesterkirchen von den Maßnahmen unterrichtete, welche die Heilige Synode gegen die vier aufsässigen Metropoliten ergriffen hatte, sicherte ihm und der legalen Synode Patriarch Alexei von Moskau in einem offiziellen Telegramm die Billigung und Unterstützung der russischen Kirche zu. Ein zweites Telegramm Alexeis mahnte die Bischöfe zur Versöhnung. Danach zu urteilen, konnte dem Moskauer Patriarchat nicht der Vorwurf offener Einmischung gemacht werden. Zweifellos waren indessen das Moskauer Patriarchat und die Sowjetdiplomatie an den kirchlichen Vorgängen in Antiochia nicht gänzlich unbeteiligt, ebenso wenig war es die westliche Seite, das heißt die Griechen und die Amerikaner.[28]

Der Hintergrund und die Beweggründe der Krisen im Patriarchat von Antiochia sind komplex. Gewiß waren diese Krisen eine neue Episode der schon alten Spannung zwischen einer hellenisch-westlichen Richtung und einer Tendenz, die das Heil des

Antiochener Patriarchats in der Anlehnung an Moskau suchte. Daraus ergab sich, bewußt oder unbewußt, eine Politisierung im Zeichen des Ost-West-Konflikts. Auch wenn diese vereinfachende Version nicht falsch ist, so bleibt sie doch unzureichend. Andere Faktoren rein kirchlicher und für das Antiochener Patriarchat spezifischer Natur kamen hinzu, vermutlich hatten sie sogar den stärkeren Einfluß auf die Handlungsweise der Beteiligten.

In der jüngeren Generation von Geistlichkeit und Laien machte sich schon seit längerer Zeit der Wunsch und das Streben nach einer inneren Erneuerung der Kirche von Antiochia geltend. Man wollte die als schädlich und veraltet empfundenen Gegensätze überwinden, man wollte auch der unaufhörlichen Einwirkung auswärtiger Einflüsse ein Ende setzen. Stärksten Ausdruck fand dieser Wille zu Erneuerung und Selbstbesinnung in der »Orthodoxen Jugend-Bewegung« (Mouvement de Jeunesse Orthodoxe = MJO). Kurz nach dem zweiten Weltkrieg gegründet, weist der in Syrien und Libanon wurzelnde MJO gewisse Parallelen zur griechischen Zoi-Bewegung auf, ohne daß dieser Vergleich zu weit getrieben werden darf und die Unterschiede zwischen Griechenland und der arabischen Levante übersehen werden dürfen. Aus dem MJO kamen einige der jüngeren Geistlichen, die zwischen 1966 und 1970 zu Metropoliten gewählt wurden und damit in die führende Hierarchie aufstiegen. So gehörte der im Februar 1970 zum Metropoliten von Berg-Libanon gewählte Georg Khodr zu den Gründern des MJO und war lange Jahre lang deren Generalsekretär. Spirituell blickt der MJO nach Westen, hält engen Kontakt zur hellenischen Orthodoxie, ist aber zugleich auch politisch und kirchenpolitisch stark national-arabisch geprägt. Auf der anderen Seite bestand die Führung der »russischen Partei« aus alten Bischöfen, was schon daraus hervorgeht, daß die ihr zuzurechnenden Metropoliten fast alle in Rußland vor 1914 studiert hatten. Zwischen den beiden Weltkriegen gab es keine Möglichkeit theologischen Hochschulstudiums in der Sowjetunion. Erst danach lief die Ausbildung ausländischer Studenten an den Geistlichen Akademien von Moskau und Leningrad allmählich wieder an. Der Nachwuchs der »russischen Partei« im Patriarchat von Antiochia ist daher bei weitem geringer als die Zahl der Geistlichen, die an den Theologischen Hochschulen der hellenischen Orthodoxie studiert haben. Der Streit in der Hierarchie ließ sich daher bis zu einem gewissen Grade auch als ein Generationsproblem verstehen: dem Konservatismus der alten Metropoliten in der »russischen Partei« standen die jüngeren Neuerer gegenüber. Das ist natürlich auch nur ein Teilaspekt in summarischer Vereinfachung. Summarisch ist auch das Etikett »russische Partei«, denn Loyalisten und Opposition waren nicht streng nach diesem Kriterium geteilt.

Schließlich und endlich darf nicht übersehen werden, daß die Kirche von Antiochia während der sechziger Jahre mehr und mehr in das Vorfeld einer neuen Patriarchenwahl rückte. Theodosios VI. war bereits 73 Jahre alt, als er 1958 gewählt wurde. Er war damals der älteste Hierarch des Patriarchats. Die Wahrscheinlichkeit war daher von Anfang an groß, daß sich die Frage der Nachfolge in nicht allzu ferner Zeit stellen werde. Im November 1966 erlitt Theodosios VI. einen Hirnschlag, der eine teilweise Lähmung zur Folge hatte. Von da an konnte er seinen Amtspflichten nur mit Mühe nachkommen und war die längste Zeit an das Krankenbett in einem Beiruter Spital gefesselt. Die Tage des Patriarchen waren offensichtlich gezählt, der heftige Streit um die Besetzung vakanter Bischofssitze war daher auch — und vielleicht sogar in erster

Linie — ein Kampf um günstige Ausgangspositionen für die über kurz oder lang zu erwartende Wahl eines neuen Patriarchen. Wenn es der Opposition gelungen wäre, ihre Kandidaten durchzubringen, hätte sie vermutlich die Mehrheit in der Heiligen Synode erlangt und damit die Möglichkeit, einen der Ihren auf den Patriarchenthron zu bringen. Diese Überlegung dürfte man auch sowohl in Moskau wie in Athen und den Hauptstädten des Westens angestellt haben.

Im Spätsommer des Jahres 1970 verschlimmerte sich der Zustand Theodosios VI. so bedenklich, daß man auf das Ende gefaßt sein mußte. Auf jeden Fall mußten Vorkehrungen getroffen werden. Um zu beraten, was nun geschehen solle, wurde die Heilige Synode für den 19. September einberufen. So kam es, daß die Mitglieder der Synode bereits versammelt oder auf dem Wege waren, als Theodosios VI. in der Nacht vom 18. auf den 19. September in Beirut starb. Die Synode trat wie vorgesehen am folgenden Tage in Beirut zusammen. Den Vorsitz führte der Metropolit Elias Salibi von Beirut als ältester Bischof und Doyen der Heiligen Synode. Einstimmig wurde der 56jährige Metropolit Elias Mu'awad von Aleppo zum locum tenens gewählt. Dieser hatte satzungsgemäß die Synode zur Patriarchenwahl einzuberufen. Er setzte die Wahl kurzfristig auf den 25. September an, knapp eine Woche nach dem Tode Theodosios' VI. Die Neuwahl fand in Damaskus statt. Zwölf der sechzehn amtierenden Metropoliten nahmen teil. Die vier dissidenten Metropoliten wurden nicht eingeladen, da der »Bruch der Kommunion« mit ihnen fortbestand. Ohne Gegenstimme wählte die Synode den Metropoliten von Aleppo und locum tenens zum neuen Patriarchen. Der Gewählte wurde als Elias IV. inthronisiert. Es war gelungen, die seit Jahren gefürchtete Klippe der Patriarchenwahl wider Erwarten rasch und reibungslos zu passieren. Damit war einer der maßgeblichen Gründe des langen Streits in der Hierarchie weggefallen. Elias IV. ist noch jung genug, um nach menschlichem Ermessen eine längere Zeit der Stabilität auf dem Patriarchenthron von Antiochia zu versprechen.

Elias IV. trat mit Nachdruck als Sachwalter des arabischen Interesses an Jerusalem und als Fürsprecher der Palästinenser auf. Er tat dies unter anderem, als er auf der islamischen Gipfelkonferenz von Lahore im Februar 1974 auf Einladung des Gastgeberlandes Pakistan eine Abordnung der christlichen Gemeinschaften Syriens und Libanons anführte. In die gleiche Richtung wies auch der Besuch, den Elias IV. im Mai 1975 dem saudi-arabischen König Khalid abstattete. Die Einladung des saudischen Herrschers an den Patriarchen erregte berechtigtes Aufsehen, besuchte doch zum ersten Mal das Oberhaupt einer christlichen Kirche das Land der Heiligen Stätten des Islams. Der Besuch hatte ein in seiner Art und Bedeutung recht bemerkenswertes Ergebnis. König Khalid erteilte nämlich dem Patriarchat von Antiochia die Erlaubnis, in Saudi-Arabien eine Metropolie zu errichten, und zwar in der Erdölprovinz von el-Hasa, wo zahlreiche Ausländer orthodoxen Bekenntnisses, arabischer und nicht-arabischer Herkunft, tätig sind. Damit wurde erstmalig die Bildung einer christlichen Diözese im streng islamisch-puritanischen Saudi-Arabien zugelassen. Bis dahin waren die in Saudi-Arabien ansässigen Gläubigen des Antiochener Patriarchats der geistlichen Jurisdiktion des Metropoliten von Bagdad und Kuwait unterstellt.

Im Frühjahr 1975 begannen die ersten Schatten des heraufziehenden Bürgerkrieges auf Libanon zu fallen. Auf die Republik Libanon entfallen etwa die Hälfte der Gläubigen und sechs der insgesamt siebzehn Bischofssitze des Antiochener Patriarchats. Elias IV.

Mu'awwad selbst ist auf dem Territorium der heutigen Republik Libanon geboren, als dieses noch zum Osmanischen Reich gehörte. Im Bürgerkrieg sind die Orthodoxen als solche wenig in Erscheinung getreten. Die treibende Kraft auf christlicher Seite waren die Maroniten. Zum Unterschied zu den Maroniten, die sich stets gegenüber dem »Arabismus« mehr oder weniger deutlich abgegrenzt haben, sind die Orthodoxen im Allgemeinen mehr in die arabische Umwelt »integriert« und halten enge Verbindung zu ihren Glaubensbrüdern in Syrien. Es war daher verständlich, daß das orthodoxe Patriarchat von Antiochia die Lage in Libanon mit anderen Augen sah als die maronitische Gemeinschaft.

Auf eindeutigen Beschluß der Heiligen Synode des Patriarchats richtete Elias IV. einen Hirtenbrief an die orthodoxen Christen Libanons. Darin verurteilte er den »Konfessionalismus« scharf als ein »christliches Stammesdenken« und trat für die Bewahrung der nationalen Solidarität aller Libanesen ein. Mit herber Kritik an der »vom Luxus korrumpierten Moral bestimmter Kreise« verband der Patriarch seine Sympathie für die sozial benachteiligten Schichten. Zum Schluß des Hirtenbriefes rief er die Libanesen auf, alle Kraft für die Sache Palästinas und den »arabischen Charakter Jerusalems« einzusetzen. Der Hirtenbrief ließ sich als eine klare Absage an den »Separatismus« gewisser maronitischer Kreise und an eine konfessionelle Polarisierung in Libanon verstehen.

Noch deutlicher wurde Elias IV. in einem Interview, das er einer libanesischen Wochenzeitung gewährte. Er wandte sich unmißverständlich gegen Tendenzen zu einer Teilung Libanons und gegen diejenigen, die einen »nationalen christlichen Staat« in Libanon schaffen wollten. »Wir (die Orthodoxen) sind arabische Christen«, erklärte der Patriarch. »Unser Ursprung ist arabisch, und unsere nationale Zugehörigkeit ist arabisch.«

In der Stellungnahme des Patriarchen spiegelte sich erneut das Bestreben, das prekäre Zusammenleben von Moslems und Christen unter dem gemeinsamen Dach eines überkonfessionellen »Arabismus« zu festigen und zu sichern. Insoweit wurde auch eine weitgehende Übereinstimmung mit der Linie des syrischen Staatschefs Hafiz el-Asad erkennbar, zu dem Elias IV. schon lange gute persönliche Beziehungen unterhielt. Dabei war es sicherlich auch von Bedeutung, daß beide Männer religiösen Minderheiten im mehrheitlich sunnitisch-islamischen Syrien angehören, der Patriarch als orthodoxer Christ, der Staatspräsident als Alawit, Angehöriger einer islamischen Sekte schiitischer Herkunft.

## Russischer Besuch bei der Kirche von Griechenland

Russen und Griechen blicken auf eine mehr als tausendjährige Tradition der Glaubensverbundenheit zurück. Sie sind aber auch Rivalen um die Führung der Orthodoxie, seit Byzanz in die Hände der Osmanen gefallen ist und Moskau sich auf das Erbe beruft. In den inter-orthodoxen Beziehungen ist das russisch-griechische Verhältnis daher stets besonderer Natur gewesen, und dies gilt auch für die Beziehungen der russischen Kirche zur Kirche des modernen Griechenland. Das gemeinsame Bekenntnis zur Orthodoxie hat eine nicht zu unterschätzende Rolle gespielt, als Rußland den Freiheitskampf der

Griechen unterstützte und danach als eine der »Schutzmächte« des unabhängigen Griechenland auftrat. Dies war aber auch motiviert vom russischen Drang zum Mittelmeer, der seine religiös-kirchliche Komponente im Wunschbild eines neuen Byzanz unter dem Zarenadler hatte. Daraus ergab sich ein latenter, oft auch offener Widerspruch zu den nationalen und auch zu den kirchlichen Bestrebungen Griechenlands. Die Russen stützten sich in erster Linie auf die (ebenfalls orthodoxen) Balkanslawen, während sie im griechischen Nationalismus und in der hellenischen Orthodoxie eher ein Hemmnis sahen, das ihren Ambitionen sowohl politisch wie kirchlich im Wege war. In den Augen der Griechen wiederum erschien der russische Expansionsdrang zum östlichen Mittelmeerraum hin als eine Gefahr für die Unabhängigkeit und territoriale Integrität ihres Staates, besonders nachdem Griechenland Teile Mazedoniens und Thraziens erworben hatte und nunmehr zusammen mit der Türkei den Zugang zur Aegäis kontrollierte.

Die Balkanpolitik der Sowjetunion folgte, unter kommunistischem Vorzeichen, den Spuren des »Heiligen Rußland«. Im Gefolge des zweiten Weltkrieges konnte die Sowjetunion ihren Einfluß bis an die griechische Nordgrenze vorschieben, so daß das im Inneren vom kommunistischen Aufstand bedrohte Griechenland in die vorderste Frontlinie des kalten Krieges rückte. Unter diesen Umständen konnte von kirchlichen Beziehungen zwischen Athen und Moskau keine Rede sein. Der Moskauer Patriarch Alexei vermied es, die Kirche von Griechenland zu besuchen, als er im Frühjahr 1945 seine erste Reise in den Nahen Osten unternahm. Erst das allmählich einsetzende Tauwetter im kalten Krieg brachte eine langsame Änderung. Eine Normalisierung im Verhältnis zur Kirche von Griechenland drängte sich auf, nachdem Moskau sich der interorthodoxen Zusammenarbeit wieder in zunehmendem Maße geöffnet hatte. Auf seiner zweiten Orientreise im Winter 1960 besuchte Alexei nunmehr auch die Kirche von Griechenland. Es wurde vermerkt, daß dies der erste Besuch eines russischen Kirchenoberhauptes in Athen war. Nachhaltige Wirkung hatte der Besuch Alexeis nicht, die Russen waren fortan aber gelegentlich wieder in Griechenland präsent, so zum Beispiel bei der Tausendjahrfeier des Heiligen Berges Athos im Jahre 1963.

Im April 1967 gelangte in Athen eine rechtsnationalistische Militärjunta zur Macht, eine Entwicklung, die anfangs von den Sowjets mit sichtlichem Unbehagen verfolgt wurde. Im Mai nahmen die Militärs einen scharfen Eingriff in die griechische Kirche vor. Als einzige orthodoxe Kirche legte das Moskauer Patriarchat dagegen offiziellen Protest ein. Alexei richtete ein Schreiben an König Konstantin II. Er »bedauerte« darin die Absetzung des Athener Erzbischofs Chrysostomos II. und die Auflösung der Heiligen Synode. Er sei »tief betroffen« von der Einmischung der Regierung in die Angelegenheiten der Kirche, die ohne Beispiel in unserer Zeit sei. Zum Schluß fügte Alexei noch die politische Bemerkung hinzu, er sei betrübt über die Verfolgung von »Patrioten« in Griechenland. Der Moskauer Patriarch erhielt zur Antwort, die griechische Regierung habe »im besten Interesse der Kirche« gehandelt. Was die sogenannten Patrioten betreffe, so handele es sich in Wahrheit um »gefährliche Kommunisten«. Im übrigen sei es verwunderlich, daß der Patriarch zwar ernsthaft besorgt um die Freiheit der Kirche in Griechenland sei, aber zu dem Druck schweige, dem die Kirche in der Sowjetunion ausgesetzt sei.[29]

Die Russen verharrten noch längere Zeit in Feindschaft gegenüber dem politischen und kirchlichen Regime in Griechenland. Im April 1968 berief der Ökumenische Patriarch Athenagoras eine pan-orthodoxe Konferenz nach Heraklion auf Kreta ein. Obwohl die Kirche der Insel Kreta unter der Jurisdiktion des Ökumenischen Patriarchats steht und nicht zur Kirche von Griechenland gehört, wollte das Moskauer Patriarchat zusammen mit anderen Kirchen des Ostblocks dem von Athenagoras vorgeschlagenen Tagungsort nicht zustimmen mit der Begründung, es könne wegen der in Griechenland herrschenden Militärdiktatur nicht an einer Konferenz auf griechischem Territorium teilnehmen. Athenagoras mußte daher auf Heraklion verzichten und berief die Konferenz stattdessen nach Chambésy ein.[30]

Bald wurde eine vorsichtige Neuorientierung der sowjetischen Politik gegenüber Athen spürbar. Sie bahnte sich schon an, nachdem König Konstantin das Land verlassen hatte und die Militärjunta in den alleinigen Besitz der Macht gelangt war. Unter Ministerpräsident Georg Papadopoulos drängte die griechische Diplomatie intensiver als zuvor auf eine Verständigung mit den kommunistischen Nachbarn auf dem Balkan, was in Moskau aufmerksam verzeichnet wurde. Daß insbesodere Bulgarien den griechischen Bestrebungen bereitwillig entgegenkam, wäre ohne Zustimmung der Sowjetunion wohl kaum möglich gewesen. Die sowjetische Diplomatie war sichtlich bestrebt, die außenpolitischenTendenzen des Athener Militärregimes zu ihren Gunsten zu nutzen. Ohne in der kommunistischen Propaganda gegen die „faschistischen Obersten" nachzulassen, begannen die Sowjets, die Zusammenarbeit mit dem griechischen Regime wirtschaftlich und auch politisch zu fördern.[31] Im Zuge dieser Entwicklung trat allmählich auch das Moskauer Patriarchat aus seiner feindseligen Reserve heraus. Kirchenpolitisch kam die helladische Tendenz, die der Athener Erzbischof Hieronymos an den Tag legte, den russischen Auffassungen von der »absoluten Autokephalie« der uneingeschränkten Unabhängigkeit der Gliedkirchen, bis zu einem gewissen Grade entgegen.

Im Mai 1971 beteiligte sich das Moskauer Patriarchat an den pan-orthodox aufgezogenen Feiern der Kirche von Griechenland zum 150-jährigen Jubiläum des griechischen Freiheitskrieges. Die Russen nahmen die Gelegenheit wahr, die Unabhängigkeit der Kirche von Griechenland zu unterstreichen, was offensichtlich als Unterstützung für den »Helladismus« gewißer Kreise in Athen gedacht war.[32] Allerdings erwies sich die traditionelle Bindung der Griechen an das Ökumenische Patriarchat als stark genug, um einen kirchlichen Zusammenwirken zwischen Moskau und Athen, das zu Lasten des Phanar hätte gehen können, bestimmte nicht überschreitbare Grenzen zu setzen. Diese Grenzen zeigte auch der Besuch wieder auf, den Alexeis Nachfolger Pimen der Kirche von Griechenland abstattete.

Im Frühjahr 1972 hatte Pimen die Patriarchate des Orients besucht, dazu noch Bulgarien. Schon damals wurde bekanntgegeben, daß der Patriarch noch im Herbst des gleichen Jahres eine weitere Reise zu den Kirchen des Balkans unternehmen werde. Auf dem Programm standen die Patriarchate von Serbien und Rumänien sowie die Kirche von Griechenland. Von Belgrad kommend traf Pimen am 18. Oktober 1972 in Athen ein. In seinem zahlreichen Gefolge befand sich außer dem Leiter des kirchlichen Außenamtes, Juvenal, diesmal auch der Metropolit Nikodem, der an der Orientreise des Frühjahrs krankheitshalber nicht hatte teilnehmen können. Zum Empfang auf dem Flugplatz war unter anderen auch der Botschafter der Sowjetunion anwesend. Die Sowjetbotschaft gab, was ziemlich ungewöhnlich war, anläßlich des Patriarchenbesuches eine offizielle Verlautbarung heraus. Darin hieß es, die Reisen des Patriarchen zu den orthodoxen Kirchen, zum Heiligen Berg Athos und zu den Heiligen Stätten hätten zum Ziel, die Entwicklung bilateraler brüderlicher Beziehungen zu fördern, die Einheit der Orthodoxie im Dienste der Erneuerung des entzweiten Christentums zu vertiefen und vor allem dem Frieden der ganzen Welt zu dienen.[33]

Am folgenden Tage empfing die Heilige Synode der Kirche von Griechenland die russischen Gäste. Erzbischof Hieronymos hielt die Begrüßungsansprache. Er wies auf die Gemeinsamkeit aller lokalen Kirchen »unter Führung und Vorsitz des Ökumenischen Patriarchats« hin. Er versprach auch, in Bälde die russische Kirche zu besuchen. In seiner Erwiderung stellte Pimen mit Genugtuung fest, daß die russische Kirche tätigen Anteil an der Anerkennung der Autokephalie der Kirche von Griechenland gehabt habe.[34] Er sei überzeugt, so fuhr der Moskauer Patriarch fort, daß alle lokalen Kirchen »auf der Grundlage der Gleichberechtigung und der gemeinsamen Verantwortung« berufen seien, an der Lösung der heute der Orthodoxie gestellten Probleme mitzuwirken. In dieser Hinsicht darf nach unserer Ansicht nicht von der Vormundschaft (κηδεμονία) einer oder mehrerer lokaler Kirchen die Rede sein.« Er sei überzeugt, so fuhr der Moskauer Patriarch fort, daß alle lokalen Kirchen »auf der Grundlage der Gleichberechtigung und der gemeinsamen Verantwortung« berufen seien, an der Lösung der heute der Orthodoxie gestellten Probleme mitzuwirken. Abschließend sprach Pimen die Hoffnung aus, der Primas der Kirche von Griechenland werde sich in Moskau mit eigenen Augen von der Zuneigung überzeugen können, die man der Kirche und dem Volk Griechenlands entgegenbringe.[35] In der Tat ist ein Besuch des Athener Erzbischofs in Moskau damals nicht zustande gekommen.

Pimen suchte auch die Theologische Fakultät der Universität Athen auf. Die Reden, die bei dieser Gelegenheit gehalten wurden, setzten erneut unterschiedliche Akzente, deutlicher noch, als dies beim Treffen mit der Heiligen Synode zum Ausdruck gekommen war. Der Dekan der Fakultät, Professor Athanasios Chastupis, sprach von den gemeinsamen Aufgaben und Bestrebungen der Orthodoxie. Er meinte dazu, die panorthodoxen Konferenzen und der Dialog mit Rom und den Protestanten könnten zum Erfolg führen, sofern die Orthodoxie »unter der Ägide des Ökumenischen Thrones« geeint in Erscheinung trete. Der russische Gast erwähnte auch diesmal das Ökumenische Patriarchat mit keinem Wort, wohl aber merkte er gewisse Schwierigkeiten in den inter-orthodoxen Beziehungen an. Die Fragen des Kirchenrechts würden nicht genügend sorgfältig behandelt, so daß häufig »bedauernswerte Situationen« entstünden, was das Verhältnis zwischen den lokalen Kirchen betreffe. Die Anwesenden konnten nicht überhören, daß diese recht offene Bemerkung auf Meinungsverschiedenheiten mit dem Phanar anspielte.

Die griechische Regierung gab zu Ehren des Moskauer Patriarchen ein offizielles Essen, auf dem der stellvertretende Ministerpräsident Stylianos Pattakos sich in Betrachtungen zur historischen Rolle der Griechen in der russischen Kirche erging. Wichtiger war und viel bemerkt wurde, daß Ministerpräsident Georg Papadopoulos den Patriarchen und dessen engste Mitarbeiter zu einem langen Meinungsaustausch empfing. Bevor die russische Delegation wieder abreiste, hielten die beiden Metropoliten Nikodem und Juvenal, die als die maßgebenden »Außenpolitiker« des Moskauer Patriarchats gelten konnten, eine Pressekonferenz ab. Es wurden die verschiedensten Probleme angeschnitten. Unter anderem fragten die anwesenden Journalisten, was die Russen von dem Primat Konstantinopels dächten. Nikodem erwiderte, Moskau erkenne den Primat des Ökumenischen Patriarchats an, billige aber keiner lokalen Kirche die »Vormundschaft«

über eine andere zu. Pimen habe den Ökumenischen Patriarchen Dimitrios I. noch nicht besuchen können, weil ihm die Türken das Visum verweigert hätten. Er werde aber den Besuch nachholen, sobald die türkische Regierung es gestatte. Ausführlich kam auch das Interesse des Moskauer Patriarchats am Heiligen Berg Athos auf der Pressekonferenz zur Sprache.[36]

Wie zu erfahren war, nahmen Fragen des Heiligen Berges breiten Raum in den Athener Gesprächen Pimens und seiner Begleiter ein. Darüber bestanden seit geraumer Zeit Differenzen mit der griechischen Regierung, nicht mit der Kirche von Griechenland, die auf dem Athos nicht zuständig ist. Die Differenzen bezogen sich einmal auf die Autonomie des Heiligen Berges, zum anderen auf die Zulassung russischer Mönche.

Die Klostergemeinschaft des Athos ist eine autonome Mönchsrepublik auf griechischem Territorium. In geistlicher Hinsicht unterliegt sie der Jurisdiktion des Ökumenischen Patriarchats. Unter den zwanzig »souveränen« Klöstern des Heiligen Berges befindet sich auch das von Russen in früherer Zeit gegründete und hauptsächlich von russischen Mönchen bewohnte Kloster des Heiligen Panteleimon. Der Heilige Berg gehörte bis 1913 zum Osmanischen Reich, dann kam er zu Griechenland, das die Verpflichtung einging, die Autonomie der Klostergemeinschaft zu achten. Die Selbstverwaltung des Athos ist in einem Statut vom 10. Mai 1924 geregelt und von der griechischen Staatsverfassung grundsätzlich garantiert. Die griechische Regierung ist von einem Zivilgouverneur vertreten, der zum Außenministerium ressortiert und von diesem ernannt wird. Artikel 3 bis 5 des Statuts von 1924 umschreiben die Rechte des Gouverneurs. Demzufolge ist der Gouverneur für die öffentliche Ordnung und Sicherheit auf dem Heiligen Berg verantwortlich und hat allgemein darüber zu wachen, daß die Verfassung der Klostergemeinschaft genau eingehalten wird.

Im Februar 1969 erließ die griechische Regierung ein Dekret, das dem Gouverneur des Heiligen Berges erweiterte Rechte verlieh. Alle Entscheidungen der Klostergemeinschaft mußten hinfort dem Gouverneur zur Billigung und Kontrolle vorgelegt werden. Der Gouverneur erhielt auch das Recht, die Klöster ohne vorherige Anmeldung zu inspizieren. Begründet wurde das Dekret mit der Notwendigkeit, die Ausgabenwirtschaft der Klöster strenger zu beaufsichtigen und die Veräußerung wertvoller Kunstschätze zu verhindern. Im Athener Außenministerium verlautete dazu noch, das Dekret verwirkliche nur einen alten Plan, den bereits frühere Regierungen verfolgt, aber nicht ausgeführt hätten. Wie dem auch gewesen sein mag, das Dekret erregte die Gemüter heftig. Die Klostergemeinschaft protestierte energisch und kündete an, sie werde das Dekret unbeachtet lassen, weil es gegen die Autonomie des Athos verstoße. Das Ökumenische Patriarchat, die zuständige geistliche Instanz, riet den Klöstern, streng darüber zu wachen, daß die Verfassung des Heiligen Berges genau beachtet werde, wollte aber keinen Konflikt mit der Athener Regierung heraufbeschwören.[37]

Die Heilige Synode des Moskauer Patriarchats hielt es für angebracht, sich mit der Angelegenheit zu befassen. Sie stellte fest, daß das Dekret die Freiheit der Mönchsrepublik bedrohe und daß sich die griechische Regierung »die Rechte einer kirchlichen Gewalt« anmaße. Die Russen wurden in Athen vorstellig, auch das bulgarische Patriarchat protestierte. Der Moskauer Patriarch wandte sich schriftlich an Athenagoras, um diesem vorzuschlagen, eine pan-orthodoxe Konferenz der »kritischen Lage des Heiligen Berges« einzuberufen.

Das russische Athoskloster Panteleimon feierte im August 1969 den 800. Jahrestag seiner Gründung. Das Moskauer Patriarchat wollte aus diesem Anlaß eine starke Delegation nach dem Heiligen Berg entsenden, vermutlich hing dieser Wunsch aber auch mit dem umstrittenen Dekret zusammen. Die russische Abordnung sollte aus fünfzehn Personen bestehen unter Führung des Metropoliten Nikodem von Leningrad. Der Phanar gab sein Einverständnis, aber das Athener Außenministerium verweigerte die Einreise in der von der Sowjetbotschaft beantragten Form. Es beschränkte die Delegation auf fünf Personen und schloß Nikodem aus, weil dieser sich feindselig über Griechenland geäußert habe. Zusammensetzung und Stärke der Delegation mußten den griechischen Wünschen gemäß geändert werden. Danach verlief der russische Besuch ohne Ärgernis, und wie es hieß, zur gegenseitigen Zufriedenheit. Die Wolken um den Athos verzogen sich allmählich wieder, denn das Dekret von 1969 ist in der Tat nicht angewendet worden. Als der Gouverneur Konstantin Karadimitropoulos davon Gebrauch machen wollte, brach die Klostergemeinschaft alle Beziehungen zu ihm ab und verlangte seine Abberufung. Im September 1973 trat Karadimitropoulos schließlich zurück. Sein Nachfolger, ein pensionierter Oberst namens Dimitrios Krekoukias, lenkte auf einen versöhnlicheren Kurs ein und wurde von der Klostergemeinschaft gut aufgenommen.[38] Krekoukias blieb nur verhältnismäßig kurze Zeit im Amt. Die Regierung Karamanlis setzte im Juni 1975 den Professor Dimitrios Tsamis als neuen Gouverneur des Heiligen Berges ein.

Das Moskauer Patriarchat war schon lange bestrebt, mehr russische Mönche nach dem Heiligen Berge zu bringen. Deren Zahl ist seit der Zarenzeit mehr und mehr zusammengeschmolzen. Zu Beginn des Jahrhunderts zählte das russische Kloster Panteleimon noch etwas mehr als 1400 Insassen, 1973 hatte es nur noch 20 Mönche, davon 17 Russen und 3 Griechen. Da der Athos griechisches Hoheitsgebiet ist, bedürfen alle ausländischen Mönche, die sich auf dem Heiligen Berg niederlassen wollen, einer griechischen Einreisebewilligung. Sobald sie eingetreten sind, werden sie automatisch griechische Staatsangehörige (Artikel 6 des Athos-Statuts von 1924). Rechtlich sind sämtliche Athoskloster daher griechisch, auch wenn einige von ihnen, (so das »russische« Kloster Panteleimon) nach Ursprung und Tradition einen anderen Charakter haben.

Schon vor dem Militärregime waren die griechischen Regierungen aus politischen Gründen stets sehr zurückhaltend, wenn es um die Zulassung neuer Mönche aus dem kommunistischen Ländern ging. Die Russen behaupteten, sie hätten seit 1963 insgesamt 18 Anträge gestellt, aber nur 5 russische Mönche seien zugelassen worden. Pimen benutzte seinen Besuch in Athen, um die Angelegenheit mit griechischen Regierungsstellen und namentlich auch mit Papadopoulos selbst zu besprechen. Öffentlich betonte er in deutlichen Worten das russische Interesse am Heiligen Berge: das Kloster Panteleimon bezeuge die jahrhundertelangen Beziehungen zwischen dem russischen und dem griechischen Volk. Es sei immer mit der russischen Kirche geistlich und materiell eng verbunden gewesen. Dieses »alte Zentrum des geistigen Lebens der russischen Kirche« müsse erhalten bleiben, und dazu brauche das Moskauer Patriarchat das Verständnis der griechischen Behörden, unter deren Souveränität sich der Heilige Berg befinde. Er hoffe, daß die Mönche, die sich aus russischen Klöstern nach Panteleimon begeben wollten, künftig nicht mehr dem „betrüblichen Widerstand der offiziellen griechischen Kreise" begegnen würden.[39]

Von Athen aus unternahm der russische Patriarch mit seiner Begleitung eine mehrtägige Pilgerfahrt zum Heiligen Berge. Auch dort schnitten die Russen gegenüber der Klostergemeinschaft und dem Gouverneur die Frage der Zulassung russischer Mönche an. Der Gouverneur gab zur Antwort, darüber habe die griechische Regierung zu entscheiden. Viel Erfolg scheint den russischen Bemühungen in Athen und auf dem Heiligen Berg selbst nicht beschieden gewesen zu sein. Immerhin ist seither wieder eine kleine Zahl russischer Mönche auf dem Athos eingetroffen.[40] Die Russen fahren fort, Klage darüber zu führen, daß ihnen die griechische Regierung »künstliche Schwierigkeiten« auf dem Athos in den Weg lege. Der griechische Hinweis auf die Gefahr, einer kommunistischen Infiltration des Heiligen Berges sei nur ein »Vorwand«. Es gebe, so wird von russisch-kirchlicher Seite behauptet, säkulare Kräfte, die den Athos endgültig hellenisieren wollten und damit den Charakter der Mönchsrepublik als einer pan-orthodoxen Wirkungsstätte einschneidend verändern möchten.[41]

## Moskau — Konstantinopel: Meinungsverschiedenheiten

Das Verhältnis zwischen den Patriarchaten von Konstantinopel und Moskau ist der Eckstein der orthodoxen Einheit. Es nimmt in den inter-orthodoxen Beziehungen die Schlüsselposition ein. Es spielt eine wesentliche Rolle im kirchenpolitischen Aspekt der »Orientalischen Frage«, die vom 18. Jahrhundert an in wechselnder Form das Ringen um den Nahen Osten widerspiegelt.

Die Beziehungen der russischen Kirche zum Phanar berühren die gesamte Orthodoxie in aller Welt und deren Beziehungen zu den heterodoxen christlichen Kirchen, in erster Linie zu Rom. Insofern sind sie nicht allein eine Frage des Verhältnisses zweier »lokaler« Kirchen zueinander, sie haben vielmehr der Natur der Dinge gemäß universal-orthodoxen Bezug. Es versteht sich aber von selbst, daß alles, was zwischen Moskau und Konstantinopel vorgeht, die kirchenpolitische Situation im Nahen Osten unmittelbar oder mittelbar beeinflußt, auch wenn es sich um Probleme handelt, deren Ursprung und Schwerpunkt außerhalb der Region liegt.

Konstantinopel und Moskau sind die beiden führenden Kirchen der orthodoxen Gemeinschaft. Das Moskauer Patriarchat ist nach Zahl der Gläubigen die bei weitem stärkste und materiell die mächtigste Gliedkirche. Daß es daraus bestimmte Ansprüche ableitet, die dieser Tatsache entsprechen, liegt auf der Hand und ist nicht neu. Im Inneren dem unerbittlichen Druck der kommunistisch-atheistischen Staatsgewalt unterworfen, genießt das Patriarchat in seinen auswärtigen Beziehungen den Rückhalt und oft auch die aktive Unterstützung der Sowjetmacht. Im Zarenreich war das Zusammenwirken von Diplomatie und Kirche eine Selbstverständlichkeit und trat offen zu Tage. In der Sowjetunion ist es undurchsichtig und mysteriös.

Wie es auch um die wahre Stärke der heutigen russischen Kirche bestellt sein mag, gemessen daran nimmt sich das Ökumenische Patriarchat bescheiden aus, wenigstens rein äußerlich. Es ist heute zahlenmäßig nur noch eine kleine Kirche. Seine materiellen Mittel sind begrenzt. Es hat keine Weltmacht hinter sich.

Nun bestimmen sich aber die „Kräfterelationen" inerhalb der Kirche nicht allein und auch nicht einmal entscheidend nach äußerer Macht und Größe. Tradition und Ansehen des Ökumenischen Patriarchats wiegen schwer in der orthodoxen Gemeinschaft. Der Primat Konstantinopels — mag er auch unterschiedlich interpretiert werden — ist eine kanonisch und historisch begründete Gegebenheit, die von den Russen nicht umgangen, geschweige denn einseitig geändert werden kann. Moskau ist aber bestrebt, den eigenen Einfluß in der Orthodoxie zu stärken und die eigene Unabhängigkeit von Konstantinopel zu betonen, woraus es sich zum Teil erklärt, daß die Russen häufig gegensätzliche Positionen zum Ökumenischen Patriarchat beziehen. Im Phanar sagt man dazu, Moskau führe einen »negativen Dialog« mit Konstantinopel. Zu weit kann es freilich auf diesem Wege nicht gehen. Es muß Rücksicht nehmen sowohl auf die Empfindlichkeit der orthodoxen Schwesterkirchen wie insbesondere auf die Gefühle der eigenen Gläubigen. Konstantinopel ist die Mutterkirche der russischen Orthodoxie. Als solche ist es noch immer hoch geachtet. Ein schlechtes Verhältnis zur Mutterkirche schadet dem Ansehen des Moskauer Patriarchats in seiner Gemeinde. Auf der einen Seite bemüht sich somit Moskau, als Gegenpol Konstantinopels in der Orthodoxie zu erscheinen, strebt es nach Mehrung des eigenen Einflusses zu Lasten des Phanar. Auf der anderen Seite kann es die im russischen Kirchenvolk verwurzelte Ehrfurcht vor der Mutterkirche nicht offenkundig mißachten. Der Zwiespalt führt bisweilen zu merkwürdigen Situationen und zu Schachzügen, die lebhaft an die verschlungenen Pfade des alten Byzanz erinnern.

Das Moskauer Patriarchat war die einzige der großen orthodoxen Gliedkirchen, die Athenagoras während seiner Amtszeit nicht hat besuchen können. Er hätte es gerne getan. Ein Besuch in Moskau hätte sein Lebenswerk inter-orthodoxer Wiederannäherung und Zusammenarbeit demonstrativ besiegelt. Zudem verlangte der Besuch, den der russische Patriarch Alexei im Dezember 1960 dem Phanar abgestattet hatte, eine protokollarische Erwiderung. Als Athenagoras im Jahre 1967 den Beschluß zu einer großen Auslandsreise faßte, sollte Moskau an erster Stelle stehen. Noch Anfang September 1967 hieß es, der Ökumenische Patriarch werde sich längere Zeit in der Sowjetunion aufhalten und außer Moskau auch die Kirche Georgiens und das armenische Katholikat von Etschmiadzin besuchen. Aus diesem offenbar schon ziemlich weit gediehenen Plan wurde nichts. Aus zuverlässiger Quelle war später zu erfahren, das Moskauer Patriarchat habe um Verschiebung des Besuches nachgesucht. Begründet wurde die Bitte damit, daß in der sowjetischen Hauptstadt die Vorbereitungen zur großen Revolutionsfeier in vollem Gange seien und der Zeitpunkt daher ungünstig sei. Es sei besser, wenn Athenagoras zum fünfzigjährigen Jubiläum der Wiedererrichtung des Moskauer Patriarchats im Mai 1968 komme. Der Einwand wurde akzeptiert, und Athenagoras verzichtete darauf, Moskau in seine Rundreise vom Herbst 1967 einzubeziehen. Anfang März gab der Phanar bekannt, der Patriarch werde im Mai nach Moskau fahren, wie es die Russen selbst angeregt hatten. Bald darauf erschien der Metropolit Nikodem, der »Außenminister« der russischen Kirche im Phanar. Er gab Athenagoras in Worten des Bedauern zu verstehen, daß der Gesundheitszustand des greisen russischen Patriarchen Alexei leider recht schlecht sei und man daher befürchte, Alexei werde einen so hohen Gast wie den Ökumenischen Patriarchen nicht in gebührender Weise empfangen können. Kurz, Athenagoras wurde zum zweiten Male ausgeladen. Nachdem sich Nikodem vom Patriarchen verabschiedet hatte, gab er beim Verlassen des Phanar, gleichsam im Vorbeigehen, einen offiziellen Brief ab, worin das Ökumenische Patriarchat eingeladen wurde, eine Delegation zu den Moskauer Jubiläumsfeiern zu entsenden. So ergab es sich, daß sämtliche Patriarchen und Kirchenoberhäupter zur Jubiläumsfeier eingeladen wurden, nur der Primas der Orthodoxie nicht. Griechische Beobachter vermuteten, hinter dieser wahrhaft „byzantinischen" Geschichte stehe der Kreml. Die Sowjetregierung habe nicht gewünscht, daß der Ökumenische Patriarch, dem unweigerlich der protokollarische Vortritt hätte eingeräumt werden müssen und dessen überragende Persönlichkeit den Feiern sicherlich ein besonderes Gepräge gegeben hätte, nach Moskau komme. Natürlich ist das nur eine Vermutung, ihr Wahrheitsgehalt läßt sich nicht nachprüfen.[42] Es ist aber gewiß nicht zuviel gesagt, daß die von Moskau vorgebrachten Motive der zweimaligen Absage des Athenagoras-Besuches nur Vorwände waren, hinter denen sich politische und vielleicht auch kirchliche Abneigung gegen einen solchen Besuch verbarg.

Welches auch die wahren Gründe gewesen sein mögen, das Verhalten der Russen kam einer ungewöhnlichen Brüskierung des Ökumenischen Patriarchen gleich. Athenagoras wollte indessen keinen Ärger haben und hielt es für das beste, gute Miene zum bösen Spiel zu machen. Der russischen Einladung folgend entsandte er eine Delegation des Phanar nach Moskau. Auch die Oberhäupter der übrigen Kirchen der hellenischen Orthodoxie begaben sich nicht persönlich nach Moskau, sondern begnügten sich mit der Entsendung besonderer Abordnungen. Nur der eigenwillige Patriarch Benediktos von Jerusalem beharrte auf einer Reise nach Moskau, obwohl man ihm in Athen dringend davon abriet. Die Befürchtungen Athens sollten sich (aus griechischer Sicht) als begründet erweisen. Die Russen benutzten die Anwesenheit des Patriarchen von Jerusalem zu einer Geste, die im Hinblick auf das strenge Kirchenprotokoll der Orthodoxie kaum ohne tiefere Absicht war. Mit der Begründung, Jerusalem habe einen unvergleichlichen Rang in der Christenheit inne, erhielt Benediktos den Vortritt, auch vor den Abgesandten Konstantinopels.[43]

Im Ganzen blieb Athenagoras stets besorgt, die mühsam wiederhergestellte Brücke zur russischen Kirche zu erhalten und zu pflegen. Ungeachtet mancher Winkelzüge und Nadelstiche, deren Hintergrund zum Teil noch aufzuklären bleibt, bestand der gleiche Wunsch auch bei den Russen, nachdem die scharfe Polemik der stalinistischen Ära abgeklungen war. Immer wieder zeigten sich allerdings Grenzen der Übereinstimmung. Als Athenagoras im Juli 1973 gestorben war, bescheinigte das Moskauer Patriarchat dem Verstorbenen die Aufrichtigkeit seiner Bemühungen um ein gutes Verhältnis zwischen den beiden Kirchen, wies aber auch darauf hin, daß trotzdem »Meinungsverschiedenheiten in einer Reihe grundsätzlicher Fragen« nicht hätten ausgeräumt werden können.[44]

Schon auf der ersten pan-orthodoxen Konferenz vom September 1961 glaubten die Vertreter des Phanar festzustellen, daß in einigen nicht näher genannten Kreisen der Teilnehmer (gemeint waren wohl in erster Linie die Russen) »seltsame Ansichten« über Stellung und Rechte des Ökumenischen Patriarchats herrschten.[45] Später sperrte sich das Moskauer Patriarchat gegen eine gesamt-orthodoxe Linie in den sich anbahnenden Kontakten zu Rom — wie es der Phanar gewünscht hatte. Die Russen gingen vielmehr ihre eigenen Wege, nicht ohne den Phanar zeitweise in peinliche Verlegenheit zu bringen, so zum Beispiel bei der Entsendung von Beobachtern zum Vatikanischen Konzil.[46] Mit »Extratouren« dieser Art, die gerade in den Beziehungen zu Rom deutlich einen politischen Hintergrund vermuten ließen, hatte sich der Phanar abgefunden. In anderen Bereichen arbeitete das Moskauer Patriarchat bereitwillig und aktiv unter der Ägide Konstantinopels mit, so bei der Vorbereitung des gesamt-orthodoxen Konzils oder bei den Dialogen mit den Alten Orientalischen Kirchen, den Alt-Katholiken und Anglikanern.

Die Russen knüpften an einen besonderen Fall an, wenn sie im Nachruf auf Athenagoras vom Fortbestand grundsätzlicher Meinungsverschiedenheiten sprachen. Solche grundsätzlichen Differenzen waren offen zu Tage getreten, als Moskau entgegen dem entschiedenen Widerspruch Konstantinopels im Frühjahr 1970 die Autokephalie der »Orthodoxen Kirche in Amerika« proklamiert hatte. Es zeigte sich daran, daß die Auffassungen Konstantinopels und Moskaus über Art und Gefüge der inter-orthodoxen Beziehungen weit auseinandergingen, ja schwerlich miteinander vereinbar waren. Unterschwellig, zuweilen auch offen ausgesprochen, schwingt der historische Antagonismus zwischen hellenischer und russisch-slawischer Orthodoxie mit.[47]

Auf Entstehung und Entwicklung der Orthodoxie in Amerika kann hier nicht näher eingegangen werden. Immerhin bedarf es eines ganz kurzen Rückblicks zum Verständnis des Streitfalls. Schon in der historischen Darstellung gehen die Meinungen auseinander. Die Russen nehmen das Erstgeburtsrecht der Orthodoxie in Amerika für sich in Anspruch, die Griechen ziehen diesen Anspruch in Zweifel. Im 18. Jahrhundert stießen die Russen von Sibirien her nach dem äußersten Nordwesten des amerikanischen Kontinents vor. Russische Mönche begannen alsbald, in Alaska zu missionieren. Als Beginn ihrer Missionstätigkeit wird das Jahr 1794 angegeben. In der Folge errichtete die russische Kirche ein Bistum in Alaska. Nachdem Rußland im Jahre 1867 Alaska den USA käuflich überlassen hatte, blieb das Bistum unter der Jurisdiktion der russischen Kirche. Der Sitz des Bistums wurde zunächst nach San Francisco und 1905 nach New York verlegt. Das Bistum führte den umständlichen Titel: »Russische Orthodoxe Griechisch-katholische Kirche von Nordamerika«. Meist wird es kurz als die »Metropolia« bezeichnet. Die Metropolia besaß oder beanspruchte die Jurisdiktion über alle in Amerika ansässigen Orthodoxen, deren Zahl allerdings damals, zu Beginn des 20. Jahrhunderts, noch recht gering war. Nach russischer Auffassung war bis zum ersten Weltkrieg die amerikanische Orthodoxie kanonisch geeint unter der hierarchischen Führung der russischen Kirche. Die russische Revolution von 1917 stiftete große Verwirrung in den Reihen der russisch-orthodoxen Diaspora. Im Jahre 1924 sagte sich die Metropolia vom Moskauer Patriarchat los und erklärte sich für autonom. Das Moskauer Patriarchat erkannte die Autonomie der Metropolia nicht an. Es richtete ein eigenes Exarchat für Nord- und Südamerika ein, das den Anspruch erhob, der rechtmäßige Nachfolger der »Russischen Orthodoxen Griechisch-katholischen Kirche Nordamerikas« zu sein. Indessen wurde die Hoffnung nicht aufgegeben, den Bruch zwischen Moskau und der Metropolia zu heilen.

Die Griechen behaupten, die erste orthodoxe Gemeinde in Amerika seien Griechen gewesen, die sich 1767 in Florida niedergelassen hätten, also fast drei Jahrzehnte, bevor die russischen Mönche in Alaska aufgetreten seien. Die erste griechische Kirche wurde 1864 in New Orleans von griechischen Seeleuten und Baumwollkaufleuten erbaut. Nachdem die Zahl der griechischen Einwanderer stark angeschwollen war und nachdem die russische Revolution eine neue Lage in der Diaspora geschaffen hatte, gründete das

Ökumenische Patriarchat im Mai 1922 ein griechisches Erzbistum von Nord- und Süd-amerika mit Sitz in New York und unter seiner Jurisdiktion.

Gegen Ende der sechziger Jahre kamen die Bemühungen um eine Versöhnung zwischen Moskau und der Metropolia zur Reife. Im Auftrag des Moskauer Patriarchats nahm nahm Metropolit Nikodem Verhandlungen mit der Metropolia auf. Die Verhand-lungen begannen im Januar 1969. Über ihren offenbar schwierigen Verlauf drang zu-nächst nur sehr wenig an die Öffentlichkeit, bis im Herbst 1969 verlautete, daß eine grundsätzliche Einigung in wesentlichen Punkten erzielt worden sei. Am 31. März 1970 unterzeichneten Nikodem und der Metropolit Irenäus (Bakish) als Oberhaupt der Metropolia ein Abkommen. Darin wurde die Metropolia als rechtmäßige Nachfolgerin der alten »Russischen Orthodoxen Griechisch-katholischen Kirche von Nordamerika« anerkannt, so daß die seit 1924 abgebrochene Verbindung zur russischen Mutterkirche wiederhergestellt war. Gleichzeitig verpflichtete sich Moskau, der Metropolia die Auto-kephalie zu gewähren. Die unabhängige Metropolia sollte hinfort den Namen »Auto-kephale Orthodoxe Kirche in Amerika« führen. Das Exarchat des Moskauer Patriar-chats in Amerika wurde aufgehoben, Moskau behielt aber diejenigen Gemeinden, die unter seiner Jurisdiktion bleiben wollten. Es behielt auch einen Teil seines Besitzes und eine eigene Vertretung in New York. Es wurde bestimmt, daß das Abkommen null und nichtig werde, wenn die Proklamation der Autokephalie nicht innerhalb von hun-dert Tagen nach Unterzeichnung des Vertrages der Metropolia mitgeteilt werde. Mos-kau mußte also rasch handeln, was vielleicht auf den Druck der Metropolia zurückzu-führen war oder auch dem gemeinsamen Wunsch entsprang, unverzüglich vollendete Tatsachen zu schaffen.[48]

Nachdem die Heilige Synode des Moskauer Patriarchats das Abkommen gebilligt hatte, fertigte Patriarch Alexei einen Tomos (Erlaß) über die Autokephalie der »Orthodoxen Kirche in Amerika« aus. Der Tomos trug das Datum des 10. April 1970.[49] Eine Woche später verstarb Alexei. Am 18. Mai händigte Metropolit Pimen als Verweser des Mos-kauer Patriarchats den Tomos einer Abordnung der Metropolia aus, was als offizielle Proklamation der Autokephalie anzusehen war. Am 22. Juni teilte Pimen die Ent-scheidung des Moskauer Patriarchats den orthodoxen Schwesterkirchen schriftlich mit.

Der Phanar hatte die Verhandlungen Nikodems mit der Metropolia aufmerksam ver-folgt, blieb jedoch lange Zeit im Dunkeln, weil die Beteiligten strenge Geheimhaltung wahrten. Allmählich mehrten sich die Anzeichen, daß Moskau bereit war, der Metro-polia die Autokephalie zu gewähren. Die Reaktion des Phanar war scharf und heftig. Athenagoras schrieb am 8. Januar 1970 seinem russischen Amtsbruder einen Brief, wo-rin er nachdrücklich davor warnte, den kirchlichen Status-quo in Amerika zu verän-dern. Der Brief wurde sämtlichen Gliedkirchen der Orthodoxie zur Kenntnisnahme zugeleitet. Es war der Beginn eines Briefwechsels zwischen Konstantinopel und Mos-kau, der sich bis in den Spätsommer 1970 hinzog und die Meinungsverschiedenheit klar in Erscheinung treten ließ.[50]

Die Antwort Alexeis auf den Brief vom 8. Januar ließ lange auf sich warten. Inzwi-schen trafen führende Hierarchen des Phanar in Chambésy mit Nikodem zusammen. Bei dieser Gelegenheit wurde auch über die Verhandlungen mit der Metropolia gespro-chen. Man sagte den Russen, daß das Ökumenische Patriarchat es durchaus begrüße, wenn Moskau seine Beziehungen zur Metropolia normalisiere. Es erwarte aber, daß eine solche Normalisierung sich im Rahmen der bestehenden kirchlichen Ordnung halte, also nicht bis zur Gewährung der Autokephalie an die Metropolia gehe. Man könne zum Beispiel an eine Regelung denken, die der Metropolia eine ähnliche Autonomie gewähre, wie sie das Ökumenische Patriarchat dem seiner Jurisdiktion unterstellten griechischen Erzbistum von Amerika eingeräumt habe. Nikodem habe keine Einwände erhoben, sondern zu verstehen gegeben, daß Moskau eine Autokephalie der Metropolia nicht im Auge habe.[51] Zum Zeitpunkt dieses Gespräches dürfte indessen mit Sicherheit Klarheit darüber geherrscht haben, daß die Metropolia nur auf der Grundlage der Autokephalie zu einer Verständigung mit dem Moskauer Patriarchat bereit war. Eine jurisdiktionelle Bindung an Moskau kam schon mit Rücksicht auf die anti-kommunistische Stimmung in der russischen Diaspora nicht in Frage, auch nicht, wenn sie von einer weitgehenden Autonomie begleitet war.

Am 17. März 1970 beantwortete Alexei endlich das Schreiben des Ökumenischen Patriarchen vom Januar. Er wies die von Athenagoras erhobenen Einwände und Bedenken zurück. Das Moskauer Patriarchat beharre auf dem Recht, seiner Tochterkirche in Amerika die Autokephalie zu gewähren, es sehe darin auch die beste Lösung. Wiederum ist eine merkwürdige Begebenheit zu verzeichnen. Alexei schrieb, er habe den Brief des Ökumenischen Patriarchen vom 8. Januar nicht bekommen, es seien lediglich einige Kopien zu seiner Kenntnis gelangt. Verwundert und betroffen erwiderte Athenagoras, daß ihm dies unverständlich sei. Der Brief sei eingeschrieben nach Moskau abgegangen, und der Phanar sei im Besitz einer postalischen Bestätigung, wonach der Brief am 16. Januar in Moskau eingegangen und ordnungsgemäß entgegengenommen worden sei. Dazu teilte Pimen im August schließlich mit, man habe nachgeforscht und herausgefunden, daß der inzwischen verstorbene Alexei den Brief unter einer Menge von Festwünschen (offenbar zum Weihnachtsfest) aufbewahrt habe. Das mochte sein, klingt jedoch nicht gerade überzeugend. Näher liegt es zu vermuten, daß die Russen Zeit gewinnen wollten, um die Verhandlungen mit der Metropolia ungestört zum Abschluß zu bringen.

Die Korrespondenz zwischen Konstantinopel und Moskau ist aufschlußreich und über den besonderen Fall der amerikanischen Metropolia hinaus von allgemeiner Bedeutung, weil sie Einblick gibt in die unterschiedlichen Auffassungen zu grundsätzlichen Fragen der kirchlichen Ordnung und der inter-orthodoxen Beziehungen wie der Diaspora, der Autokephalie und auch zum Primat.

Athenagoras deutete in seinem Brief vom 8. Januar 1970 die Gefahr eines Umsturzes der kirchlichen Ordnung und einer allgemeinen Erschütterung der Orthodoxie an, wenn Moskau eigenmächtig der Metropolia die Autokephalie verleihe. Die Russen meinten, es bestehe kein Grund, die Dinge zu dramatisieren. Jede autokephale Kirche habe das Recht, einem Teil ihres Bereichs die kirchliche Unabhängigkeit zu gewähren. Die Orthodoxie in Amerika verdanke ihre Entstehung und Entwicklung der russischen Kirche, das Moskauer Patriarchat sei daher die rechtmäßige Mutterkirche der gesamten, nicht nur der russischen Orthodoxie in Amerika. Bis 1922 hätten alle in Amerika ansässigen Orthodoxen ohne Unterschied ihrer nationalen Herkunft der Jurisdiktion der russischen Kirche unterstanden. Diese allgemeine kanonische Ordnung sei erst zerstört worden, als das Ökumenische Patriarchat 1922 ohne Zustimmung und Wissen der Russen ein griechisches Erzbistum in Amerika errichtet habe. Auf Grund der Entwicklung, die mit der Missionierung Alaskas im 18. Jahrhundert begonnen habe, gebühre aber den Russen der historische Vortritt in Amerika. Daraus leite das Moskauer Patriarchat das Recht und die Pflicht ab, für die Einheit der heute jurisdiktionell stark zersplitterten Orthodoxie in Amerika Sorge zu tragen. Es sei zwar richtig, daß sich das künftige gesamtorthodoxe Konzil mit den Themen der Autokephalie und der Diaspora zu befassen habe, niemand vermöge aber heute zu sagen, wann ein solches Konzil werde zusammentreten können. In der Zwischenzeit müßten die lokalen Kirchen sich der Probleme annehmen, deren Lösung dringend notwendig sei. Dies sei in der amerikanischen Diaspora der Fall, und hier stehe dem Moskauer Patriarchat als der Mutterkirche das ausschließliche Recht zu, eine Regelung zu treffen. Die Metropolia erfülle alle Voraussetzungen der Autokephalie, und deshalb habe sich Moskau für diesen Weg entschieden. Die Russen kamen auch auf den Primat Konstantinopels zu sprechen, obwohl die russische Meinung dazu in der Vergangenheit schon häufig genug zum Ausdruck gebracht worden sei. Der Ehrenprimat, der traditionsgemäß der Kirche von Konstantinopel zukomme, gebe dieser keine Basis, eine »Position der Macht« geltend zu machen. Das Patriarchat von Konstantinopel sei zwar die verehrungswürdige Mutterkirche der russischen Orthodoxie sowie auch der übrigen orthodoxen Kirchen, die aus seinem Schoß hervorgegangen seien. Konstantinopel sei aber nicht die Mutterkirche der gesamten Orthodoxie.[52]

Der Phanar bezeichnete die Argumente der Russen in wesentlichen Punkten als unbegründet und irrig. Es widerspreche sowohl den kanonischen Regeln wie der kirchlichen Praxis, wenn Moskau behaupte, jede autokephale Kirche könne von sich aus autokephale Tochterkirchen ins Leben rufen. Im einzelnen sei das Verfahren, das bei der Schaffung neuer Autokephalien zu befolgen sei, kanonisch nicht geregelt, man könne aber aus den Grundsätzen des Kirchenrechts gewisse allgemeine Schlüsse ziehen. Daraus ergebe sich, daß die Verleihung der Autokephalie in die Zuständigkeit der Gesamtkirche gehöre, also einzig und allein von einem gesamtorthodoxen Konzil vorgenommen werden könne. Wenn Konstantinopel im 19. und 20. Jahrhundert den Kirchen der neuen Balkanstaaten die Autokephalie zuerkannt habe, so habe es dies im Einvernehmen mit den übrigen Gliedkirchen getan und nach dem quasi-kanonischen Prinzip, daß sich die kirchliche Ordnung üblicherweise den politischen Veränderungen anzupassen habe. Auch diese von Konstantinopel gewährten Autokephalien seien im Prinzip als provisorisch zu betrachten und bedürften noch der Bestätigung eines Konzils. Das Moskauer Patriarchat könne sich darauf nicht als Präzedenzfall berufen.

Der Phanar bestreitet den historischen Vortritt der russischen Kirche in Amerika. Keine orthodoxe Kirche besitze exclusive Rechte auf dem amerikanischen Kontinent. Im 19. und 20. Jahrhundert seien Einwanderer aus fast allen orthodoxen Ländern nach Amerika gekommen, zumeist hätten sie die Bindung an die Mutterkirche der alten Heimat bewahrt. Dies sei ein neues Phänomen in der Geschichte der Orthodoxie. Es habe eine kanonisch regelwidrige Verwirrung in der amerikanischen Diaspora geschaffen, die gewiß nur provisorisch sein könne. Das Ökumenische Patriarchat sei der Meinung, daß der Status-quo in der Diaspora trotzdem im Geiste kirchlicher Toleranz hingenommen werden müsse, bis das künftige Konzil eine Klärung herbeiführe. Dies sei auch ein gesamt-orthodoxer Beschluß. Man könne daher nicht verstehen, warum sich das Moskauer Patriarchat beeilt habe, einem relativ kleinen Teil der amerikanischen Diaspora die Autokephalie zu verleihen und zudem noch unter dem Namen »Orthodoxe Kirche in Amerika«, was in keinem rechten Verhältnis zu den Realitäten stehe.

In der Tat enthielt der neue Name der Metropolia, der bewußt den Zusatz »russisch« vermissen ließ, einen weitreichenden Anspruch. Alexei selbst deutete ihn an, indem er in seinem Brief vom 17. März 1970 schrieb, es werde die Einheit der Orthodoxie fördern, wenn der Metropolia die Autokephalie zuerkannt werde. Die Bemerkung mußte so verstanden werden, daß die Autokephalie der Metropolia auf weitere Sicht als Schrittmacher einer unter russischer Ägide geeinten Orthodoxie in Amerika gedacht war. Eine solche Perspektive aber konnte das Ökumenische Patriarchat schon aus Gründen der Selbsterhaltung nicht hinnehmen, beschwor es doch die Gefahr einer empfindlichen Schwächung des Phanar herauf. Mit dem Rückhalt an den politisch und wirtschaftlich einflußreichen Amerika-Griechen ist das griechische Erzbistum von Amerika heute die stärkste Stütze des Ökumenischen Patriarchats, nachdem dieses seinen kirchlichen Besitzstand in Südosteuropa bis auf kleine Reste verloren hat. Die Zahl der orthodoxen Gläubigen in Nordamerika (USA und Kanada) wird auf vier bis fünf Millionen geschätzt. Davon sind etwa zwei Millionen griechischer Abkunft. In einigem Abstand folgen die Russen, von denen der größere Teil, aber nicht die Gesamtheit auf die Metropolia entfällt. Ferner sind auch fast alle anderen Nationen der Orthodoxie in unterschiedlicher Stärke vertreten. Man zählt zwanzig oder mehr getrennte Jurisdiktionen. Deren wichtigste ist unbestreitbar das griechische Erzbistum. Der Phanar hat es mit einer gewissen Autonomie ausgestattet, hält aber entschieden an dessen Verbleib unter der Jurisdiktion Konstantinopels fest.[53]

In der Auseinandersetzung um die Frage, wie das kanonische Recht in Bezug auf die Diaspora auszulegen sei, wird für gewöhnlich der Kanon 28 des Konzils von Chalkedon (451) zitiert. Der betreffende Kanon spricht dem Patriarchat von Konstantinopel außer den Diözesen Kleinasiens, des Pontus und Thraziens auch die Jurisdiktion über die »Bischöfe in den Gebieten der Barbaren« (οἱ ἐν τοῖς βαρβαρικοῖς ἐπίσκοποι) zu. Was aber heißt „in den Gebieten der Barbaren"? Die Konzilsväter dürften wohl dabei an die Missionsgebiete jenseits der Grenzen des damaligen oströmischen Reiches gedacht haben. Heute wird der Kanon 28 von Chalkedon vom Phanar grundsätzlich dahin interpretiert, daß Konstantinopel für alle Kirchengruppen zuständig sei, die sich außerhalb des Bereiches der etablierten autokephalen Kirchen befinden und noch nicht für die Autokephalie reif seien, also im Prinzip für die gesamte Diaspora.[54] Diese Auslegung ist in der Orthodoxie nicht allgemein anerkannt. In der Praxis erstreckt sich die Jurisdiktion Konstantinopels im wesentlichen, wenn auch nicht ausschließlich, nur auf die griechische Diaspora, mit Ausnahme Afrikas, das der Patriarch von Alexandrien für sich beansprucht. Der Phanar selbst sagt mit Recht, daß die moderne Diaspora ein neues Phänomen in der Geschichte der Orthodoxie sei. Das Konzil von Chalkedon aber liegt anderthalb Jahrtausende zurück. Man beschränkt daher den grundsätzlichen Anspruch Konstantinopels auf die These, daß eine Regelung der verworrenen, ja chaotischen Verhältnisse in der modernen Diaspora »in Anlehnung an den Geist und Rahmen des 28. Kanons und in einer den heutigen Realitäten angepaßten Interpretation dieses Kanons« zu suchen sei. Bis dahin müsse der Status-quo gewahrt bleiben, so unbefriedigend er auch sei.[55]

In seinem ersten Schreiben nach Moskau hatte Athenagoras im voraus wissen lassen, daß er einer etwaigen Gewährung der Autokephalie an die amerikanische Metropolia die Anerkennung versagen werde. Nachdem die Russen trotzdem den Schritt getan hatten, teilte Athenagoras im Herbst 1970 sämtlichen Gliedkirchen mit, daß er den Tomos des Moskauer Patriarchen als ungültig und die Autokephalie der Metropolia als nicht-existierend betrachte. Bis zur Entscheidung eines Konzils sei der Status-quo in Amerika als fortbestehend anzusehen. Der Stellungnahme des Ökumenischen Patriarchen schlossen sich die Kirchen der hellenischen Orthodoxie (Alexandria, Jerusalem, Griechenland und Zypern) uneingeschränkt und eindeutig an. Der Patriarch von Jerusalem glaubte noch darauf hinweisen zu müssen, daß die am 18. Mai erfolgte offizielle Proklamation der Autokephalie der Metropolia während einer Vakanz auf dem Moskauer Patriarchenthron vorgenommen worden sei, was der in der Orthodoxie herrschenden Gewohnheit widerspreche, Entscheidungen von großer Tragweite auszusetzen, solange der Platz des Kirchenoberhauptes verwaist sei. Der Einwand scheint indessen insofern nicht recht stichhaltig, als der Tomos über die Autokephalie der Metropolia noch zu Lebzeiten des Patriarchen Alexei ausgefertigt worden ist und die Proklamation vom 18. Mai 1970 nur die Entscheidung formell bestätigte. Erzbischof Hieronymos von Athen, seines Zeichens Professor des Kanonischen Rechts, pflichtete ausdrücklich der These des Ökumenischen Patriarchats bei, daß die Gewährung der Autokephalie Sache der Gesamtkirche sei und keine autokephale Kirche berechtigt sei, aus eigener Machtvollkommenheit einem Teil ihres Bereiches die kirchliche Unabhängigkeit zu geben.[56] In etwas milderer Form verweigerte auch eine zweite Gruppe von Gliedkirchen der autokephalen »Orthodoxen Kirche in Amerika« die Anerkennung. Es waren dies die Patriarchate von Antiochia, Serbien und Rumänien. Zustimmung fanden die Russen nur im bulgarischen Patriarchat und in den orthodoxen Kirchen Polens und der Tschechoslowakei, also in den Kirchen derjenigen Staaten, die der Sowjetunion politisch am engsten verbunden sind. Das Ökumenische Patriarchat hatte mithin die überwiegende Mehrzahl der autokephalen Kirche auf seiner Seite. Indessen ändert das nichts an dem von Moskau und der Metropolia geschaffenen fait accompli. Die Krise bleibt offen, auch wenn sich die Erregung gelegt hat, und die inter-orthodoxe Zusammenarbeit in stillschweigender Hinnahme der Meinungsverschiedenheiten ihren Fortgang nimmt.

Am Beispiel der amerikanischen Autokephalie zeigen sich unterschiedliche Auffassungen zur »Verfassung« der orthodoxen Gesamtkirche. Zugespitzt lautet die Frage, ob die Orthodoxie (administrativ) als ein loser Bund, eine Konföderation vollkommen unabhängiger und in jeder Hinsicht gleichberechtigter lokaler Kirchen zu gelten hat oder als eine engere Bundeskirche, eine Föderation mit beschränkter »Souveränität« ihrer Glieder. Begriffe wie Föderation und Konföderation sind natürlich im kirchlichen Bereich nur mit Vorbehalten zu verwenden und sollen hier nur zur Veranschaulichung der inter-orthodoxen Problematik dienen.

Im Mittelpunkt der Meinungsverschiedenheiten stehen Wesen und Tragweite der Autokephalie. Bedeutet die Autokephalie absolute und unbeschränkte »Souveränität« oder sind ihr innerhalb des Gefüges der Orthodoxie gewisse Grenzen gesetzt? Die Verfechter einer »autokephalistischen Ekklesiologie« leugnen die Einheit der Orthodoxe keineswegs, reduzieren diese aber im Wesentlichen auf ein Netz bilateraler Beziehungen zwischen vollkommen unabhängigen Kirchen. Das Ökumenische Patriarchat erscheint in diesem Fall nur als eine lokale Kirche wie alle anderen, der Ehrenprimat Konstantinopels nur als rein protokollarischer Vortritt. In den meisten Gliedkirchen gibt es mehr oder minder ausgeprägte Tendenzen dieser Art. Sie werden vom modernen Nationalismus genährt, zum Teil werden sie auch von den Staaten gefördert, die jeglicher Begrenzung ihrer Souveränität auch in kirchlichen Angelegenheiten widerstreben und die Autokephalie mit nationaler Unabhängigkeit gleichsetzen. Am deutlichsten neigen die Russen zu einer »autokephalistischen« Interpretation der inter-orthodoxen Beziehungen.

Daß Moskau den Primat Konstantinopels formell anerkennt und dies in jüngster Zeit auch mehrmahls öffentlich zum Ausdruck gebracht hat, besagt noch nicht viel. Einmal können die Russen schwerlich etwas anderes sagen. Rangordnung und Primat sind von den Beschlüssen der Konzilien des 5. Jahrhunderts festgelegt, von der Tradition und der Praxis erhärtet. Theoretisch könnte der einstimmige Beschluß eines neuen Konzils eine neue Ordnung setzen. Ein solcher Beschluß ist unter den heutigen Umständen und im Hinblick auf das hohe Ansehen des Ökumenischen Patriarchats auszuschließen. Zum anderen fügen die Russen stets die Einschränkung hinzu, daß der Primat keinerlei »Vormundschaft« oder »Machtposition« gegenüber den autokephalen lokalen Kirchen begründe. Die autokephalen Gliedkirchen seien vielmehr völlig unabhängig und einander ohne Unterschied gleichberechtigt.[57]

Nach Ansicht des Phanar kommt dem Primat — in den Grenzen des orthodoxen Kirchenbegriffs — reale Bedeutung zu. Gewiß seien alle Bischöfe gemäß ihrer geistlichen Würde und ihrem geistlichen Auftrag einander gleichberechtigt. In der administrativen Struktur der Kirche gebe es jedoch eine bestimmte Hierarchie, an deren Spitze der Ökumenische Patriarch als erster Bischof der Orthodoxie stehe. Dies habe nichts mit Vormundschaft oder Macht zu tun. Die Abgrenzung zum Zentralismus der römischen Kirche und zum römischen Primatsbegriff bleibe klar und unverrückbar. Das Ökumenische Patriarchat als »Kopf und Mittelpunkt des lebendigen Organismus der Orthodoxie« übe die Vorrechte tatsächlicher kirchlicher Autorität »im Geiste der Diakonie und der brüderlichen Kollegialität mit den Schwesterkirchen« aus. Der Vorwurf eines »Neopapismus«, der gegen die Primatsauffassung Konstantinopels gerichtet werde, sei gänzlich abwegig. Einen Neopapismus gebe es in der Orthodoxie nicht und könne es auch nicht geben. Auf der anderen Seite müsse man sich vor einer »Verabsolutierung« der Autokephalie hüten. Sie leiste nur den zentrifugalen Tendenzen zu Lasten der orthodoxen Einheit Vorschub und laufe entweder auf eine »Balkanisierung« der Orthodoxie hinaus oder auf die Herrschaft der großen Kirchen über die kleinen.[58]

Die Meinungsverschiedenheiten zwischen Moskau und Konstantinopel enthalten Elemente einer Rivalität um Führung und Einfluß. Wie es Patriarch Alexei früher einmal gesagt hat, strebt das Moskauer Patriarchat ein Maß an Einfluß an, das ihm auf Grund der großen Zahl seiner Gläubigen und der Macht der Sowjetunion zukomme.[59] Dabei hat naturgemäß das Verhältnis zu Konstantinopel zentrale Bedeutung.

In griechischen Kreisen ist gelegentlich die Vermutung geäußert worden, daß Moskau eine »Internationalisierung« des Ökumenischen Patriarchats anstrebe. Der Begriff der Internationalisierung bezieht sich in diesem Zusammenhang nicht auf den rechtlichen Status des Patriarchats, sondern auf die Beteiligung von Vertretern sämtlicher orthodoxer Kirchen, also negativ ausgedrückt auf eine »Enthellenisierung«. Eine solche Internationalisierung schlösse die Möglichkeit ein, daß eines Tages auch einmal ein Russe auf den ökumenischen Thron gelange. Tatsächlich sind derartige Ansprüche in der Vergangenheit gelegentlich inoffiziell angedeutet worden.[60] Ob sie heute noch Gültigkeit haben und erwogen werden, ist fraglich.

Auch abgesehen von den ekklesiologischen Bedenken, die sich vorbringen lassen, erscheint eine »Internationalisierung« unter den gegebenen Umständen schwer vorstellbar. Sie würde zweifellos dem entschiedenen Widerstand der Türken begegnen, da diese bekanntlich den universal-orthodoxen Charakter des Patriarchats von Konstantinopel grundsätzlich verneinen und den Phanar, das Rum Patrikhanesi, nur als die lokale Kirche der griechischen Minderheit in der Türkei anerkennen. Die Türken dürften keinesfalls bereit sein, eine multinational-orthodoxe und namentlich eine russische Präsenz am Goldenen Horn hinzunehmen. Im Falle einer Internationalisierung müßte also wohl das Ökumenische Patriarchat aus der Türkei in ein anderes Land verlegt werden. Es ist möglich, aber unbeweisbar, daß die Russen eine Verlegung nicht ausschließen und dafür auch in gewissen Kreisen anderer Gliedkirchen aus unterschiedlichen Motiven verhaltene Zustimmung finden. Manche glauben in dieser Hinsicht auch an eine gewisse Parallelität zwischen Ankara und Moskau, doch ist dies reine Spekulation. Das Ökumenische Patriarchat weist jeden Gedanken an einen freiwilligen Auszug aus seinem angestammten Sitz kategorisch zurück.

Es gibt andere Möglichkeiten der »Internationalisierung«, wenn nicht des Ökumenischen Patriarchats selbst, so doch der mit dem Primat verbundenen Funktionen. Den Russen wird der Wunsch nach Bildung eines ständigen gesamt-orthodoxen »Organismus« neuer Art zugeschrieben. Das wäre so etwas wie eine »kollektive Führung« der Orthodoxie. Konstantinopel hätte den Ehrenvorsitz, die Russen könnten mit Hilfe der ihnen nahestehenden Gliedkirchen größeren Einfluß ausüben. Das Projekt ist bisher von russischer Seite weder präzisiert noch offiziell vorgetragen worden. Es wird lediglich argumentiert, daß die Orthodoxie heute ein ständiges beratendes Büro oder Organ brauche, das die Ansichten sämtlicher Gliedkirchen wiedergebe und bestehende Meinungsverschiedenheiten gemeinsamen Lösungen zuführe.[61]

Der Phanar lehnt das Projekt ab. Zu bemerken wäre freilich, daß Athenagoras persönlich die Idee einer »Ständigen Synode der gesamten Orthodoxie« begrüßenswert fand, ja daß er sich selbst als Urheber eines entsprechenden Vorschlags bezeichnete.[62] Athenagoras blieb indessen mit seiner Ansicht allein, die Heilige Synode des Patriarchats war in ihrer Gesamtheit dagegen. Athenagoras dürfte sich wohl auch nicht ganz das Gleiche vorgestellt haben wie die Russen. Er sprach von einer »Synode«, und nicht von einem »Organ« oder gar »Büro«. Bei ihm war es mehr die Idee eines in weite Ferne schauenden Visionärs. Wie dem auch gewesen sein mag, die Meinung des Phanar bleibt eindeutig und einhellig ablehnend. Es wird darauf verwiesen, daß das Projekt der ekkesiologischen Grundlage und Berechtigung entbehre. Es lege im Grunde Maßstäbe weltlicher Organisation an die essentiell anders geartete kirchliche Ordnung an. Nicht minder schwer als die ekklesiologischen Einwände wiegen die kirchenpolitischen Bedenken des Phanar. Müsste nicht der Primat Konstantinopels unweigerlich von einem »Organ« der angedeuteten Art ausgehöhlt werden, auch wenn das Ökumenische Patriarchat formell den Vorsitz führe? Im Übrigen mangele es keineswegs an Instrumenten inter-orthodoxer Zusammenarbeit, große Fortschritte in dieser Richtung seien in den letzten anderhalb Jahrzehnten schon gemacht worden. Man denke an die pan-orthodoxen Konferenzen, deren es seit 1961 bereits vier gegeben hat, an das Orthodoxe Zentrum des Ökumenischen Patriarchats in Chambésy, dem ja gerade die inter-orthodoxe Koordination zur Aufgabe gestellt sei und das sich dieser Aufgabe auf neutralem Boden in Freiheit widmen könne, man denke schließlich an die verschiedenen Inter-orthodoxen Kommissionen, vor allem an die große Kommission zur Vorbereitung des Konzils. Man brauche alledem nicht noch ein neues, ekklesiologisch fragwürdiges »Organ« hinzufügen.

Zusammenarbeit und Koordination innerhalb der Orthodoxie kämpfen gewiß mit großen Schwierigkeiten, aber das liegt in der Hauptsache, wenn nicht allein, an der politischen Beengung so gut wie sämtlicher Gliedkirchen. Organisatorische Reformen vermöchten daran nichts Wesentliches zu ändern. Die griechisch-türkische Spannung verwehrt dem Ökumenischen Patriarchat die äußere Bewegungsfreiheit. Nicht zuletzt deswegen stockt die Vorbereitung des Konzils. Die Kirche von Griechenland hat zwar wieder engen Anschluß an den Phanar gefunden, ihre inneren Zwistigkeiten dauern aber an, und ihr Verhältnis zum Staat harrt weiterhin einer befriedigenden Klärung, die endlich aus den Wirren der vergangenen Jahrzehnte herausführt. Die Kirche von Zypern ist heimgesucht von einer politisch bedingten Spaltung, ihre Krise ist sowohl ein Spiegelbild inner-griechischer Gegensätze wie Folge der internationalen Kontraste, in deren Brennpunkt die Mittelmeerinsel sich befindet. Die Patriarchate des Orients schließlich sind in erster Linie mit sich selbst und der Sorge um ihr Fortbestehen beschäftigt, ein jedes von ihnen hat dabei seine besonderen Schwierigkeiten. So bestätigt die Entwicklung des vergangenen Jahrzehnts aufs neue, in welch hohem Maße orthodoxe Kirchenpolitik im Nahen Osten dem Einfluß der Staaten, den nationalen Gegensätzen und den Interessenkonflikten der Großen Mächte unterworfen ist, während sie selbst den Lauf der Dinge nicht oder nur wenig zu beeinflussen vermag.[63]

# Anhang

## Anmerkungen

*Erster Teil:*

1 Im Einzelnen sei verwiesen auf die in der Schriftenreihe des Deutschen Orient-Instituts erschienene Monographie des Verfassers »Patriarchen am Goldenen Horn« (C. W. Leske Verlag Opladen 1967), auf die ausführliche Athenagoras-Biographie Bernhard Ohses: »Der Patriarch« (Vandenhoeck & Ruprecht, Göttingen 1968) sowie auf die Gespräche, die der Franzose Olivier Clément, selbst orthodoxen Bekenntnisses, mit dem Patriarchen geführt und unter dem Titel »Dialogues avec le Patriarche Athénagoras« (Fayard, Paris 1969) veröffentlicht hat.

2 Gespräch des Verfassers mit Metropolit Meliton vom Dezember 1972.

3 Clément, a. a. O., Seite 540/41.

4 zitiert bei Ohse Seite 177. Die Wiedervereinigung mit den alten Kirchen des Orients ist schon vor Athenagoras in der Orthodoxie erörtert worden. Wie Ohse an der gleichen Stelle schreibt, standen schon auf der Arbeitstagung im Kloster Vatopedi 1930 Kontakte mit diesen Kirchen auf der Tagesordnung. Eine nachhaltige Wirkung ist dieser vom Patriarchen Photios II. einberufenen inter-orthodoxen Konferenz, an der die Russen und Bulgaren fehlten, nicht beschieden gewesen.

5 Clément, a. a. O. Seite 224, siehe auch Ohse Seite 145: »In Griechenland stieß die Loyalität des Primas gegenüber seiner türkischen Obrigkeit auf Unverständnis und Kritik.«

6 Clément, a. a. O. Seite 225. Ohse schließt das Zypern gewidmete Kapitel seiner Athenagoras-Biographie mit der Bemerkung: »Athenagoras verabscheut es, über andere ungünstig zu reden. Nur über seinen Amtsbruder Makarios äußert sich Athenagoras gelegentlich bitter. Der Sturm aus Zypern hat zu großen Schaden angerichtet und eins der Lebensziele des Patriarchen in weite Ferne gerückt: die Eintracht zwischen Griechenland und der Türkei.« (Seite 158).

7 Clément, a. a. O. Seite 222/223. Im gleichen Gespräch macht Athenagoras die allgemeine Bemerkung: »Es handelt sich nicht darum, Politik zu machen, sondern loyal gegenüber dem Staat zu sein und zugleich der Kirche treu zu bleiben.«

8 Steven Runciman, The Great Church in Captivity, Cambridge 1968, S. 173.

9 Vassilios Stavridis, Geschichte des Ökumenischen Patriarchats, Athen 1967 (griechisch), S. 38.

10 Zum Millet-System siehe Fernau, Patriarchen am Goldenen Horn, Opladen 1967, S. 68 ff.

11 Ausführliche Darstellung der »Allgemeinen Regelungen des Ökumenischen Patriarchats« bei Barnabas Tzortzatos (Metropolit von Kitros) Die »grundlegenden Verwaltungsgesetze der orthodoxen Patriarchate mit historischem Abriß«, Athen 1972 (Griechisch), S. 25/26.

12 Bevor die relativ unbedeutende Provinzstadt Byzanz von Kaiser Konstantin dem Großen zur Hauptstadt des römischen Reiches erhoben wurde, war der Bischof der Stadt ein Suffraganbischof des Metropoliten von Heraklia (Thrazien). Zur Erinnerung daran haben die Metropoliten von Heraklia gewisse Privilegien bewahrt, so wurden zum Beispiel im byzantinischen Reich die Patriarchen vom Metropoliten von Heraklia in der Hagia Sophia geweiht. In osmanischer Zeit rückte der Metropolit von Heraklia auf den ersten Platz unter den Metropoliten des Patriarchats von Konstantinopel. Seit 1936 ist der Sitz von Heraklia nicht mehr besetzt worden. Erster im Rang und damit Doyen der Heiligen Synode ist seither der Metropolit von Chalkedon. Den zweiten Rang hat der Metropolit von Derkae. Der dritte Rang gebührt seit 1970 dem Erzbischof-Metropoliten von Amerika. Diese Rangerhöhung sollte der Stärke und dem Einfluß der griechischen Orthodoxie

in Amerika gerecht werden und gewissen Bestrebungen zur Lösung von Konstantinopel entgegenwirken. Praktische Bedeutung für die Verwaltung des Patriarchats hat sie nicht, weil der Erzbischof von Amerika nicht zu den in der Türkei amtierenden Metropoliten gehört und daher weder der Heiligen Synode noch der »EndimusaSynodos« angehören kann. Die Rangfolge der übrigen in der Türkei ansässigen Metropoliten bestimmt sich nach der Ancienität, das heißt nach dem Datum der Bischofsweihe (Auskunft des Phanar).

13 Auskunft einer kompetenten türkischen Persönlichkeit.

14 Der Wortlaut des Schreibens ist in französischer Übersetzung abgedruckt in »International Relations« (Vierteljahrsschrift Athen), Sondernummer über das Ökumenische Patriarchat von Konstantinopel, Dezember 1964 / April 1965, Seite 51.

15 Die offizielle türkische Auffassung über das Patriarchat ist ausführlich dargelegt in einem Vortrag, den der türkische Botschafter Bülent Usakligil am 26. April 1965 vor der Internationalen Diplomatischen Akademie in Paris gehalten hat. Siehe auch Fernau, a. a. O. S. 97 ff. Die allgemeine Einstellung der Türken zum Phanar beschreibt David Hotham »The Turks«, London 1972, S. 176 ff.

16 Tzortzatos, a. a. O. S. 29/30.

17 Tzortzatos, a. a. O. S. 31, Stavridis, a. a. O. S. 96 ff.

18 Näheres über die ursprüngliche Bedeutung dieser Einrichtung, die in der Geschichte des Ökumenischen Patriarchats eine wichtige Rolle gespielt hat, siehe bei Vassilios Phidas, Ursprung und Entwicklung der Endimusa Synodos bis zum vierten Ökumenischen Konzil, Athen 1971 (griechisch).

19 Dimitrios Mavropoulos, Seiten aus dem Patriarchat. Das Ökumenische Patriarchat von 1878 bis 1949, Athen 1960 (griechisch), S. 199.

20 Der Fall Konstantin Araboglu ist ausführlich und reich dokumentiert dargestellt bei Harry Psomiades, The Oecumenical Patriarchate under the Turkish Republic: »The first ten years« in »The Greek-Orthodox Theological Review« Summer 1960, Brookline- Massachusetts.

21 Mavropoulos, a. a. O., S. 16 ff.

22 Die Behauptung findet sich bei Mavropoulos, a. a. O., S. 251 ff. Chrysanthos hat in der Geschichte der griechischen Kirche eine stark umstrittene Rolle gespielt. Die rechtsnationalistische Metaxas-Diktatur erzwang 1938 in kanonisch regelwidriger Weise seine Wahl zum Erzbischof von Athen anstelle des dem Diktatur-Regime nicht genehmen Damaskinos. Nach dem infolge der Kriegsereignisse eingetretenen Umschwung enthob die Hierarchie Chrysanthos seines Amtes und setzte im Juli 1941 Damaskinos wieder ein. Chrysanthos ist im September 1949 gestorben (Gerasimos Konidaris, Phasen der Kirchenpolitik in Griechenland von Kapodistrias bis heute, Athen 1971, griechisch, S. 90—93).

23 Über die politische Aktivität des Metropoliten Chrysanthos von Trapezunt nach dem Zusammenbruch des Osmanischen Reiches siehe Fernau, a. a. O. S. 111.

24 Mavropoulos (a. a. O. S. 251 ff) stellt es so dar, daß Maximos V. unter dem starken Druck des griechischen Außenministeriums zurückgetreten sei. Er spricht sogar von einem »Skandal« und einem »Schandfleck in der Kirchengeschichte«. Diese Version wird im Phanar entschieden bestritten. Auch der (inzwischen verstorbene) griechische Diplomat Alexis Kyrou, der in den Jahren 1928/29 das griechische Generalkonsulat in Istanbul leitete und mit dem damals in Istanbul amtierenden Maximos befreundet war, schreibt in seinen Erinnerungen, daß Maximos zurückgetreten sei, weil er bei seiner großen Gewissenhaftigkeit die höchste Würde der Orthodoxie nicht tragen wollte, ohne im Vollbesitz seiner Gesundheit zu sein.« (Träume und Wirklichkeit. Jahre eines diplomatischen Lebens, Athen 1972, griechisch, S. 58). Maximos V ist im Januar 1972 gestorben, ein halbes Jahr vor seinem Nachfolger Athenagoras.
Wie Alexis Kyrou schreibt, hat Maximos im Verhältnis zu den Türken stets eine »unbeugsame Standfestigkeit« gezeigt, während andere einer »elastischeren Diplomatie« den Vorzug gaben. Darauf könnte es zurückzuführen sein, daß ihn die Türken 1936 von der Wahl zum Patriarchen ausschlossen. Warum die türkische Regierung zehn Jahre später keine Einwände gegen die Wahl des Maximos hatten, ist nicht bekannt. Man kann vermuten, daß Ankara in der kritischen außenpolitischen Situation jener Jahre keine Auseinandersetzung mit dem Phanar wünschte.

25 Mavropoulos, a. a. O. S. 263. Die Darstellung, die Mavropoulos von der Erklärung des Vali gibt, wird im Phanar bestätigt.

26 Yeni Gazete (Istanbul) vom 12. 5. 1969, zitiert bei Ferenc A. Váli, Bridge across the Bosporus. The Foreign Policy of Turkey, Baltimore und London 1971, S. 222. Dort auch ein allgemeiner Überblick über die türkisch-griechischen Beziehungen.

27 Persönliche Mitteilung eines hohen türkischen Diplomaten an den Verfasser. Siehe auch David Hotham, a. a. O., S. 178: »Although the Patriarchate is a perpetual target for popular abuse inside Turkey, and has repeatedly been threatened with expulsion in moments of crisis, no Turkish government since Lausanne has made a serious attempt to remove it from the country.«
Kurz nach dem Tode des Athenagoras verlangte der unabhängige Abgeordnete Celal Kargílí im Parlament eine Debatte über die Entfernung des Patriarchats aus der Türkei (Milliyet vom 11. 7. 1972) Der Vorstoß Kargilis fand keinerlei Beachtung. Als Kuriosum sei hierzu noch die Pressekonferenz Dr. Turgut Erols vom 14. Juli 1972 verzeichnet, der unter dem Titel Papa Eftim II. das von seinem Vater begründete, gänzlich bedeutungslose »Türkisch-Orthodoxe Patriarchat« leitet. Erol erklärte, das griechische Patriarchat müsse nach dem Tode des Athenagoras zu Ende gehen. (Milliyet vom 15. 7. 1972). Über die Türkisch-Orthodoxe Kirche siehe Gotthard Jäschke, »Die Türkisch-Orthodoxe Kirche« in »Der Islam« Band 39/1964, S. 116 ff, sowie Fernau, a. a. O. S. 105 ff.

28 In der verworrenen Zeit zwischen dem Ende des Osmanischen Reiches und der Gründung der Türkischen Republik wollte Patriarch Meletios IV. (1921—1923) das Patriarchat nach Saloniki oder dem Heiligen Berg Athos verlegen. Die griechische Regierung bestand jedoch darauf, daß das Patriarchat in Istanbul verbleibe. Siehe Fernau, a. a. O., S. 113.

29 Bericht Ümit Gürtunas aus Ankara in der Zeitung »Cumhuriyet« (Istanbul) vom 12. 7. 1972.

30 Die Mitteilung des Vali und die Antwort des Phanar sind im vollen Wortlaut im Anhang zu finden.

31 In einem Gespräch mit dem Verfasser vom 19. Juni 1970 sagte Außenminister Panayotis Pipinelis, die türkische Regierung wolle die Wahl des Patriarchen gewissen Einschränkungen, vor allem in personaler Hinsicht, unterwerfen. Er, Pipinelis, habe dazu seinem türkischen Kollegen Çaglayangil während eines Zusammentreffens in Rom erklärt, ein Eingriff in das Patriarchat könne die Beziehungen zwischen Griechenland und der Türkei noch stärker belasten als der Zypernkonflikt. Im Athener Außenministerium war man damals schon überzeugt, daß sich das türkische Vorgehen in erster Linie gegen eine Kandidatur Melitons richte. Pipinelis ist im Juli 1970 gestorben. Çaglayangil ist im März 1971 aus dem Außenministerium ausgeschieden, nachdem die Intervention des Oberkommandos der Streitkräfte die Regierung Demirel zum Rücktritt gezwungen hatte. Als die türkische Regierung 1972 tatsächlich in die Patriarchenwahl eingriff und die Kandidatur Melitons strich, hat sich die griechische Regierung schließlich damit abgefunden (siehe weiter unten).

32 Text der Ausführungen Ferit Melens in »Milliyet« vom 14. 7. 1972. Melen nennt die türkischen Bedingungen »etwas Ähnliches wie ein Reglement oder ein Statut«. (bir yönetmelige bir tüzüge benzer bis sey).

33 Die von Kallinikos angefertigte Aufzeichnung über sein Telefongespräch mit dem Vali findet sich im Anhang.

34 Jakovos, mit bürgerlichem Namen Jordanis Papapaisiou, geboren 1885 in der zentralanatolischen Stadt Nevsehir. Bischofsweihe 1926, im gleichen Jahr zum Metropoliten von Imbros und Tenedos ernannt, seit 1960 Metropolit von Derkae.
Die biographischen Daten des Jakovos von Derkae sowie der übrigen Metropoliten sind der »Religiösen Enzyklopädie« Athen 1965 (griechisch) entnommen, in einigen Fällen ergänzt durch persönliche Informationen.

35 Spyros Alexiou in der Athener Zeitung »Vradyni« vom 10. 7. 1972. Als Quelle für die Darstellung der Patriarchenwahl wurden in erster Linie die Berichte der von den Athener Zeitungen nach Istanbul entsandten Sonderkorrespondenten herangezogen, und zwar Odysseus Zoulas von »Eleftheros Kosmos«, Spyros Alexiou von »Vradyni«, Ch. K. Busburelis von »To Vima« und Aris Angelopoulos von »Akropolis«. An türkischen Zeitungen wurden »Milliyet« und »Cumhuriyet« (beide in Istanbul) benutzt.

36 Die fünfzehn Mitglieder der Wahlsynode waren folgende Metropoliten (gemäß der Rangfolge)

Meliton (Hadzis) von Chalkedon, Vorsitzender
Jakovos (Papapaisiou) von Derkae
Dorotheos (Georgiadis) Metropolit der Prinzeninseln
Kyrillos (Axiotis) von Chaldia
Chrysostomos (Koronaios) von Neokaisaria
Maximos (Georgiadis) von Laodikia
Maximos (Christopoulos) von Sardes
Hieronymos (Konstantinides) von Rodopolis
Emilianos (Tsakopoulos) von Milet
Maximos (Repanellis) von Stavroupolis
Chrysostomos (Konstantinides) von Myra
Nikolaos (Kutrubis) von Annea
Simeon (Amarilios) von Irinoupolis
Gabriel (Premetides) von Kolonia
Dimitrios (Papadopoulos) von Imbros und Tenedos

37 Meliton, mit weltlichem Namen Sotirios Hadzis, geboren 1913 in Istanbul. Die Familie
stammt aus Karpenissi (West-Griechenland), von wo sie nach Istanbul übersiedelt ist. Ab-
solvierung des (heute nicht mehr bestehenden) Lycée Franco-Hellénique in Istanbul. Anschließend Studium an der Theologischen Hochschule des Patriarchats auf Halki (Heybeli),
Abschluß 1934. Erzdiakon und Prediger in der Metropolie von Chalkedon (Kadiköy).
Von 1938—1941 im Sekretariat der Heiligen Synode tätig.
1941 geht Meliton nach Grossbritannien, wo er der griechisch-orthodoxen Gemeinde von
Manchester vorsteht.
1947 Rückkehr nach Istanbul und Generalvikar des Patriarchats bis 1950, dann zum Metropoliten von Imbros und Tenedos ernannt. 1963 als Metropolit von Ilioupolis mit dem
auswärtigen Beziehungen des Patriarchats betraut. Seit 1966 Metropolit von Chalkedon
und als solcher Doyen der Heiligen Synode und der gesamten Hierarchie des Patriarchats.
Vorsitzender der Synodalkommission für gesamt-orthodoxe Angelegenheiten.
Als offizieller Abgesandter des Ökumenischen Patriarchats hat Meliton fast sämtliche
Gliedkirchen der Orthodoxie einschließlich des Moskauer Patriarchats besucht. Er hat die
zweite, dritte und vierte pan-orthodoxe Konferenz geleitet und führt den Vorsitz der
nach der vierten Konferenz (Chambésy 1968) gegründeten Inter-orthodoxen Kommission
zur Vorbereitung der Großen und Heiligen Synode (des gesamt-orthodoxen Konzils).
Bei der Wiederherstellung normaler Beziehungen zur römischen Kirche hat Meliton eine
maßgebliche Rolle gespielt. Er hat die Begegnung zwischen Athenagoras und Papst Paul
VI. sowie die Aufhebung des Kirchenbanns vorbereitet, der im Jahre 1054 Konstantinopel
und Rom voneinander getrennt hat.
»Als engster Berater des Patriarchen Athenagoras hat Meliton die zentralen Ideen und die
theologische Fundierung der wichtigsten Dokumente des Patriarchats geliefert und die
wichtigsten kirchlichen Geschehnisse gesamt-orthodoxer und gesamt-christlicher Natur
während des letzten Jahrzehnts verfolgt,« heißt es in dem vom Phanar angefertigten
Curriculum Vitae des Metropoliten Meliton.

38 In einem Telegramm an die Heilige Synode des Patriarchats warnte der Metropolit Augustinos von Florina (Mazedonien) vor einer Wahl Melitons, die eine »kirchliche Krise«
hervorrufen würde (das Telegramm ist zitiert in der in Saloniki erscheinenden Zeitung
»Ellinikos Vorras« vom 13. 7. 1972). Der als puritanischer Eiferer bekannte Augustinos
(Kandiotis) ist zwar ein Außenseiter, doch stand er in seiner heftigen Feindschaft gegen
die Athenagoras-Linie und deren Exponenten Meliton bei weitem nicht allein in der
griechischen Hierarchie.

39 Ch. K. Busburelis in »To Vima« vom 9. 7. 1972.

40 K. T. W. (Kallistos Timothy Ware) in »Eastern Churches Review«, London, Autumn 1972,
S. 173. Bestätigt in einer persönlichen Mitteilung eines zum Ökumenischen Patriarchat gehörenden Hierarchen an den Verfasser.

41 »Eastern Churches Review«, Autumn 1972, S. 173: »Metropolite Yakovos was said to favour the candidature of his namesake in America«.
Jakovos (von Amerika), mit weltlichem Namen Athanasios Kukuzis, geboren 1911 auf der Insel Imbros. Studium an der Theologischen Hochschule von Halki und in den USA. Erwirbt die amerikanische Staatsbürgerschaft. 1939 bis 1954 Priester und Theologieprofessor in verschiedenen Städten der USA. 1955/58 Vertreter des Ökumenischen Patriarchates beim Weltkirchenrat in Genf, mit Rang und Titel eines Metropoliten von Malta. Februar 1959 von Athenagoras zum Erzbischof von Amerika ernannt, sein Gegenkandidat war damals Metropolit Meliton (siehe Bertold Spuler, Die Orthodoxen Kirchen X L in »Internationale Kirchliche Zeitschrift«, Bern, Heft 3/1959, S. 151/152).

42 Presse-Erklärung des Sprechers im türkischen Außenministerium, Botschafters Semih Akbil, vom 10. Juli 1972 (Milliyet vom 11. 7. 1972).

43 Nilüfer Yalçin in »Milliyet« vom 11. 7. 1972.

44 Aris Angelopoulos in »Akropolis« vom 14. 7. 1972.

45 Spyros Alexiou in »Vradyni« vom 12. 7. 1972.

46 Ch. K. Busburelis in »To Vima« vom 13. 7. 1972.

47 »Milliyet« vom 12. 7. 1972.

48 Der Wortlaut des Schreibens des Vali mit den Streichungen ist im Anhang beigefügt.

49 Odysseus Zoulas in »Eleftheros Kosmos« vom 15. 7. 1972, ebenso Aris Angelopoulos in »Akropolis« vom gleichen Datum.

50 Persönliche Mitteilung Melitons an den Verfasser.

51 zitiert in »To Vima« vom 18. 7. 1972.

52 Der vollständige Text des von Dimitrios I. der Heiligen Synode vorgetragenen Programms findet sich in »Episkepsis« (griechische und französische Ausgabe) Nr. 60 vom 8. 8. 1972. Der Text der Thronrede in »Episkepsis« Nr. 59 vom 25. 7. 1972.

53 Maximos von Sardes, mit weltlichem Namen Sotirios Christopoulos, geboren 1914 in einem Dorf des mazedonischen Bezirks Grevena. Er ist also gleichaltrig wie der Patriarch Dimitrios und nur ein Jahr jünger als Meliton von Chalkedon. Studiert an der Theologischen Hochschule von Halki, Abschluß 1937. Zum Diakon geweiht 1938. Zunächst im Sekretariat der Heiligen Synode tätig. Empfängt die Bischofsweihe 1946 und wird gleichzeitig zum Metropoliten von Sardes gewählt. Bei der Patriarchenwahl vom 1. November 1948 gehört Maximos zu den sechs Metropoliten, die gegen Athenagoras und für den Gegenkandidaten Joakim von Derkae stimmen. Dank seinen großen Fähigkeiten und seinem integren Charakter arbeitet er trotz gewisser Meinungsverschiedenheiten mit Athenagoras gut zusammen. Übernimmt den Vorsitz der Synodalkommission für gesamt-christliche Angelegenheiten. Begleitet den Patriarchen auf dessen Orientreise im Herbst 1965. Aus grundsätzlichen Bedenken stimmt Maximos 1965 gegen die Aufhebung des Kirchenbanns zwischen Konstantinopel und Rom. Hervorragender Spezialist des kanonischen Rechts und der Kirchengeschichte ist Maximos von Sardes Verfasser des grundlegenden Werkes »Das Ökumenische Patriarchat in der Orthodoxen Kirche«. Das Buch ist 1972 vom »Institut für Patristische Studien« in Saloniki herausgegeben und von der Athener Akademie der Wissenschaften ausgezeichnet worden.
Über Kyrillos von Chaldia liegen keine biographischen Daten vor. Die »Religiöse Enzyklopädie« vermerkt lediglich, daß Kyrillos (Axiotis) Generalsekretär der Heiligen Synode war und 1943 zum Metropoliten gewählt wurde. Kyrillos dürfte zwischen 60 und 65 Jahre alt sein (1974) und demnach ungefähr zur gleichen Altersklasse wie Dimitrios I., Meliton und Maximos von Sardes gehören. Eine ausführliche Biographie Melitons von Chalkedon ist bereits in Anmerkung 37 gegeben worden.

54 Bartholomaios Archondonis, geboren 1940 auf der Insel Imbros. Schließt sein Studium auf der Theologischen Hochschule von Halki 1961 ab. Spezialisiert sich anschließend auf dem Gebiet des kanonischen Rechts an den Universitäten München, Genf und Rom, wo er zum Doktor promoviert. Nach Rückkehr aus Westeuropa stellvertretender Rektor der Theologischen Hochschule von Halki. Wird von Meliton zu verschiedenen wichtigen Aufgaben herangezogen. Juli 1972 Leiter des »Persönlichen Sekretariats des Patriarchen«. Dezember

1973 zum Metropoliten von Philadelphia gewählt, März 1974 Mitglied der Heiligen Synode.

55 Das Institut für Patristische Studien ist 1968 gegründet worden. Es gehört zum patriarchatseigenen Kloster Vlatadon (Saloniki), dessen Abt dem Verwaltungsrat des Instituts vorsteht. Direktor des Instituts ist der Theologieprofessor Panayotis Christou, ein Verwandter des Patriarchen Athenagoras, vom November 1973 bis Juli 1974 Erziehungs- und Kultusminister in der Regierung Androutsopoulos. Über die Arbeit des Instituts siehe Episkepsis Nr. 70 vom 30. 1. 1974.
Das »Centre Orthodoxe« von Chambésy wird im folgenden Kapitel eingehend dargestellt.

56 Die Zahl der Griechen in der Türkei läßt sich wegen der starken Fluktuation nicht exakt erfassen. In der Türkei findet alle fünf Jahre eine Volkszählung statt, deren Ergebnisse im Einzelnen jeweils ziemlich spät veröffentlicht werden. Die Angaben des Verfassers über die Entwicklung in den letzten Jahren beruhen auf Auskünften des griechischen Generalkonsulats in Istanbul und des Ökumenischen Patriarchats. Auch diese Stellen erklären sich jedoch außerstande, die Abwanderung in der griechischen Minderheit genau zu erfassen. Es kann sich mithin nur um approximative Zahlen handeln.
Ferenc A. Váli gibt in seinem bereits zitierten Buch »Bridge across the Bosporus« auf Seite 222 einen kurzen Überblick über die zahlenmäßige Entwicklung der griechischen Minderheit von 1923 bis 1965.

57 Episkepsis Nr. 81 vom 7. 8. 1973.

58 Episkepsis Nr. 82 vom 22. 8. 1973.

59 »Eleftheros Kosmos« (Athen) vom 27. und 28. Dezember 1973. Die Botschaft des Patriarchen zum Tode Inönüs in Episkepsis Nr. 92 vom 8. 1. 1974.

60 Episkepsis Nr. 59 vom 25. 7. 1972.

61 Episkepsis Nr. 95 vom 19. 2. 1974. Unmittelbaren Anlaß zu dem Synodalbeschluß haben kompetenten Quellen zufolge hauptsächlich Äußerungen des Erzbischofs Jakovos (Kukuzis) von Amerika gegeben, der schon des öfteren das Patriarchat gegenüber den Türken in Verlegenheit gebracht hat.

62 Während einer Pressekonferenz in Istanbul am 3. September 1974 wurde dem türkischen Ministerpräsidenten Bülent Ecevit unter anderem folgende Frage gestellt: »Es ist allgemein bekannt, daß das Patriarchat, welches die Griechen in der Türkei (Rumlar) vertritt, verräterische Tätigkeiten zugunsten Griechenlands ausübt. Was denken Sie darüber?« Die Antwort Ecevits lautete: »Wenn uns derartige Aktivitäten offiziell (resmen) zur Kenntnis gelangen, werden jederzeit die notwendigen Maßnahmen ergriffen. Aber die türkische Nation und die türkische Gesellschaft haben im Lauf der Geschichte jeder religiösen Überzeugung und religiösen Institution große Achtung entgegengebracht. Der Staat hat dies in einem von der ganzen Welt anerkannten Maß auch in der Zeit getan, als der Islam Staatsreligion war. Wir werden das Interesse der Türkei sicherlich im Geist dieser Achtung vor der religiösen Überzeugung und den religiösen Institutionen aller schützen.« Auf der gleichen Pressekonferenz lehnte es Ecevit auch ab, die von Atatürk in ein Museum verwandelte Hagia Sophia (Ayasofya) wieder für den islamischen Gottesdienst freizugeben. Text der Pressekonferenz in Milliyet vom 4. 9. 1974.

63 Bericht über den Besuch der Delegation des rumänischen Patriarchats in Episkepsis Nr. 106/1, auf den Besuch bezügliche Dokumente in Nr. 106/2, beide vom 27. 8. 1974. Näheres über den Besuch des Erzbischofs Seraphim von Athen siehe im Abschnitt »Konstantinopel-Athen«.

64 Im Rahmen der vorliegenden Untersuchung, die regional begrenzt ist, kann nicht die gesamte ökumenische Tätigkeit des Phanar dargestellt werden. Die Kontakte mit den Anglikanern, den Alt-Katholiken und den Protestanten müssen gänzlich außer Betracht bleiben. Die Beziehungen zu Rom werden nur insoweit berührt, als sie für die kirchenpolitische Entwicklung von Belang sind.

65 Über die Entwicklung bis 1966 siehe Fernau, a. a. O. Seite 134 ff.

66 Die auf die Vorbereitung des Konzils bezüglichen Beschlüsse der vierten pan-orthodoxen Konferenz sind im vollen Wortlaut abgedruckt in der Broschüre »Auf dem Weg zum großen Konzil« (Pros tin Megalin Synodon), herausgegeben vom Orthodoxen Zentrum des Ökumenischen Patriarchats, Chambésy-Genève 1971 (griechisch), Seite 72—75.

67 Damaskinos, bürgerlicher Name Vassilios Papandreou, geboren 1936 im Dorfe Kato Chrysovitsa (Ätolien, Westgriechenland) als Sohn eines Pfarrers und Neffe des gleichnamigen Erzbischofs von Athen, der vom Dezember 1944 bis zur Rückkehr König Georgs II. im September 1946 die Regentschaft führte. Studium an der Theologischen Hochschule von Halki 1955/59. Diakon 1959. Studium an den Universitäten Bonn und Marburg 1959-1965. Promotion zum Doktor der Theologie an der Universität Athen 1966. Prior der orthodoxen Gemeinschaft in Taizé. Seit 1969 Direktor des Orthodoxen Zentrums in Chambésy und Sekretär der Inter-orthodoxen Kommission zur Vorbereitung des Konzils, zugleich Mitglied der Inter-orthodoxen Kommission für den Dialog mit den Alten Orientalischen Kirchen. Im November 1970 von der Heiligen Synode des Ökumenischen Patriarchats zum Titular-Metropoliten von Tranoupolis gewählt.

68 Dokumente zur Gründung des Orthodoxen Zentrums, darunter auch das Statut, in »Stachys« (Ähre), dem Organ der Metropolie von Österreich, Heft Januar/Juni 1966, Seite 76 ff, Wien (griechisch).

69 Den Bericht der Inter-orthodoxen Kommission siehe »Auf dem Weg zum großen Konzil« a. a. O. Das Schlußcommuniqué am gleichen Ort Seite 76-78.

70 Den vollständigen Text des Rhodos-Kataloges siehe »Auf dem Weg zum großen Konzil«, a. a. O. Seite 66-71.

71 Als die Kirche von Griechenland 1924 den Gregorianischen Kalender einführte, kam es zu einer Kirchenspaltung, die bis heute andauert. Die Anhänger des alten (Julianischen) Kalenders haben eine eigene Hierarchie mit einem eigenen Erzbischof. Ihre Zahl wird mit ungefähr 200 000 Gläubigen und 250 Priestern angegeben (Mario Rinvolucri, Anatomy of a Church. Greek Orthodoxy today, London 1966, Seite 33/34). Die Klostergemeinschaft auf dem Heiligen Berg Athos hat den alten Kalender beibehalten.

72 Der Bericht des Metropoliten Chrysostomos von Myra ist auszugsweise abgedruckt in Ekklissia vom 1./15. November 1972 Nr. 21-22, Seite 617 ff. (griechisch)

73 Metropolit Maximos von Sardes, Das Ökumenische Patriarchat in der Orthodoxen Kirche. Eine historisch-kanonische Studie, Saloniki 1972, Institut für Patristische Studien (griechisch).

74 Außer Betracht bleiben hier die Nestorianer (Assyrer), die sich bereits nach dem dritten Ökumenischen Konzil von Ephesus (431) abgesondert haben. Die kleine Assyrische Kirche ist heute hauptsächlich im Irak und in Iran vertreten. Die indischen Thomaschristen bekannten sich ursprünglich zum Nestorianismus, sind aber, soweit nicht mit Rom uniert, im 17. Jahrhundert zu den Monophysiten (Jakobiten) übergegangen. Die Assyrische Kirche wird heute auf nur noch etwa 80 000 Gläubige geschätzt. Der größere Teil der nestorianischen Christen hat sich mit Rom uniert (Chaldäer).

75 So Dimitrios I. beim Besuch des koptischen Patriarchen Schenuda III. im Oktober 1972: »Der große monophysitische Historiker Johannes von Ephesus hat im 6. Jahrhundert gezeigt, daß selbst die strengsten Orthodoxen seiner Zeit die koptischen Christen nicht als Schismatiker oder Häretiker, sondern nur als getrennt (diakekrimenoi) betrachteten. Auf diese damals gebrauchte Qualifizierung stützt sich der Wunsch nach Wiedervereinigung unserer beiden Kirchen, ein Wunsch, der während der letzten Jahre seinen Höhepunkt erreicht hat, vor allem dank der Tätigkeit der verstorbenen Patriarchen Athenagoras I.« Text der Ansprache des Ökumenischen Patriarchen in Episkepsis Nr. 64 vom 31. 10. 1972.

76 Näheres siehe Fernau, a. a. O.

77 Ohse, a. a. O. kommt auf ca. 13 400 000 vorchalkedonische Christen. Er gibt die Stärke der koptischen Kirche Äthopiens mit 5,5 Millionen, der armenischen Kirche mit 1,6 Millionen an. Bertold Spuler (Die morgenländischen Kirchen seit 1965, in »Kirche im Osten« Band 16-1973, Göttingen) zitiert Angaben, wonach knapp 45 % der Bewohner Äthopiens zur koptischen Kirche gehören. Schätzungen der Einwohnerzahl Äthopiens bewegen sich zwischen 20 und 25 Millionen Menschen. Demnach müssten die äthiopischen Kopten 9 bis 12 Millionen zählen. Von den Armeniern leben (nach Spuler) 3,3 Millionen in der Sowjetunion (in der Armenischen Sowjetrepublik selbst 2,2 Millionen), davon sollen 40 % Gläubige sein. In den USA leben 300 000 Angehörige der armenisch-gregorianischen Kirche, im Vorderen Orient dürften es mehrere Hunderttausend sein, dazu kommt die Diaspora in den übrigen Weltgegenden. Die vom Verfasser 1967 angegebene Zahl von 12

bis 15 Millionen Monophysiten in der Welt (Patriarchen am Goldenen Horn, Seite 62) erscheint auf Grund neuerer Angaben wohl als zu niedrig. Eine Zahl von rund 20 Millionen dürfte der Wahrheit näher kommen. Doch muß ausdrücklich bemerkt werden, daß alle diese Schätzungen mit einem großen Fragezeichen zu versehen sind.

78 Treffen von Aarhus »Proche-Orient Chrétien« (Jerusalem) POC, 1965, Seite 227-237, Bristol POC 1967, Seite 286-290, Genf POC 1971 Seite 35 ff. und Addis Abeba POC 1971, Seite 171 ff. sowie Episkepsis Nr. 27 vom 23. 3. 1971.

79 Chrysostomos, mit bürgerlichem Namen Emilios Konstantinidis, geboren 1921 in Üsküdar. 1935/41 Studium an der Theologischen Hochschule von Halki. 1940 Diakon, leitet die Redaktion der Vierteljahresschrift »Orthodoxia«. 1947/51 weiteres Studium in Rom und Straßburg. 1951/61 Professor an der Hochschule von Halki. Februar 1961 zum Titular-Metropoliten von Myra gewählt, 1965 amtierender Metropolit. Seit September 1972 Mitglied der Heiligen Synode des Ökumenischen Patriarchats.

80 POC 1971 Seite 337. Episkepsis Nr. 12 vom 18 8. 1970, Nr. 19 vom 24. 9. 1970 und Nr. 36 vom 3. 8. 1971.

81 POC 1973 Seite 384/385, Episkepsis Nr. 82 vom 22. 8. 1973 POC, I/1975, Seite 100.

82 Episkepsis Nr. 64 vom 31. 10. 1972 und POC 1972 Seite 346.

83 Über das Verhältnis der Christen zum arabischen Nationalismus siehe unter anderem Bertold Spuler, Die morgenländischen Kirchen seit 1965, sowie Heinz Gstrein, Die Christen im Gefüge des arabischen Nationalismus, in Neue Zürcher Zeitung vom 3. 5. 1970.

84 POC 1972 Seite 101-103, dort auch vollständiger Text des Communiqués. Die Zeitschrift schreibt zum Treffen von Balamand u. a. folgendes: »L'idée de cette rencontre a germé de manière assez spontanée dans l'esprit de Mgr. Hazim et de M. Gabriel Habib, lors d'un voyage à Alexandria . . . Il y a eu, si l'on veut, initiative grecque-orthodoxe, mais elle n'est pas venue d'une décision synodale: c'était une initiative d'abord privée, qui a passé ensuite à un échelon »assez supérieur«, explique Mgr. Khodr, métropolite grec-orthodoxe, dans un entretien lui-même privé. Il s'agissait, dit le prélat, de »hâter un peu les efforts communs«.

Während die ständige Kommission der nicht-chalkedonischen Kirchen im Juli 1972 in Atchané (Libanon) tagte, fand am Rande eine gemeinsame Sitzung mit Vertretern des (orthodoxen) Patriarchats von Antiochia statt, die sich mit der Frage beschäftigte, wie den Vorschlägen der Konferenz von Balamand Folge geleistet werden könnte. POC 1972, Seite 381.

85 Pantainos 1973, Seite 170-173.

86 Gespräch mit dem Metropoliten Chrysostomos von Myra im Mai 1974.

87 Persönliche Information, ferner Bertold Spuler, Die morgenländischen Kirchen seit 1965.

88 Erstes Treffen in Wien POC 1971 Seite 339-342. Zweites Treffen in Wien POC 1974, Seite 51-57.

89 Zum Besuch Schenudas III. in Rom siehe POC 1970, Seite 172-191. Ferner H. G. (Heinz Gstrein), Der Schulterschluß der Kopten mit Rom, in Neue Zürcher Zeitung vom 26. Mai 1973. Der aus Kairo datierte Bericht Heinz Gstreins spricht von einem »überraschenden und in seiner Tragweite noch gar nicht abzuschätzenden Schulterschluß des koptischen Patriarchen Schenuda III. mit dem Vatikan«.

90 H. G. a. a. O. schreibt dazu: »Daß Rom dem Schulterschluß mit den Kopten viel zu opfern bereit ist, zeigt auch die vom päpstlichen Einheitssekretariat an den Tag gelegte Mißachtung des in jahrelanger Kleinarbeit aufgebauten »Fahrplans« zur Annäherung von West- und Ostkirchen. Danach sollte eine koptisch-orthodoxe Einigung gemeinsamen Gesprächen der national-orientalischen und der byzantinisch-orthodoxen Ostkirchen mit dem katholischen Westen vorausgehen. Dieses ganze Konzept wurde jetzt über den Haufen geworfen.«

91 Charakteristisch war die Botschaft Dimitrios' I. zum Abschluß des Fastenmonats Ramadan im Oktober 1973. In diesem Jahr fiel das islamische Fest mit dem 50-jährigen Jubiläum der Türkischen Republik zusammen. Diese Koinzidenz, so schrieb Dimitrios in seiner Botschaft, gibt den Moslems wie den Christen dieses Landes ohne Unterschied Gelegenheit, sich mehr Rechenschaft abzulegen über die gemeinsame spirituelle Verantwortung für die

Zukunft des gemeinsamen Vaterlandes, aber auch über die Verantwortung der laizistischen türkischen Republik Atatürks gegenüber der ganzen Menschheit.« Der Ökumenische Patriarch schloß mit dem berühmten Ausspruch Atatürks: Frieden in der Heimat, Frieden in der Welt (Yurtta sulh, cihanda sulh). Episkepsis Nr. 87 vom 30. 10. 1973.

92 Bertold Spuler, Die morgenländischen Kirchen seit 1965.

93 Friedrich-Wilhelm Fernau, Dix siècles de rapports gréco-turcs, in der Vierteljahresschrift »Orient« (Paris) no. 29 (1964) Seite 7-22.

94 Ausführliche Wiedergabe des Status-quo an den Heiligen Stätten bei Walter Zander, Israel and the Holy Places of Christendom, London 1971, Seite 195-224 (Appendix 6).

95 Wie dem Verfasser von zuverlässiger Seite dazu gesagt wurde, wünschte Athenagoras ein »Sonderstatut irgendwelcher Art« für Jerusalem, weil er befürchtete, andernfalls werde sich das christliche Element in Palästina nicht frei entfalten können und ein »Museumsstück« ohne eigenes Leben werden. Dies wurde aber ausdrücklich als »persönliche« Ansicht des verstorbenen Patriarchen bezeichnet.

96 Zander, a. a. O.

97 Le Monde, Paris, vom 3. 8. 1967.

98 POC 1974, Seite 58-67, Episkepsis Nr. 90 vom 11. 12. 1973.

99 Episkepsis Nr. 97 vom 19. 3. 1974, POC 1974, Seite 197-199.

100 Episkepsis Sondernummer vom 14. 4. 1974. Die betreffende Stelle der Osterbotschaft 1974 lautet in französischer Übersetzung: »En accord avec notre devoir et notre responsabilité de Patriarche Oecuménique, et au delà de toute politique, nous requérons le respect universel du Statut des Lieux-Saints et surtout des droits saints et séculaires du Patriarcat orthodoxe de Jérusalem sur ceux-ci.«

101 Inoffiziell wird im Phanar die Ansicht vertreten, daß die Exterritorialität der Heiligen Stätten aller drei Religionen (Christentum, Judentum und Islam) unter Aufsicht und Garantie der UNO die beste Lösung wäre. Die Exterritorialität würde sich strikt auf die Heiligen Stätten selbst beschränken, unabhängig davon, wer die politische Souveränität in Jerusalem ausübt. In diese Frage will sich der Phanar nicht einmischen.

102 Näheres über die Haltung der Kirche von Griechenland und der griechischen Regierung zu den Heiligen Stätten im Abschnitt: »Konstantinopel-Athen«.

103 Episkepsis Nr. 106 vom 27. 8. 1974.


*Zweiter Teil:*


104 Näheres siehe bei Charles A. Frazer, The Orthodox Church and Independent Greece 1821-1852, Cambridge University Press, Cambridge 1969.

105 Frazer, a. a. O. Seite 171 ff. Gerasimos Konidaris, Etappen der Kirchenpolitik in Griechenland von Kapodistria bis heute. Athen 1971 (griechisch), Seite 34 ff.
Text des Tomos von 1850.

106 Unter »Anciennität« (τὰ πρεσβεῖα της ᾽Αρχιεροσύνης) ist der Rang nach dem Datum der Bischofsweihe zu verstehen.

107 Im Mai 1974 wurde eine Neueinteilung vorgenommen und gesetzlich bestätigt. Die volkreichen Diözesen von Athen, Attika und Saloniki wurden geteilt und acht neue Metropolien gebildet. Demgemäß umfaßt die Kirche von Griechenland nunmehr insgesamt 77 Metropolitandiözesen (unter Einschluß des Erzbistums Athen), davon befinden sich 42 in Alt-Griechenland (Autokephale Kirche) und 35 in den Neuen Gebieten (Diözesen des Ökumenischen Patriarchats).

108 Text des Gesetzes Nr. 3615/1928 bei Konstantin Vavouskos, Die rechtliche Lage der Metropolien der Neuen Gebiet, Saloniki 1973 (griechisch). Dort ist auch die Patriarchats-Verordnung (Praxis) vom 4. September 1928 auszugsweise abgedruckt. Das Staatsgesetz geht der Praxis um einige Monate voraus. Man hat daher argumentiert, maßgebend sei das Gesetz, ein Gesetz könne aber jederzeit vom Gesetzgeber (d. h. dem griechischen Staat) wieder geändert werden. Demgegenüber vertritt Vavouskos (a. a. O. Seite 11) die Ansicht, das Gesetz sei nur die »vorweggenommene Bestätigung« der Praxis des Patriar-

chats. Ähnlich auch Konidaris (a. a. O. Seite 75), wenn er sagt, das Gesetz sei »sonderbarerweise (περιέργως) vor der Praxis erlassen worden.

109 Vavouskos, a. a. O. Seite 45.

110 Hieronymos Kotsonis, geboren 1905 in einem Dorf der Insel Tinos als posthumer Sohn eines Seemannes. Studiert 1924 bis 1928 an der Theologischen Fakultät der Universität Athen. Erhält 1934 ein Stipendium zur Fortsetzung seines Studiums im Ausland: drei Jahre in Deutschland (München, Berlin und Bonn) und ein halbes Jahr in England. Wird nach seiner Rückkehr zum Diakon geweiht und ist bis November 1941 als Sekretär der Heiligen Synode der Kirche von Griechenland tätig, danach als Kaplan des Evangelismos-Krankenhauses in Athen. 1949 beruft ihn König Paul I. zum Hofkaplan und religiösen Erzieher des Kronprinzen (und späteren Königs) Konstantin. Erhält 1959 eine Professur für Kanonisches Recht an der Universität Saloniki, ohne seine Stellung am Hofe aufzugeben. Unternimmt zahlreiche Auslandsreisen und beteiligt sich aktiv an inter-orthodoxen Gesprächen und den Arbeiten des Weltkirchenrats, dessen Zentralkomitee er zeitweise angehört. Erzbischof von Athen vom Mai 1967 bis Dezember 1973. Hieronymos war der 17. Erzbischof von Athen seit Gründung des modernen griechischen Staates. Er war einer der wenigen Außenseiter auf dem erzbischöflichen Thron. Die Bischofsweihe hat der Archimandrit Hieronymos Kotsonis erst nach seiner Wahl zum Erzbischof und kurz vor seiner Inthronisierung empfangen.

111 Das bekannteste Beispiel sind die Vorgänge in den Jahren 1922/23, als im Gefolge der kleinasiatischen Katastrophe eine revolutionäre Offiziersjunta die Macht ergriffen hatte. Die Revolutionsregierung verfügte damals die Einsetzung einer Aristindin Synodos. Diese Ausnahmesynode, deren Mitglieder sämtlich einer liberal-fortschrittlichen Gruppe jüngerer Bischöfe angehörten, wählte im März 1923 den Theologieprofessor Chrysostomos Papadopoulos zum Erzbischof von Athen. Nachdem die Kirche von Griechenland bis dahin im wesentlichen eine Staatskirche unter strikter Regierungskontrolle gewesen war, ebnete die Reform des Erzbischofs Chrysostomos I. den Weg zu einer relativ unabhängigen Bischofskirche. Der Staat übte indessen weiterhin starken Einfluß auf die Angelegenheiten der Kirche aus, sowohl in Zeiten der Diktatur wie auch unter demokratischen Regierungen. Bestrebungen, die Kirche von der staatlichen Vormundschaft zu befreien, hatten wenig dauerhaften Erfolg. Im allgemeinen gewährten die Regierungen der Kirche nur so weit Freiheit und Unterstützung, wie diese ihnen gefügig war und politischen Rückhalt bot. Als Chrysostomos I. 1938 starb, mischte sich die Diktaturregierung des Generals Metaxas in die Regelung der Nachfolge ein, indem sie mit zweifelhaften Manövern die Wahl des dem Regime nicht genehmen Metropoliten Damaskinos annullieren ließ und ihren Einfluß dahin geltend machte, daß der Metropolit Chrysanthos auf den erzbischöflichen Thron kam. Auch in der ernsten Krise um Wahl und Rücktritt des Erzbischofs Jakovos zu Beginn des Jahres 1962 hatte die Regierung ihre Hand im Spiel. Näheres über diese staatlichen Einmischungen bei Jerasimos Konidaris, Etappen der Kirchenpolitik in Griechenland, Athen 1971 (griechisch). Eine allgemeine Darstellung des Verhältnisses von Staat und Kirche in der Orthodoxie gibt Steven Runciman, The Orthodox Churches and the Secular State, Auckland University Press 1971. Runciman charakterisiert die Einflußnahme des 1967 installierten Militärregimes auf die Kirche von Griechenland als eine staatliche Kontrolle, die selbst über die Ambitionen byzantinischer Herrscher hinausgegangen sei und nur im russischen Zarenreich des 18. Jahrhunderts eine Parallele habe. In dieser starken Formulierung läßt sich die Charakterisierung anzweifeln. Wie dem auch sei, das Verhältnis zwischen Staat und Kirche unter der Militärdiktatur von 1967 bis 1974 läßt sich nicht als einmaliger Ausnahmefall ansehen, sondern muß in größeren Zusammenhang der modernen Geschichte Griechenlands bewertet werden.

112 Angaben über die 158 Seiten umfassende Denkschrift des Erzbischofs (»Plan für die Reorganisierung der Kirche von Griechenland«) macht die Eastern Churches Review, Band II, Heft 1 (Spring 1968), Seite 74/75. Demzufolge wollte Hieronymos vornehmlich die Mitwirkung des Laienelements stärken, die in der Kirche von Griechenland im Vergleich zu manchen anderen orthodoxen Kirchen recht gering ist. Unter anderem sollten die Bischöfe nicht mehr von der Regierung oder Synode bestimmt, sondern von Klerus und

Laien der vakanten Diözese gewählt werden. Ferner sollten an den Versammlungen der Hierarchie auch Vertreter der Laien und niederen Geistlichkeit teilnehmen, wenn auch ohne Stimmrecht. Wie Hieronymos selbst dem Verfasser erklärte, habe er seinen Wunsch nach stärkerer Beteiligung der Laien nicht in dem von ihm erstrebten Maß durchsetzen können, weil sich die Metropoliten dagegen gesträubt hätten.

113 Anfang 1973, als der Streit um Hieronymos auf dem Höhepunkt war, übergab der Metropolit Ambrosios von Eleftheroupolis den Text der beiden Briefe der Presse. Die Briefe sind in vollem Wortlaut in »Eleftheros Kosmos« vom 8. 2. 1973 zu finden.

114 Episkepsis (griechische Ausgabe) Nr. 71 vom 13. 2. 1973. Wörtlich hieß es in der Verlautbarung des Phanar: Ἡπρᾶξις εἶναι συμφωνία τριῶν παραγόντων ἐκκλησιαστικοκανονικῆς ῥυθμίσεως τοῦ ζητήματος.«

115 Ekklissia, Nr. 1-2/1973, Seite 73 ff.

116 Eleftheros Kosmos vom 10. 2. 1973.

117 Episkepsis Nr. 77 vom 15. 5. 1973.

118 Ekklissia Nr. 9-10/1973, Seite 243/44 (»Die außerordentliche Einberufung der Heiligen Synode der Hierarchie, 10.-12. Mai 1973«). Die Wahl der zehn Synodalmitglieder fiel in den meisten Fällen sehr knapp aus. In zwei Fällen mußte die Wahl wiederholt werden, weil keiner der Kandidaten im ersten Wahlgang die absolute Mehrheit hatte.

119 Christoph Maczewski, Die Zoi-Bewegung Griechenlands, ein Beitrag zum Traditionsproblem der Ostkirche, Göttingen 1970, Seite 37 ff. Ende der fünfziger Jahre spaltete sich die 1907 gegründete Zoi-Bruderschaft. Einige Brüder traten aus und gründeten eine neue, stärker konservativ orientierte Bruderschaft unter dem Namen »Sotir« (Retter). Hieronymos Kotsonis hielt sich aus allen Streitigkeiten heraus, sympathisierte aber mit den Jüngeren der Zoi und deren Reformgeist. »War im Jahr 1962 die Kandidatur von Hieronymos Kotsonis wegen seiner inneren Übereinstimmung mit der Zoi und wegen seiner guten persönlichen Beziehungen zu dieser Bewegung und zum griechischen Königshaus von den Zoi-feindlichen Bischöfen zu Fall gebracht worden, so galt er (Hieronymos) den Offizieren des Putsches vom 21. April 1967, die zum großen Teil zur alten Zoi-Generation gehören und geistig weitgehend von ihr geprägt sind, als die in ihrem Sinn geeignete Persönlichkeit für die Leitung der Kirche.« (Seite 45/46).
Die Zoi-Bewegung ist auf die hellenische Orthodoxie (Griechenland und auch Zypern) beschränkt. Verwandte Strömungen gibt es aber auch in anderen orthodoxen Kirchen, so zum Beispiel im Patriarchat von Antiochia.

120 Maczewski (a. a. O.) nennt die Behauptung der Kritiker, daß die Zoi eine herrschsüchtige Kirchenpartei sei, die durch die Diktatoren an die Macht gekommen sei und damit das Ziel ihres langgehegten Wunsches erreicht habe, die Neufassung einer alten Verleumdung ohne reale Grundlage. »Unterscheidet man einmal — um der Sachklärung willen — zwischen der Zoi-Bruderschaft, der Zoi-Bewegung und dem Zoi-Geist, so läßt es sich in der Tat sagen, daß der Zoi-Geist (in der Ära Hieronymos) kirchenpolitisch zur Herrschaft gekommen ist. Und es läßt sich in der Tat auch sagen, daß der Zoi-Bewegung jetzt (1970) überall die Türen offen stehen und daß ihre erfahrenen und tüchtigen Mitarbeiter bis in die Hierarchie hinaufgerufen werden. Es läßt sich aber nicht sagen, daß es die Zoi-Bruderschaft ist, die als die treibende Kraft hinter diesem Geschehen steht. Ganz im Gegenteil: Gerade durch diese Entwicklung hat die Bruderschaft einen so schweren Aderlaß erlitten, daß es nicht sicher ist, wie und ob sie sich überhaupt je wieder davon wird erholen können.« (Seite 47). Die Zoi-Bruderschaft lehnte grundsätzlich die Übernahme kirchlicher Ämter, und insbesondere des Bischofamtes, ab. Sie hatte sich daher zunächst ablehnend verhalten, als ihr Hieronymos den Eintritt in die Hierarchie anbot, einige Brüder hätten aber schließlich »nach harten Auseinandersetzungen« dem Drängen des Erzbischofs nachgegeben. Infolge dieser Abwanderung in die Hierarchie und aus anderen Gründen, sei die Bruderschaft, die vor der Abspaltung der »Sotir« noch 135 Mitglieder zählte, im Frühjahr 1968 auf weniger als 50 Mitglieder zusammengeschrumpft.
Zur »Zoi-Ideologie« schreibt Maczewski, die Vision der großen byzantinischen Vergangenheit diene als beherrschendes Leitbild. »Und die die Vergangenheit verklärende Erinnerung an die vermeintliche Harmonie antiker Kultur mit dem christlichen Glauben führte

den aufgebrochenen Zoi-Enthusiasmus zur Vision einer neuzeitlichen christlichen Kultur und Gesellschaft in Griechenland. Neugriechischer Nationalismus und eine schon schwärmerische Orthodoxie verbanden sich hier zu einer politischen Utopie.« (Seite 70).

Die Ablehnung eines Teils der offiziellen Hierarchie gegenüber der Zoi erklärt sich aus verschiedenen Gründen. In einer streng hierarchisch strukturierten Kirche stößt jede Bewegung privater Initiative zunächst auf Mißtrauen. »Die außerhalb der kirchlichen Instanzen ausgeübte Tätigkeit der Zoi kam konservativ-orthodoxen Kreisen der Praktizierung eines Schismas gleich. Wo die Zuständigkeit der von der Kirche eingesetzten Kleriker für alle kirchlichen Handlungen als starres Gesetz verstanden wurde, war mit einer Para-Gemeinde, so rechtgläubig und kirchlich sie sich auch geben mochte, sofort die Frage nach der Einheit der Kirche gestellt. Was nicht vom Bischof und vom Ortspriester ausging, galt als Zersetzung, als Häresie, als anti-christlich und mußte bekämpft werden.« (Maczewski, Seite 31).

121 Text der beiden Briefe in »Eleftheros Kosmos« vom 30. November 1973.
122 Text der Verfassungsakte Nr. 3 vom 9. Januar 1974 in Ekklissia Nr. 3-4 vom 1./15. Februar 1974, dort auch das Ausführungsgesetz zur Wahl des Erzbischofs vom 11. Januar 1974, sowie der Verlauf der Wahl und Inthronisierung Seraphims.
123 Seraphim, mit weltlichem Namen Vissarion Tikas, geboren 1913 in der Ortschaft Artesianon der Provinz Karditsa (Thessalien). Studiert Theologie an der Universität Athen. Weihe zum Diakon 1938, zum Archimandriten 1942. Während der Besatzungszeit nahm er an der Nationalen Widerstandsbewegung (EDES) des anti-kommunistischen Generals Napoleon Zervas teil, wobei er anscheinend auch Bekanntschaft mit einigen führenden Männern des späteren Militärregimes von 1967 machte. Wird 1949 zum Metropoliten von Arta (Epirus) gewählt und 1958 an die Spitze der Metropole von Joannina, der Hauptstadt des Epirus, versetzt. Dort führte er unter anderem den Vorsitz des »Ausschusses für den nord-epirotischen Kampf«), der sich für die Befreiung der griechischen Minderheit in Nord-Epirus (Süd-Albanien) einsetzt. Zur Zeit seiner Wahl zum Erzbischof stand Seraphim nach der Anciennität an fünfter Stelle unter den Metropoliten Griechenlands.
124 Seraphim war seit jeher ein entschiedener Gegner der Zoi. Als die Zoi 1960 einen Abgesandten nach Joannina schickte, versuchte Metropolit Seraphim, die Bildung einer lokalen Zoi-Gruppe zu verhindern, allerdings vergeblich. (Mario Rinvolucri, Anatomy of a Church. Greek orthodoxy today. London 1966, Seite 87). Als Erzbischof hat Seraphim des öfteren scharf gegen die Zoi Stellung genommen, meistens ohne sie direkt beim Namen zu nennen. Er griff dabei auch auf die polemischen Schriften des Predigers Christophoros Kalyvas zurück. Dieser hatte in den fünfziger Jahren in mehreren Kampfschriften die Zoi-Bewegung herrrschsüchtiger Bestrebungen zur Wiedergeburt Griechenlands durch ein »Zoistisches Königreich« beschuldigt. Es war Seraphims Bestreben, außer-kirchliche Bewegungen (wie die Zoi) einer strengen Kontrolle zu unterwerfen.
125 Episkepsis Nr. 127 vom 24. 6. 1975. Dort auch ein Interview Erzbischof Seraphims, worin es unter anderem heißt, die Wiederherstellung der Allianz mit dem Ökumenischen Patriarchat sei eine kirchliche Pflicht, für deren Erfüllung sich auch Artikel 3 der neuen Verfassung Griechenlands verbürge.
126 Die Mutter Panayotis Christous war die Cousine des Patriarchen Athenagoras.
127 Interview des Metropoliten Kyrillos mit dem auf Kirchenfragen spezialisierten Journalisten Odysseus Zoulas in »Eleftheros Kosmos« vom 20. Januar 1974.
128 Einen ausführlichen Bericht über den Verlauf des Besuches gibt Ekklissia Nr. 7-8 und Nr. 9 vom 1./15. April bzw. 1. Mai 1974, dort auch auf Seite 222 der Wortlaut des Schlußcommuniqués. Siehe ferner Episkepsis Nr. 97 und 98 vom 19. März bzw. 2. April 1974.
129 Vollständiger Text des Entwurfes in »Eleftheros Kosmos« vom 18. Juli 1974.
130 Heinz Gstrein, Staatskirche in der Zerreißprobe, in: »Zum Beispiel Griechenland«, München 1969, Seite 127.
131 Ekklissia Nr. 13-14, vom 1./15. Juni 1971, Seite 284-293 (Archimandrit Melitos Kalamaras, Der Besuch des Kardinal Johannes Willebrands vom 17. bis 20. Mai), ferner F. W. Fernau, Griechenlands kirchenpolitische Aktivität, in »Neue Zürcher Zeitung« vom 14. Juli 1971.

132 Maczewski, a. a. O., Seite 94.

133 Auf Grund persönlicher Information kann die Ansicht des Phanar dahin umschrieben werden, Hieronymos habe zuerst die Kirche von Griechenland jurisdiktionell einigen, sie darauf zum Patriarchat erheben und auf diese Weise die Führung der hellenischen Orthodoxie übernehmen wollen. Die in Berlin erscheinende Vierteljahresschrift »Kyrios« (Band IX, 1969, Heft 1 Seite 62) berichtete von einem »Plan«, demzufolge die Würde des Ökumenischen Patriarchen nach dem Tode des Athenagoras auf den Erzbischof von Athen übergehen und die orthodoxen Kirchen des Nahen Ostens zu einem griechischen »Großpatriarchat« zusammengefaßt werden sollten. In dieser Form klingt der angebliche Plan fantastisch und unwahrscheinlich. Vertreten läßt sich lediglich die Aussage, daß Hieronymos mehr oder minder ausgesprochen Ziele verfolgte, die auf die Führungsposition der griechischen Kirche hinausliefen und daher zwangsläufig mit den Interessen des Ökumenischen Patriarchats kollidierten. Wie weit das Militärregime mit diesen Zielen einig ging oder gar dahinter stand, ist eine Frage, die sich heute noch nicht klar beantworten läßt. Zuverlässige Informanten in Athen haben dem Verfasser den Eindruck vermittelt, daß Georg Papadopoulos keineswegs an eine Schwächung des Ökumenischen Patriarchats dachte. Er habe vielmehr gewünscht, daß die Kirche von Griechenland ihre inneren Angelegenheiten nach eigenem Ermessen selbst regeln, aber in inter-orthodoxen und ökumenischen Fragen eng mit dem Phanar zusammengehen sollte. Jedenfalls hat die Regierung Hieronymos' Streit mit dem Patriarchat nicht gebilligt und war nachdrücklich um dessen Schlichtung bemüht. Dies war schon unter Papadopoulos zu erkennen und wurde ganz deutlich unter dessen Nachfolgern, die im November 1973 an die Macht kamen.

134 Eastern Churches Review (ECR) Band II. Nr. 4 (Autumn 1969) Seite 422/23.

135 Ekklissia, Nr. 13-14 vom 1./15. Juli 1973, S. 339 (Rechenschaftsbericht des Erzbischofs vor der Versammlung der Hierarchie vom November 1972).

136 Anastasios Jannoulatos, Das Inter-orthodoxe Zentrum von Athen, Prinzipien und theologische Grundlagen, Athen, ohne Datum, griechisch und englisch.

137 Vollständiger Bericht über die Feiern in Ekklissia Nr. 11-12 vom 1./15. Mai 1971 und Nr. 13-14 vom 1./15. Juni 1971 (Archimandrit Christodoulos Paraskevaidis). Ferner das von der Heiligen Synode der Kirche von Griechenland herausgegebene Festprogramm zur Feier des nationalen Jubiläums und zur Grundsteinlegung der Kirche der Apostel Kyrillos und Methodios vom 1. bis 11. Mai 1971 (Athen, griechisch).

138 Persönliches Gespräch mit einem hohen Beamten des griechischen Außenministeriums.

139 Siehe die Statuten des Patriarchats von Antiochia in Barnabas Tzortzatos, a. a. O. In Ergänzung dazu vom gleichen Verfasser, Die neuen Grundgesetze des Patriarchats von Antiochia, Athen 1973 (griechisch).

140 Siehe dazu POC 1966, Heft II/III, Seite 265-277 sowie POC 1969, Heft IV, Seite 340 bis 350. »La fraction la plus populaire et la plus pauvre de l'Orthodoxe syrienne est depuis longtemps portée vers un »ordre nouveau«, où se mêlent des aspirations nationalistes, arabistes, antiféodales et anticapitalistes.«

141 Bertold Spuler schreibt in seinem bereits zitierten, 1973 erschienenen Aufsatz (Die morgenländischen Kirchen seit 1965, a. a. O., Seite 161): »Die Entwicklung der arabischen Welt zu neuen Formen hat sich . . . dahin ausgewirkt, daß die Zahl der Griechen (in Ägypten) von etwa 120 000 rapide auf 25 000 abgesunken ist, für 1969 werden nur noch 10 000 genannt. Dem läuft eine Abwanderung aus den Ländern Schwarz-Afrikas parallel. Statt 195 000 (1955) zählte man 1965 nur noch 75 000, von denen gewiß ein erheblicher Teil in Südafrika wohnt. Dem steht eine Hinwendung Einheimischer in Uganda (20 000) und Kenia (15 000) zur Orthodoxie gegenüber.«
Niedrigere Zahlen gibt POC 1967, Heft I, Seite 91. Dort wird die Zahl der Griechen in ganz Afrika mit 35 000 bis 50 000, davon 15 000 in Ägypten, angegeben. Nach der gleichen Quelle zählt die arabophone Gemeinde des Alexandriner Patriarchats 5 000 bis 10 000, wahrscheinlich nicht viel mehr als 5 000 Gläubige.

142 Artikel 1 des Statuts (Organikos Nomos) vom 25. Februar 1929 besagt: »Der Patriarch wird vom Klerus und Volk der dem Patriarchat unterstehenden Gläubigen gewählt, ohne Ansehen des Volkstums und der Staatsangehörigkeit«. Gemäß dem Synodalerlaß vom 27.

Juni 1934 (Artikel 30) müssen die Kandidaten für den Patriarchenthron a) eine theologische Ausbildung an einer griechisch-orthodoxen Schule erhalten haben, b) mindestens 40 Jahre alt sein und c) mindestens 10 Jahre Mitglied der Geistlichkeit sein. Es ist nichts darüber gesagt, daß die Kandidaten eine bestimmte Staatsangehörigkeit besitzen müssen. Tzortzatos, a. a. O.

143 Persönliche Information aus dem griechischen Außenministerium.

144 Zur Kandidatur des Jakovos von Mytilene schreibt POC (1968, Heft II/III, Seite 256), dieser sei nach Athen gerufen worden, wo man ihm mitgeteilt habe, sein Name sei auf die Kandidatenliste gesetzt worden. Jakovos habe zunächst widerstrebt, sei aber schließlich zur Annahme der Kandidatur genötigt (obligé) worden. Diese Version des POC wird von gut informierter Seite bestritten. Jakovos habe vielmehr die Kandidatur bereitwillig angenommen und durchaus den Wunsch gehabt, Patriarch von Alexandria zu werden.

145 Die Statuten des Patriarchats von Alexandria bei Tzortzatos, a. a. O.

146 Über den Hergang der Wahl und deren Vorgeschichte berichtet ausführlich POC 1968, Heft II/III, Seite 256, sowie auch ECR, Band II, Nr. 2 (Autumn 1968) Seite 194.

147 Über den Besuch der Kirche von Zypern siehe POC 1970, Heft III, Seite 328 bis 330. Zum Besuch bei Dimitrios I. siehe Episkepsis Nr. 73 vom 13. März 1973.

148 Dieser Abschnitt sowie die folgende Darstellung der Beziehungen Griechenlands zu Israel und der griechischen Haltung in der Frage der Heiligen Stätten beruhen im Wesentlichen auf Informationsgesprächen des Verfassers im griechischen Außenministerium.

149 Siehe Kapitel »Die Heiligen Stätten in Palästina«.

150 Archimandrit Meletios Kalamaras, Der Besuch Erzbischof Seraphims beim Patriarchat von Antiochia, in Ekklissia Nr. 11-12 vom 1./15. Juni 1975 und Nr. 13-14 vom 1./15. Juli 1975. Eleftheros Kosmos vom 8., 10., 15. und 17. Mai 1975. Episkepsis Nr. 125 vom 27. 5. 1975.
Zur Begegnung zwischen dem Patriarchen Elias IV. und König Khalid von Saudi-Arabien siehe Episkepsis Nr. 124 vom 13. 5. 1975 und Nr. 129 vom 22. 7. 1975.


*Dritter Teil:*

1 Ferenc A. Váli (Bridge across the Bosporus, a. a. O.) schreibt (Seite 240): »the Graeco-Byzantine ideology had been better preserved in the life of the Cypriote greeks than anywhere else. They have kept their identification with the Eastern Orthodox Church . . . not only by means of the millet-autonomy they enjoyed under the sultan (and, thereafter the British) but also by virtue of their own ethnarchical system.«

2 Text des Kirchenstatuts von 1914 sowie des Projekts von 1929 bei Barnabas Tzortzatos, Die Grundgesetze der Kirche von Zypern, mit historischem Abriß. Athen 1974 (griechisch). Dort auch die auf die Kirche bezüglichen Artikel der Staatsverfassung Zyperns vom Jahre 1960.

3 Tzortzatos, a. a. O. Seite 16. Ferner Andreas Mitsides, Die Kirche von Zypern, Nikosia 1974 (griechisch). Vom gleichen Verfasser der Artikel »Kypros« in der »Religiösen Enzyklopädie«, Athen 1965 (griechisch).

4 Gennadios (Macheriotis) geboren 1893. Eintritt in das Kloster Macheras als Novize. Besuch des Panzypriotischen Gymnasiums in Nikosia bis 1919. Studiert an der Theologischen Fakultät der Universität Athen, wo er 1923 zum Doktor promoviert. Religionslehrer an höheren Schulen in Nikosia und Kyrenia. 1931 in Paphos zum Archimandriten geweiht. 1948-1959 Landbischof (χωρεπίσκοπος) von Salamis. Juli 1959 zum Metropoliten von Paphos gewählt.
Anthimos (Macheriotis) geboren 1905. Eintritt in das Kloster Macheras. Studiert auf Kosten des Klosters am Priesterseminar von Larnaka. 1937-1942 Fortsetzung des Studiums an der Universität Athen. Januar 1951 zum Metropoliten von Kition gewählt.
Kyprianos (Kyriakidis) geboren 1908. Tritt 1920 als Novize in das Kloster Kykko ein, wird von dort aus auf das Panzypriotische Gymnasium in Nikosia geschickt. Theologisches Studium an der Universität Athen. 1928-1934, Studium der französischen Sprache und Li-

teratur am Institut Supérieur d'Etudes Françaises in Athen. Bekleidet bis 1946 verschiedene geistliche Ämter auf Zypern. Geht 1946 als Stipendiat des Weltkirchenrats zu weiteren Studien nach den USA, gleichzeitig mit Michael Muskos, dem späteren Makarios III. Wird im April 1948 zum Metropoliten von Kyrenia gewählt und aus den USA zurückgerufen. Zur gleichen Zeit wird Makarios (Muskos) zum Metropoliten von Kition gewählt und ebenfalls aus Amerika zurückgeholt.

Biographische Daten über Makarios III. siehe bei Bernhard Ohse, a. a. O. Seite 147 ff. und F. W. Fernau, a. a. O. Seite 121/122.

5 B. Spuler in »Internationale Kirchliche Zeitschrift«, 1968, Heft 2, Seite 72.

6 »Eleftheros Kosmos« vom 23. September 1970, ferner IKZ 1971, Heft 1, Seite 18.

7 Es ist nicht klar, ob Papadopoulos mit seiner Intervention den Sturz des Erzbischof-Präsidenten bezweckte oder diesen nur enger an die Leine Athens nehmen wollte. Die Wahrscheinlichkeit spricht eher für die zweite Annahme. Die Zypernpolitik allgemein war innerhalb des Militärregimes umstritten. Sympathien für Makarios hatte die Junta insgesamt nicht, indessen waren Papadopoulos und seine diplomatischen Ratgeber, wie dem Verfasser wiederholt in Athen versichert worden ist, der Meinung, daß eine Lösung der Zypernfrage nicht ohne oder gegen Makarios zu erreichen und zu verwirklichen sei. Dieser Kurs scheint sich nach dem Tode des Außenministers Pipinelis im Juli 1970 abgeschwächt zu haben, wurde aber im großen und ganzen bis zum Sturze von Georg Papadopoulos fortgeführt. Erst unter dessen Nachfolgern, die grosso modo dem »harten« Flügel der Junta zuzurechnen waren, setzte sich ein gegenteiliger Kurs voll durch und führte mit dem Ziel der Enosis vor Augen zum Putsch der Nationalgarde gegen Makarios vom Juli 1974.

8 Die Reden der Metropoliten wurden zuerst von der zypriotischen Zeitung »Nea Proini« (Nikosia) vom 4. März 1973 veröffentlicht. Von dort hat sie »Eleftheros Kosmos« vom folgenden Tage übernommen.

9 Das Antwortschreiben des Erzbischofs in »Eleftheros Kosmos« vom 21. März 1973.

10 Nach Artikel 3 des Statuts von 1914 tritt die Heilige Synode zu einer außerordenlichen Sitzung zusammen, sooft es entweder der Erzbischof als Vorsitzender für geboten hält oder zwei Mitglieder von ihm (παρ'αυτοῦ) die Einberufung wegen eines bestimmten Falles verlangen. Daraus wäre zu folgern, daß nur der Erzbischof eine außerordentliche Sitzung der Synode einberufen konnte. Wie es gehalten werden soll, wenn gegen den Erzbischof Anklage erhoben wird und dieser die Einberufung verweigert, ist nicht gesagt.

11 Das mehrstufige Wahlverfahren ist in Artikel 20-29 des Statuts von 1914 geregelt.

12 Das Gutachten des Professors Muratidis datierte vom 10. April 1972. Es ist abgedruckt in der scharf Makarios-feindlichen Athener Zeitung »Estia« vom 17. März 1973. Eine abweichende Meinung vertritt unter anderen Professor Panayotis Dimitropoulos in »Eleftheros Kosmos« vom 30. Mai 1973.

13 Siehe Rede des Gennadios auf der Synode vom 2. März 1972 »Eleftheros Kosmos« vom 5. März 1972.

14 Näheres dazu bei Gerasimos Konidaris, Über das Problem der kanonischen Gerichtsbarkeit in der Kirche von Zypern, Athen 1972/74, griechisch mit deutscher Zusammenfassung.

15 »Eleftheros Kosmos« vom 3. Mai 1973.

16 »Eleftheros Kosmos« vom 15. Juli 1973. Über die »Größere Synode« auch POC 1973, Heft III/IV, Seite 362/363. Dort auch weitere Hinweise auf Ausführungen im offiziellen Organ des Alexandriner Patriarchats (Pantainos).

17 Episkepsis Nr. 86 vom 16. Oktober 1973 und Nr. 87 vom 30. Oktober 1973.

18 Die Vorschläge des Erzbischofs Makarios und die Gegenforderungen der drei Metropoliten in »Eleftheros Kosmos« vom 19. Dezember 1974.

19 »Eleftheros Kosmos« vom 4., 6. und 8. März 1975 sowie vom 25. Mai 1975.

20 Ausführliche Dokumentation in Episkepsis Nr. 73 vom 13. März 1973 (Stellungnahmen der Patriarchen von Alexandria, Antiochia, Jerusalem und Moskau sowie des Erzbischofs von Athen).

21 Nach den Unruhen vom Oktober 1931 verbannten die britischen Behörden die Metropoliten von Kition und Kyrenia von der Insel. Im Jahre 1933 verstarb der Erzbischof Kyrillos III. Infolge des Mangels an Bischöfen konnte die Wahl eines neuen Erzbischofs nicht satzungsgemäß durchgeführt werden. Das Erzbistum blieb vierzehn Jahre lang verwaist. Erst nachdem das Ökumenische Patriarchat der Kirche von Zypern einen Erzpriester »ausgeliehen« hatte, konnte 1947 die Wahl eines neuen Erzbischofs ordnungsgemäß stattfinden. (Andreas Mitsidis, Artikel »Kypros« in der »Religiösen Enzyklopädie«, Athen 1965).
Maximos von Sardes schreibt in seinem bereits zitierten Buch (Das Ökumenische Patriarchat in der Orthodoxen Kirche, Seite 312), das Ökumenische Patriarchat habe während der osmanischen Herrschaft der Kirche von Zypern am meisten beigestanden. Es habe sich häufig als Schiedsrichter der ihm von den Zyprioten vorgetragenen Streitfälle betätigt, wofür Maximos eine Reihe von Beispielen gibt.

22 Erklärung des Ökumenischen Patriarchen Dimitrios I. gegenüber der türkischen Nachrichtenagentur »Anatolia« in Episkepsis Nr. 74 vom 27. März 1973.

23 Siehe »Eleftheros Kosmos« vom 3. März 1972.

24 Der Text des Briefes findet sich in »Eleftheros Kosmos« vom 7. März 1972. Das Athener Blatt hat ihn der zypriotischen Zeitung »Agon« entnommen. In dem Brief lobt Hieronymos den Erzbischof von Zypern als hervorragende Persönlichkeit und schreibt unter anderem weiter, die Orthodoxie brauche eine Persönlichkeit von internationaler Ausstrahlung, die dereinst das Erbe des Athenagoras werde weitertragen können. Makarios solle seine Kräfte nicht in Aktivitäten verschwenden, die einer höheren Mission des Erzbischofs in der Kirche nicht förderlich seien. — Dachte Hieronymos im Ernst daran, daß Makarios einmal die Nachfolge des Athenagoras antreten könne? Die Annahme erscheint höchst unwahrscheinlich. Vielleicht sollte mit diesen Lobsprüchen Makarios nur der Rückzug aus der Politik nahegelegt werden. Bereits bei einer früheren Gelegenheit war Makarios gefragt worden, ob er sich nicht um den Thron des Patriarchen von Alexandria bewerben wolle. Er habe sofort abgewinkt, angeblich mit dem Bemerken, das sei für ihn zu wenig (persönliche Information).

25 Das Organ der Zoi-Bruderschaft schrieb am 20. September 1973, Makarios solle die Politik den Politikern überlassen und den Frieden in der Kirche von Zypern wiederherstellen. Nach einem Bericht der Athener Zeitung »Akropolis«, ebenfalls vom 20. September 1973, stellte sich auch die Bruderschaft »Sotir« auf die Seite der drei Metropoliten und verwarf die Entscheidung der »Großen Synode«. Verschiedene Hierarchen nahmen öffentlich gegen Makarios Stellung — so der fanatische Puritaner Augustinos (Kandiotis) von Florina, der aus der Zoi-Bruderschaft hervorgegangene Apostolos (Papakonstantinou) von Zakynthos und — nicht zu vergessen: — der stets turbulente Ambrosios (Nikolaou) von Eleftheroupolis. Auch die Kanonische Kommission der Heiligen Synode der Kirche von Griechenland vertrat die Ansicht, Makarios habe mit der Übernahme des Präsidentenamtes gegen die Kirchengesetze verstoßen. Auf Empfehlung dieser Kommission lehnte die Kirche von Griechenland die Teilnahme an der Synode von Nikosia ab. Den Vorsitz der Kanonischen Kommission hatte der Metropolit Chrysosthomos (Tavlodorakis) von Piräus inne, ein streitbarer Verfechter kirchlicher Unabhängigkeit vom Staat. Zu den ständigen Mitgliedern der Kommission gehörte auch der oben erwähnte Augustinos von Florina.

26 Am 24. September 1974 gab die Heilige Synode der Kirche von Griechenland unter Vorsitz von Erzbischof Seraphim eine Verlautbarung heraus, die unter anderem Professor Muratidis, auf dessen Gutachten sich die drei Metropoliten bei der Absetzung des Makarios gestützt hatten, die Mitverantwortung für die »chaotischen Zustände« in der Kirche von Zypern zuschrieb, (Eleftheros Kosmos vom 25. September 1974). Die Vorwürfe gegen Muratidis sind allerdings mehr im Zusammenhang mit Auseinandersetzungen zu sehen, die sich auf innere Probleme der Kirche von Griechenland bezogen.
Über die Verlautbarung der Regierung Karamanlis siehe »Eleftheros Kosmos« vom 19. Dezember 1974.

27 Als Beispiel sei ein Interview angeführt, das der französische Journalist Jacques Renard mit ungenannten Mitgliedern der »Nationalen Front« veranstaltete (Le Figaro, Paris, 7./8. Februar 1970).

145

28 Estia vom 4., 6. und 13. Juli 1973. Die Zeitung »Estia« befindet sich seit 1898 unter der Leitung der aus Zypern eingewanderten Familie Kyrou. Sie hat sich in der Zypernfrage stets geradezu fanatisch für die Enosis eingesetzt. Ein Mitglied der Familie Kyrou, der Diplomat Alexis Kyrou, war maßgeblich daran beteiligt, daß die Zypernfrage (damals noch als ausschließlich griechisch-britisches Problem) von der griechischen Regierung im August 1954 vor die UN gebracht wurde.

Makarios-feindliche Kreise, die enge Beziehungen zu den Arabern hatten, behaupteten, Grivas habe sich in Israel Waffen besorgt und werde von israelischen Agenten unterstützt. Regierungsstellen in Nikosia erklärten dazu, sie hätten davon keine sichere Kenntnis (»Eleftheros Kosmos« vom 28. März 1973). Zu den angeblichen Waffenkäufen schrieb die »Jerusalem Post« vom 27. Januar 1973, Grivas kaufe Waffen in den Nachbarländern, erhalte aber keine Waffen aus »offiziellen« arabischen oder israelischen Quellen. Alles dies wird hier nur als Schlaglicht auf die Implikationen des Zypernkonflikts wiedergegeben. Ein mittelbarer Zusammenhang mit dem Kirchenkonflikt besteht nur insoweit, als Grivas der politische Inspirator und Mentor der drei Metropoliten war.

29 »Neue Zürcher Zeitung« vom 27. März 1972

30 Der Telegrammwechsel zur Synode von Nikosia ist abgedruckt in »Stimme der Orthodoxie« (Organ des mitteleuropäischen Exarchats des Moskauer Patriarchats), Berlin, Jahrgang 1973, Heft 9.

31 POC, 1972, Heft II Seite 168.


*Vierter Teil:*

1 Bericht über Verlauf des Landeskonzils, Wahl und Inthronisierung Pimens in »Stimme der Orthodoxie« (STO) 1971, Nr. 8.

2 John Meyendorff in ECR Nr. 4/1971, Seite 440/441, zitiert aus einem Aufsatz im Organ der (russischen) »Orthodoxen Kirche in Amerika«. Die offizielle Biographie Pimens in STO 1970, Nr. 9.

3 Die Heilige Synode des Moskauer Patriarchats besteht aus fünf ständigen und drei nicht-ständigen Mitgliedern. Ständige Mitglieder sind die Metropoliten von Leningrad, Kiew und Krutitsa sowie der jeweilige Leiter des kirchlichen Außenamtes und der jeweilige Generalsekretär des Patriarchats. Die nicht-ständigen Mitglieder werden jeweils auf ein Jahr nach dem Rangalter der Bischöfe bestimmt. Da sie in der Minderheit sind und zudem häufig wechseln, kann der kleine Kreis der ständigen Mitglieder als das eigentliche Führungsgremium der russischen Kirche angesehen werden.

4 Meyendorff (a. a. O.) bemerkt dazu: »Unter dem gegenwärtigen Sowjetregime ist es offensichtlich nicht denkbar, daß Pimens Wahl wirklich »frei« war. Als Kandidat für die Patriarchenwürde wurde Pimens zweifellos von der Regierung gutgeheißen. Er war jedoch augenscheinlich nicht der einzig mögliche Kandidat. Konservativer und weniger gedankenreich als zum Beispiel der weithin bekannte Metropolit Nikodem von Leningrad war Patriarch Pimen vermutlich eher annehmbar für die gläubigen Massen von Geistlichkeit und Laien und ebenso für die Sowjetregierung. Es ist unwahrscheinlich, daß unter seiner Führung das Moskauer Patriarchat unkonventionelle Schritte unternehmen wird, sei es politisch oder ökumenisch.«

5 Juvenal, geboren 1935 in Jaroslawl (nordöstlich von Moskau) unter dem bürgerlichen Namen Vladimir Kyrillowitsch Pojarkow. 1957/61 Studium der Theologie an der Geistlichen Akademie von Leningrad. 1962 Redakteur der »Stimme der Orthodoxie« (Berlin-Karlshorst), danach als Archimandrit Leiter der »Russischen Geistlichen Mission in Palästina«. Dezember 1964 zum stellvertretenden Leiter des kirchlichen Außenamtes ernannt. 1965 Bischofsweihe. Erzbischof, seit April 1972 Metropolit von Tula.

6 Verfügung der Heiligen Synode vom 30. Mai 1972 in STO 1972, Nr. 7.

7 Über die Gründung der Mission und deren politischen Hintergrund siehe Theofanis George Stavrou, Russian interest in the Levant 1843-1845, in »The Middle East Journal« (Washington) Winter-Spring 1963.

146

8 Episkepsis Nr. 51 vom 28. März 1972.

9 Ein kompetenter türkischer Gewährsmann, der es eigentlich hätte wissen müssen, erklärte später dem Verfasser, er wisse nichts von einer Verweigerung des Visums für Pimen. Alles dies ist gewiß noch kein schlüssiger Beweis für etwaige politische Hintergründe. In jedem Falle bleibt es aber unklar, ob Visumsschwierigkeiten tatsächlich der einzige Grund für die plötzliche Absage Pimens waren.

10 Ausführlicher Bericht über die ganze Reise in POC 1972/II, Seite 168-181.

11 Der Metropolit Georg Khodr von Berg-Libanon der zu den führenden Hierarchen des Antiochener Patriarchats gehört, veröffentlichte in der Beiruter Zeitung »An-Nahar« vom 9. Mai 1972 (als Pimen in Libanon war) einen Artikel »Das Heilige Rußland in Libanon« (in französischer Übersetzung auszugsweise zitiert in POC 1972/II, Seite 175/176). Darin nahm er auch auf den bevorstehenden Besuch Pimens in Jerusalem Bezug und schrieb unter anderem: »Quand il (Pimen) posera les pieds sur l'aérodrome de Jérusalem, il rencontrera le patriarche de Jérusalem. Nous espérons qu'il lui dira, ainsi qu'aux responsables de la ville sainte, que la garde de Jérusalem repose sur leurs épaules et qu'ils sont les pasteurs des chrétiens arabes et que, par conséquent, leur devoir est de les défendre contre l'humiliation et contre la diminution en nombre »afin qu'aucun ne se perde«. Les liens ont été rompus entre nous et l'Eglise de Jérusalem, mais Pimen peut lui dire que notre vie est suspendue là-bas entre l'église de la résurrection et la mosquée Al-Aqsa . . . Nous n'attendons du patriarche russe aucune démarche politique. Il nous suffit qu'il se prosterne devant le tombeau du Sauveur et que ses prostrations disent aux autorités d'occupation que le coeur de la Russie éternelle n'oubliera jamais le souvenir de Jérusalem. Peut-être Bénédictos de Jérusalem compendra-t-il aussi qu'il ne se trouve pas là-bas sur un trône, mais sur le Golgatha de l'Arabe«.

12 POC 1971/I, Seite 84.

13 POC 1970/II, Seite 214. Außerdem Walter Zander, The Russian Church in the Middle East — new developments, in der Monatsschrift »New Middle East«, London, Nr. 22 vom Juli 1970.

14 POC 1972/III-IV, Seite 345. Schenudas Besuch in Moskau erfolgte im Rahmen einer größeren Reise, die den koptischen Patriarchen auch noch zur Kirche Rumäniens, zum Phanar und nach Syrien und Libanon führte.

15 STO 1974, Nr. 3.

16 Eine kurze Darstellung der Vorgänge vom griechischen Standpunkt gibt Tzortzatos, »Die Grundgesetze der Orthodoxen Patriarchate« a. a. O.

17 Im Jahre 1954 erklärte Alexander III., er sei darum bemüht, im Patriarchat von Antiochia ein Gleichgewicht zwischen auseinanderstrebenden Einflüssen zu bewahren, POC 1966/II-III, Seite 266.

18 IKZ 1959, Heft 1, Seite 35.

19 ECR I Nr. II, Autumn 1966, Seite 179, gibt die Zahl der Christen in Syrien und Libanon auf insgesamt 1,6 Millionen an (400 000 Orthodoxe, 200 000 monophysitische Jakobiten und eine Million Katholiken und Unierte unter Einschluß der Maroniten). Es fehlen in dieser Aufzählung die in der Levante lebenden Armenier, soweit sie nicht mit Rom uniert sind. Den Christen stehen nach der gleichen Quelle 5 bis 6 Millionen Moslems gegenüber. Die aus dem Jahr 1966 stammenden Angaben müssen entsprechend der seither eingetretenen Bevölkerungsvermehrung heute höher angesetzt werden. Sie sind wie alle Religionsstatistiken mit großer Vorsicht aufzunehmen, vermitteln aber wenigstens ein ungefähres Bild der Größenordnungen.

20 Artikel 11 und 23 des Statuts vom 23. Juni 1972. Text des Statuts bei Tzortzatos, Die neuen Grundgesetze des Patriarchats von Antiochia, Athen 1973 (griechisch). In einem knappen Kommentar bezeichnet es Tzortzatos als Hauptmerkmal des neuen Statuts, daß die Einwirkung »hemmender und schädlicher Faktoren« auf die Regierung der Kirche beschränkt werde. Gewisse Kreise, die als »Front zur Verteidigung der Legalität im Patriarchat von Antiochia« auftreten, haben das neue Statut scharf kritisiert, weil es die Mitwirkung der Laien an der Verwaltung der Kirche reduziere. POC 1972/II, Seite 217/218.

21 Der Verlauf der Krisen von 1966 und 1969 kann hier nur in großen Zügen beschrieben

werden. Einzelheiten findet der Leser in POC 1966/II-III, Seite 264-277 (mit den wichtigsten Dokumenten im Wortlaut), ferner ECR I, Nr. II, Autumn 1966, Seite 178/179. Zur Krise von 1969 siehe POC 1969/IV, Seite 340-350, 1970/I, Seite 72/73 sowieECR III, Nr. I, Spring 1970, Seite 78-81.

22 Wortlaut des Synodalbeschlusses in POC 1969/IV, Seite 349.

23 POC 1971/I, Seite 76-78, 1971/II, Seite 196-198.

24 Telegrammwechsel zwischen Theodosios VI. und der syrischen Regierung vom Mai 1966. Der Patriarch wurde am 11. Juni vom syrischen Ministerpräsidenten und am 13. Juni vom syrischen Staatschef empfangen, POC 1966/II-III, Seite 268/269 sowie 272.

25 Zur Entwicklung in Syrien siehe Thomas Koszinowski, Die innenpolitische Entwicklung in Syrien seit der Machtergreifung des Ba'th im März 1963, in »Orient« (Hamburg), 1972, Heft 3 (September 1972). Asad, damals noch Verteidigungsminister, legte den Russen nahe, sich nicht in die Angelegenheiten der syrischen Christen einzumischen (persönliche Information aus griechischer Quelle).

26 POC 1969/IV, Seite 348, Anmerkung 14.

27 IKZ 1967, Heft 3, Seite 179.

28 Während des Konflikts um den Bischofssitz von Lattakia wurde von arabisch-kommunistischer Seite die Behauptung aufgestellt, daß einige Metropoliten in Verbindung mit der amerikanischen Botschaft gestanden hätten und von dieser veranlaßt worden seien, Unruhe in Lattakia zu stiften (POC 1966/II-III, Seite 272). Die griechische Presse ihrerseits prangerte die sowjetischen Intrigen im Antiochener Patriarchat an.

29 ECR I Nr. 4, Winter 1967/68, Seite 424.

30 IKZ 1962, Heft 2, Seite 57.

31 Marc Marceau, Le Coup d'Athènes, Paris 1974, Seite 127-131.

32 Siehe das Kapitel »Athens Kirchenpolitik im Vorderen Orient«.

33 Über das Communiqué der Sowjetbotschaft berichtet »Eleftheros Kosmos« vom 19. 10. 1972. Einen kurzen Bericht zur gesamten Balkanreise Pimens bringt StO 1972, Nr. 12. In der Bewertung der Reise stimmte diese kirchliche Verlautbarung fast wörtlich mit dem Communiqué der Athener Sowjetbotschaft überein: »Gespräche und Gebetsgemeinschaften förderten die bilateralen brüderlichen Beziehungen zwischen der russischen Orthodoxie und den besuchten Landeskirchen, festigten die Einheit der Orthodoxie und ließen ihren Beitrag für die Herbeiführung der Einheit unter der getrennten Christenheit sowie für den kirchlichen Einsatz für den Frieden in der Welt stärker werden.«

34 Die Russen waren dagegen, daß sich die griechische Kirche im Jahre 1833 eigenmächtig für autokephal erklärte und dadurch einen Bruch mit dem Ökumenischen Patriarchat heraufbeschwor. Die russische Diplomatie setzte in der Folge alles daran, um zwischen Athen und dem Phanar zu vermitteln. Zum Teil ist es den russischen Bemühungen zu danken, daß schließlich eine Versöhnung zustande kam und daß das Ökumenische Patriarchat 1850 der Kirche Griechenlands unter gewissen Bedingungen die Autokephalie gewährte. Einzelheiten bei Charles A. Frazee, The Orthodox Church and Independent Greece 1821-1852, a. a. O. Die russische Haltung in dieser Periode dürfte sich einmal daraus erklären, daß die Trennung vom Phanar das Werk liberaler »Westler« war, deren kirchenpolitische Ideen stark von westeuropäisch-protestantischen Vorbildern beeinflußt waren. Die Trennung von Konstantinopel bedeutete unter diesem Aspekt eine Niederlage der »russischen Partei« in Athen und war geeignet, die Position der europäischen Westmächte in Griechenland zu stärken. Zum anderen »war das Band zu Konstantinopel in russischer Sicht ein wichtiges Bindeglied zwischen dem unabhängigen Griechenland und dem Zaren wegen des starken Einflußes, den Rußland im Osmanischen Reich ausübte.« (Frazee, Seite 109). Heute liegen die Dinge anders. Das Moskauer Patriarchat tritt als Verfechter der national-kirchlichen Unabhängigkeit gegenüber der »Vormundschaft« des Phanar auf.

35 Archimandrit Anthimos Roussas, Der Besuch des Moskauer Patriarchen Pimen in Athen« in »Ekklisia« Nr. 21-22 vom 1./15. November 1972, Nr. 23-24 vom 1./15. Dezember 1972 und Nr. 1-2 vom 1./15. Januar 1973 (drei Fortsetzungen). Dort auch sämtliche Reden im Wortlaut.

36 Bericht über die Pressekonferenz von Odysseus Zoulas in »Eleftheros Kosmos« vom 21. 10. 1972.

37 Episkepsis Nr. 66 vom 23. November 1972.

38 ECR II Nr. 4, Autumn 1969, Seite 433, III Nr. 2, Autumn 1970, Seite 214, Episkepsis Nr. 72 vom 27. Februar 1973. Ferner persönliche Information aus dem griechischen Außenministerium.

39 Aus der Rede, die Pimen auf dem von der griechischen Regierung ihm zu Ehren veranstalteten Bankett hielt, »Ekklissia« Nr. 23-24 vom 1./15. Dezember 1972, Seite 662.

40 Zum Besuch Pimens auf dem Athos: ECR V Nr. 1, Spring 1973, Seite 73.

41 So Priester A. Proswirin, Der Athos und die Russische Orthodoxe Kirche, in StO Heft 3/1975.

42 Persönliche Information. Dazu auch Fernau »Athenagoras auf dem Wege nach Rom« NZZ vom 22. Oktober 1967 und »Die Orthodoxie im Spannungsfeld von Mittelmeer und Balkan« NZZ vom 6. Februar 1968.

43 Zu den Feiern in Moskau vom Mai 1968 siehe StO 1968, Heft 7 und 8. Außerdem persönliche Information.

44 St.O. 1972 Heft 10.

45 Maximos von Sardes im Vorwort zu seinem Buch »Das Ökumenische Patriarchat in der Orthodoxen Kirche« a. a. O. Maximos schreibt, diese »seltsamen« Ansichten seien in der Diskussion unverzüglich klargestellt worden.

46 Fernau, Patriarchen am Goldenen Horn, a. a. O. Seite 157/158.

47 Eine Darstellung aus griechischer Sicht, allerdings in recht polemischer Form, gibt Professor Panayotis Trembelas, Die Autokephalie der Metropolia in Amerika, Athen 1971 (griechisch). Einblick in die russische Ansicht, soweit diese von der Metropolia vertreten wird, gewährt die Schrift »Autocephaly — The Orthodox Church in America«, St. Vladimir's Seminary Press (New York) 1971.

48 Über das Abkommen siehe ECR, III/2, Autumn 1970, Seite 199. Artikel 13, Absatz 9 des Abkommens vom 31. März 1970 setzt für die Proklamation der Autokephalie eine Frist von 100 Tagen (Trembelas, a. a. O. Seite 15, Anmerkung 6).

49 Vollständiger Wortlaut des Tomos in englischer Übersetzung in »Autocephaly — The Orthodox Church in America« a. a. O. Seite 45 ff.

50 Die auf die Autokephalie der Metropolia bezügliche Korrespondenz umfaßt insgesamt vier Briefe. Sie beginnt mit einem Brief des Ökumenischen Patriarchen vom 8. Januar 1970. Darauf antwortete der Moskauer Patriarch am 17. März. Am 24. Juni schrieb Athenagoras einen zweiten Brief, den das Moskauer Patriarchat am 11. August beantwortete. Der Wortlaut aller vier Briefe findet sich in »Autocephaly — The Orthodox Church in America« a. a. O. Außerdem sind das Schreiben Alexeis vom 17. März und der Brief des Athenagoras vom 24. Juni in Episkepsis Nr. 12 vom 18. August 1970 veröffentlicht.

51 Persönliche Information.

52 Die hier zusammengefaßte Darstellung der beiderseitigen Standpunkte und Argumente ist der oben erwähnten Korrespondenz zwischen Konstantinopel und Moskau entnommen.

53 Die verfügbaren Angaben über Stärke und Gliederung der Orthodoxen in Amerika weichen zum Teil stark voneinander ab. ECR II/1, Spring 1968, Seite 70 ff. gibt eine approximative Übersicht (Orthodoxy in America: Some Statistics). Die Übersicht bezieht sich auf Angaben der Episcopal Church der USA aus den Jahren 1967/68. Darin sind für die USA und Kanada zwanzig Jurisdiktionen mit insgesamt 52 Bischöfen, 1 496 Gemeinden und 1 457 Geistlichen aufgeführt. An der Spitze liegt das griechische Erzbistum mit 11 Bischöfen. Die Russisch-Orthodoxen verteilen sich zu diesem Zeitpunkt auf die Metropolia und die scharf anti-sowjetische »Russische Auslandskirche« mit je 8 Bischöfen sowie auf das Exarchat des Moskauer Patriarchats mit 3 Bischöfen. Das serbische Patriarchat hat 3 Bistümer (Chicago, Pennsylvania und Kalifornien). Zum Patriarchat von Antiochia gehören 2 Bistümer (New York und Toledo/Ohio). Den Patriarchaten von Rumänien und Bulgarien untersteht je ein Bistum. Unter den übrigen sind vor allem die Ukrainer mit vier getrennten Jurisdiktionen zu nennen.

Das griechische Erzbistum von Nord- und Südamerika gibt in seinem Jahrbuch 1975 die Zahl seiner Gläubigen mit zwei Millionen an. Amerikanische Angaben über die Stärke der russischen Metropolia bewegen sich zwischen 800 000 und 1 500 000 Gläubigen. Trembelas, a. a. O. Seite 53, schreibt, daß die Metropolia 1965 etwa 750 000 Gläubige gezählt habe. In jedem Fall stehen die Russen den Griechen an Zahl nach, und die Metropolia wiederum erfaßt nur einen, wenn auch den größeren Teil der russisch-orthodoxen Diaspora in Amerika.

54 Episkepsis Nr. 53 vom 2. Mai 1973 veröffentlicht Auszüge aus einer Predigt des Archimandriten (heutigen Metropoliten) Bartholomaios Archondonis, worin dieser aus den Kanones und der jahrhundertelangen Praxis die Zuständigkeit des Ökumenischen Patriarchats für die Diaspora herleitet. Von autoritativer Seite des Phanar ist dem Verfasser bestätigt worden, daß dies als grundsätzliche Auffassung des Ökumenischen Patriarchats zum Kanon 28 des Konzils von Chalkedon bleibe.

55 Maximos von Sardes, a. a. O. Seite 330-333. In Bezug auf die Interpretation des Kanons 28 setzt sich Maximos (Seite 228-243) ausführlich mit den Thesen des russischen Theologieprofessors S. Troitzky auseinander, der im Journal des Moskauer Patriarchats (Nr. 11/1947) den Anspruch des Ökumenischen Patriarchats bestritten hatte.

56 Briefe des Patriarchen Benediktos von Jerusalem an den Ökumenischen Patriarchen vom 17. März 1971 in Episkepsis Nr. 32 vom 8. Juni 1971. Schreiben des Erzbischofs von Athen an das Moskauer Patriarchat in Episkepsis Nr. 33 vom 22. Juni 1971.

57 Siehe zum Beispiel Äußerungen Pimens und Nikodems in Athen im Oktober 1972, oben Seite 115.

58 Maximos von Sardes, a. a. O. Zum Buch des Metropoliten Maximos bringt Episkepsis Nr. 60 vom 8. August 1972 einen kurzen Kommentar. Darin heißt es: »Gegenüber der traditionellen Auffassung von der gegliederten Struktur der Kirche hat die Haltung gewisser orthodoxer Kirchen kürzlich eine andere Auffassung erkennen lassen. Sie legt den Nachdruck einseitig auf die Autokephalie, so daß einige Theologen von einem »absoluten Autokephalismus« sprechen konnten, was der Orthodoxie im Grunde fremd und unbekannt ist.«

59 Patriarch Alexei nach seiner Wahl im Februar 1945, siehe Fernau, Patriarchen am Goldenen Horn, Seite 47.

60 Bezug genommen wird hier auf Äußerungen von bulgarischer, den Russen nahestehender Seite, und zwar auf einen Artikel der bulgarischen kirchlichen Zeitschrift »Narodni Pastir« vom Mai 1947 (Fernau, a. a. O. Seite 48). Der Verfasser des Artikels verlangt, daß der Ökumenische Patriarch aus Kandidaten aller orthodoxen Kirchen gewählt werden sollte ohne Rücksicht auf die Nationalität. Meinungsäußerungen dieser Art dürfen freilich nicht zu hoch bewertet werden. Die bulgarische Stimme fällt in die Zeit des »kalten Krieges« zwischen Moskau und Konstantinopel. Seither ist ein anderer Geist in die inter-orthodoxen Beziehungen eingezogen, wenn auch unterschwellige Ressentiments nationaler Rivalität nicht verschwunden sind und wenn auch grundsätzliche Differenzen fortbestehen, wie der Fall der Metropolia zeigt. In kirchlichen Kreisen vermeidet man das Wort »Antagonismus« und zieht es vor, die inter-orthodoxen Spannungen auf den Nenner eines »Synagonismus« zu bringen.

61 John Meyendorff in einem Vortrag aus dem Jahr 1974: »In byzantinischer und auch in nach-byzantinischer Zeit waren rund um den Patriarchen von Konstantinopel Konzile, welche die Oberhäupter oder Vertreter der lokalen Kirchen versammelten, relativ häufig. Heute braucht die Orthodoxie ein ständiges Büro, in welchem alle Kirchen vertreten sein müssen. Es ist natürlich, daß dieses Büro unter dem Schutz des Ökumenischen Patriarchen stünde, sein internationaler Charakter ist aber ein deutliches Zeichen des Erfolgs . . . Die geistliche Obergewalt des Stuhles von Konstantinopel muß, um der Kirche von Nutzen zu sein, im Dienste aller stehen und die Möglichkeit besitzen, fruchtbringend zu wirken. Sie muß die Ideen und Meinungen aller Kirchen respektieren und die Meinungsverschiedenheiten in Richtung gemeinsamer Lösungen lenken. Das ständige Büro würde ihr diese Mittel zur Verfügung stellen. Der relative Erfolg der pan-orthodoxen Konferenzen der letzten

Zeit zeigt, daß das Projekt in die Tat umgesetzt werden kann, selbst unter den schwierigen Verhältnissen im Zeichen der internationalen Spannung.«

Der Vortrag ist auf einem Ekklesiologischen Seminar gehalten worden, das vom 1. bis 7. April 1974 unter der Ägide der Stiftung »Pro Oriente« und des Zentrums von Chambésy in Wien stattgefunden hat. John Meyendorff, amerikanischer Staatsbürger russischer Abkunft, ist einer der führenden Theologen der Metropolia und war maßgeblich am Zustandekommen des Abkommens zwischen der Metropolia und dem Moskauer Patriarchat beteiligt, das zur Proklamation der »Autokephalen Orthodoxen Kirche in Amerika« führte.

62 Oliver Clément, Dialogues avec le Patriarche Athénagoras, a. a. O. Seite 578. Auf die Frage Cléments, ob man nicht eine Synode einrichten sollte, antwortete Athenagoras: »Gewiß. Ich habe einen solchen Vorschlag auf der ersten pan-orthodoxen Konferenz von Rhodos unterbreiten lassen, und es ist von neuem davon die Rede gewesen in den Gesprächen, die der Jahrtausendfeier des Heiligen Berges Athos gefolgt sind. Im Grunde wird die Inter-orthodoxe Kommission, die für die Vorbereitung des Konzils gebildet werden wird, dieses Projekt verwirklichen. Wenn sie während einiger Jahre funktioniert, wird jede Chance gegeben sein, daß sie sich festigt und das Konzil überlebt. In meinen Augen ist vor allem das Orthodoxe Zentrum von Chambésy dazu bestimmt, diese zukünftige ständige pan-ortho-doxe Synode zu beherbergen.«

63 Zur Moskauer Patriarchenwahl vom Frühjahr 1971 sind ergänzend noch einige Einzelheiten nachzutragen. In orthodoxen Kreisen ist es allgemein aufgefallen, daß die Vorgänge nach dem Tode des Patriarchen Alexei in ein dichtes Geheimnis gehüllt wurden. Den orthodoxen Schwesterkirchen wurde der Tod Alexeis erst verspätet offiziell mitgeteilt. Zum Teil konnten diese daher nicht mehr rechtzeitig Vertreter zur Beisetzung entsenden, so daß diese nur unter verhältnismäßig schwacher Beteiligung ausländischer Delegationen stattfand.

Wie dem Verfasser von autorisierter Seite gesagt wurde, ist der Phanar vom Ableben Alexeis erst einen Tag vor der Beisetzung benachrichtigt worden. Besonders merkwürdig ist, was dem griechischen Metropoliten Jakovos von Mytilene widerfuhr. Dieser hielt sich gerade in Wien auf, als er vom Tode Alexeis hörte. Er fragte telefonisch in Athen an, ob er (als Vorsitzender der Synodalkommission für auswärtige Beziehungen der Kirche von Griechenland) zum Begräbnis Alexeis nach Moskau fahren sollte. Athen bejahte die Anfrage. Jakovos ging darauf zum sowjetischen Konsulat, um ein Visum anzufordern. Man fragte ihn, ob die Kirche von Griechenland offiziell vom Tode Alexeis unterrichtet worden sei. Als Jakovos dies verneinte, wurde ihm der Bescheid zuteil, in diesem Falle brauche er auch nicht nach Moskau zu reisen (persönliche Information). Wohl aber bekam der vom Vatikan entsandte Kardinal Willebrands ohne Schwierigkeit das Visum der Sowjetbotschaft. Gemäß Artikel 12 des Statuts der russischen Kirche vom Januar 1945 übernahm der rang-älteste Bischof unter den ständigen Mitgliedern der Heiligen Synode als locum tenens die Leitung des verwaisten Patriarchats. Die Aufgabe fiel dem sechzigjährigen Pimen zu, dem Metropoliten von Krutitsy und Kolomna. Über die Prozedur der Patriarchenwahl selbst enthält das sehr kurz gefaßte Statut von 1945 keine näheren Bestimmungen. Artikel 14 besagt lediglich, daß die Heilige Synode unter dem Vorsitz des locum tenens gehalten ist, eine Synode nicht näher bezeichneter Art und Zusammensetzung zur Wahl eines neuen Patriarchen einzuberufen, und zwar nicht später als sechs Monate nach Eintritt der Vakanz. Diese vom Statut vorgeschriebene Frist wurde nicht eingehalten. Zunächst vergingen mehr als zwei Monate, bis die Heilige Synode beschloß, die Wahl des neuen Patriarchen einem Landeskonzil der russischen Kirche zu überlassen, wie es auch bei der Wahl Alexeis im Jahr 1945 der Fall gewesen war. Seither war kein Landeskonzil mehr zusammengetreten. Die Heilige Synode berief das Landeskonzil erst für Mai 1971 ein, zu einem Zeitpunkt also, zu dem das Moskauer Patriarchat schon länger als ein Jahr vakant war. Die Verzögerung ließ sich offenbar damit erklären, daß man aus innerkirchlichen Gründen, die sicherlich teilweise auch rein politischer Natur gewesen sein dürften, eine längere Vorbereitung des Landeskonzils für notwendig erachtete. Zu diesem Zweck wurde ein besonderer Ausschuß unter dem Vorsitz Pimens eingesetzt, dem sowohl Bischöfe wie auch Laien angehören sollten. Näheres über die Auswahl der Mitglieder dieses vorbereitenden Ausschusses wurde nicht bekannt.

# Dokumente zur Patriarchenwahl im Phanar

*1. Mitteilung der Präfektur von Istanbul an das Patriarchat vom Frühjahr 1970 (ohne Briefkopf, Datum und Unterschrift)*

Dem Patriarchat seitens der Präfektur zu machende Mitteilungen in Bezug auf die Patriarchenwahl

1) Im Falle einer Vakanz des Patriarchensitzes teilt der den Jahren nach älteste Metropolit die Tatsache unverzüglich der Präfektur mit.

2) Der Präfekt teilt dem ältesten Metropoliten mit, daß innerhalb von drei Tagen ein Dreierausschuß aus den Hierarchen des Patriarchats gebildet wird, um die Kandidaten zu bestimmen und die Wahl zu organisieren.

3) Bedingung für eine Kandidatur ist, daß der Betreffende eine vertrauenswürdige Persönlichkeit ist, die dem Brauch gemäß notwendigen Fähigkeiten und Charaktereigenschaften besitzt und türkischer Staatsbürger ist.

4) Jeder Metropolit, der die erforderlichen Voraussetzungen erfüllt, kann frei kandidieren.

5) Der entsprechend dieser Mitteilung gebildete und dem Präfekten binnen drei Tagen notifizierte Dreierausschuß hat der Präfektur eine Liste mit den Namen sämtlicher Kandidaten einzureichen, und zwar innerhalb von drei Tagen (im Todesfall drei Tage nach der Beisetzung des verstorbenen Patriarchen). Die Kandidaten müssen die in den Punkten 3) und 4) genannten Bedingungen erfüllen. Auf der eingereichten Liste müssen die Namen von mindestens drei Metropoliten stehen.

6) Wenn sich nach Prüfung jedes einzelnen Falles solche Kandidaten darunter befinden, die als nicht geeignet angesehen werden, streicht die Präfektur deren Namen und gibt die Liste so zurück.

7) Innerhalb von drei Tagen nach Rückgabe der Liste müssen die in Istanbul und auf Imbros residierenden Metropoliten im Phanar zusammentreten und in Gegenwart eines Notars sowie in geheimer Abstimmung die Wahl vornehmen. Jeder Metropolit hat eine Stimme, Stellvertretung ist ausgeschlossen.

8) Das Ergebnis der Wahl wird von dem oben genannten Dreierausschuß unverzüglich der Präfektur mitgeteilt.

9) Wenn den oben angeführten Grundsätzen und Fristen nicht entsprochen wird, bestimmt die Präfektur einen der zur Kandidatur berechtigten Metropoliten zum Patriarchen.

*2. Antwort der Heiligen Synode des Patriarchats an die Präfektur vom Frühjahr 1970 (ohne Briefkopf, Datum und Unterschrift)*

Die Heilige Synode hat unter Vorsitz des Patriarchen die auf die Patriarchenwahl bezügliche Mitteilung der Präfektur im Einzelnen geprüft und hält es für notwendig, die folgenden Ausführungen als Antwort zu überreichen:

Die Wahl des Patriarchen hat einen absolut religiösen Charakter. Sie beruht auf Glauben und Dogma der Orthodoxen Kirche und hält sich an die religiösen Regeln und Grundsätze, die auf den Ökumenischen Konzilen festgelegt sind. Das Verfahren wird von einer jahrhundertelangen Geschichte bestätigt und zeigt sich im Brauch und in den Gewohnheiten, denen immer Rechnung getragen wird.

Gemäß der auf Brauch und Gewohnheit beruhenden Ordnung versammelt sich nach Eintritt einer Vakanz des Patriarchensitzes die Heilige Synode unter Vorsitz des ranghöchsten Metropoliten (Doyen) und unter Teilnahme aller in der Türkei befindlichen Metropoliten, um Tag und Stunde der Wahl zu bestimmen. Der Beschluß wird am gleichen Tage der Präfektur mitgeteilt. Alle in der Türkei befindlichen Metropoliten haben das Recht zur Kandidatur, können wählen und gewählt werden. Unter diesen wird der Patriarch gewählt. Auf Wunsch wird den Behörden eine Liste mit den Namen der Metropoliten vorgelegt.

Die Patriarchenwahl ist kein Verwaltungsakt, sondern eine Manifestation der unverzichtbaren religiösen Freiheit. Die Wahl wird in einer religiösen Feier unter Anrufung des Heiligen Geistes vollzogen. Das Ergebnis wird noch am gleichen Tage den Regierungsstellen übermittelt. Das in dieser Form seit Ausrufung der Republik und seit den Reformen (Atatürks) befolgte Wahlverfahren stimmt sowohl mit unserer religiösen Pflicht wie mit dem in unserem Lande geltenden Grundsatz des Laizismus überein. Es widerspricht keiner Bestimmung unserer verfassungsmässigen Gesetze.

In dieser Hinsicht bringen die in der Mitteilung der Präfektur aufgeführten Punkte das Patriarchat in eine schwierige Situation. Dies gilt sowohl für die Anwendung der religiösen Regeln wie für die Rechte, welche die Verfassung und die auf diese gestützten Gesetze den Religionen zugestehen. Unter anderem:

1) Der erste Punkt verlangt, daß der an Jahren älteste Metropolit der Präfektur den Eintritt einer Vakanz mitteilt. Nun übernimmt in einem solchen Fall die Heilige Synode alle Vollmachten. Da der Doyen der Heiligen Synode das Patriarchat vertritt, kann kein Grund zu Bedenken dagegen bestehen, daß dieser im Namen der Heiligen Synode den Tatbestand der Präfektur mitteilt. Wenn diese Aufgabe einer anderen Person übertragen und der älteste Metropolit damit betraut wird, würde dies den kirchlichen Regeln widersprechen und Verwirrung verursachen.

2) Im zweiten Punkt ist die Einsetzung eines Dreierausschußes zur Organisierung der Wahl vorgesehen. Den kirchlichen Regeln entsprechend nimmt die Heilige Synode in ihrer Gesamtheit die Wahl vor, nur für die Aufsicht an der Wahlurne bestimmt sie zwei Metropoliten. Die Patriarchenwahl hat keinen weltlichen Charakter und läßt sich nicht mit Verwaltungs- oder Vereinswahlen vergleichen. Da sie eine rein religiöse Angelegenheit ist, muß sie den kirchlichen Regeln folgen. Wenn anstelle der Heiligen Synode ein Dreierausschuß gebildet wird, so läuft dies den Grundsätzen unserer Kirche zuwider und kann einem ordnungsgemäßen Ablauf der Wahl nicht dienlich sein.

3) In Punkt 6) der Mitteilung wird erklärt, die Präfektur werde über jeden einzelnen Kandidaten Nachforschungen anstellen und die Namen der ihrer Überzeugung nach für die Würde des Patriarchen ungeeigneten Personen aus der Liste streichen.

Seit der Ausrufung der Republik und den Reformen wird in unserem Lande Religions- und Glaubensfreiheit von der Verfassung garantiert. Die Patriarchenwürde hat einen rein religiösen Charakter. Die Wahl muß daher eine zu unserem Glauben gehörige innere Angelegenheit sein und unseren kirchlichen Regeln und Gesetzen entsprechend frei von jeder außerkirchlichen Einflußnahme gehandhabt werden. Es ist zu bemerken, daß sämtliche in der Türkei amtierenden Metropoliten ausnahmslos zur Kandidatur berechtigt sind. Niemandem, der die in den kirchlichen Regeln niedergelegten Bedingungen erfüllt, darf die Kandidatur verweigert werden. Kein türkischer Staatsbürger, sofern er die von Verfassung und Wahlgesetz gestellten Bedingungen erfüllt, darf von einer Behörde daran gehindert werden, für das nationale Parlament, die Provinzparlamente und ähnliche Einrichtungen zu andidieren. Eine Verweigerung der Kandidatur wäre willkürlich und unberechtigt, sie käme einer Entziehung der von der Verfassung gewährten Grundrechte gleich. Ebenso widerrechtlich wäre es, wenn die Kandidatur eines Metropoliten gestrichen wird, der die vom religiösen Gesichtspunkt erforderlichen Bedingungen erfüllt und die vollen Rechte eines türkischen Staatsbürgers besitzt.

4) In Punkt 4) wird auf die Notwendigkeit verwiesen, daß ein Notar bei der Wahl zugegen sein muß.

Wie oben gesagt, hat die Patriarchenwahl einen rein religiösen Charakter. Sie wird während einer religiösen Feier unter Anrufung des Heiligen Geistes vorgenommen. Das Verfahren ruht gänzlich auf dogmatisch-religiösen Grundlagen und hat nichts zu tun mit ähnlichen Verfahren weltlicher, administrativer oder juristischer Natur. Bei einem weltlichen Verfahren nimmt ein Notar Bestätigung und Registrierung vor. Bei der Patriarchenwahl, die rein religiöser Natur ist, wird zur Bestätigung und Registrierung ein Wahlprotokoll nach den Geboten unserer Religion angefertigt. Es wird unmittelbar nach der Wahl von allen beteiligten Metropoliten unterzeichnet und vor der anwesenden Geistlichkeit und Gemeinde, die alle Einzelheiten der Wahl und die Auszählung der Stimmen verfolgt haben, verlesen.

Auf Grund dieses Protokolls wird das endgültige Ergebnis der Patriarchenwahl den Behörden mitgeteilt. Gleichzeitig bürgt dieses Protokoll (wie in allen orthodoxen Kirchen der Welt) den religiösen Oberhäuptern, den Geistlichen, dem Volk und der Gemeinde des Patriarchats in der Türkei und in der Welt dafür, daß die Wahl ordnungsgemäß verlaufen ist und Gültigkeit hat. Die Anwesenheit eines Notars bei der kirchlichen Feier kann dem Inhalt des erwähnten Protokolls nichts hinzufügen. Die Beteiligung rein weltlicher Personen kann aber zu Mißverständnissen Anlaß geben und die religiösen Gefühle der Orthodoxen hier wie allgemein verletzen. Daraus ergibt sich von selbst, daß bei einer rein religiösen Feier ein Notar keinen Platz hat.

5) In Punkt 9) wird erwähnt, daß die Präfektur von sich aus einen Patriarchen aus der Zahl der geeigneten Metropoliten bestimmen werde, falls den in der Mitteilung aufgeführten Punkten nicht Folge geleistet wird.

Eine der kirchlichen Ordnung entsprechende Wahl ist die Voraussetzung dafür, daß jemand eine religiöse Würde bekleiden kann, sowohl im hiesigen griechisch-orthodoxen Patriarchat wie in der ganzen Orthodoxie. Niemals kann ein Patriarch von einer religiösen oder irgendeiner anderen Stelle ernannt werden. Andernfalls kann ein Patriarch, der nicht nach den kanonischen Regeln gewählt, sondern von irgendeiner Behörde bestimmt worden ist, von niemandem anerkannt werden und daher auch mit niemandem Verbindung aufnehmen. Da diese Grundregel unseres Glaubens allen Metropoliten wohl bekannt ist, kann niemand die von einer religiösen oder weltlichen Behörde vorgenommene Ernennung zum Patriarchen annehmen.

Wir unterbreiten diese Ausführungen der Präfektur in der Absicht, unserer Regierung Aufklärung und Information über die Patriarchenwahl zu geben, und in der Überzeugung, auf diese Weise unseren gesetzlichen und religiösen Pflichten nachzukommen und den Interessen unseres laizistischen Staates einen Dienst zu erweisen.


### 3. Notiz des Generalvikars des Patriarchats vom 7. Juli 1972

An den kommissarischen Leiter des Patriarchats

Hiermit bringe ich zur Kenntnis, daß heute, den 7. Juli 1972, um 11 Uhr seine Exzellenz Vefa Poyraz, der Präfekt (Vali) von Istanbul, mir telefonisch folgendes mitgeteilt hat:

Ich bitte, sagte er, daß während der Dauer der Vakanz das diesbezügliche Schreiben der Präfektur berücksichtigt wird, das im Ganzen neun Punkte enthält und die Fragen der Stellvertretung sowie der Wahl des Kandidaten regelt. Im Einzeln erwähnte er

a) zum Platzhalter bis zur Wahl des Patriarchen muß das an Jahren älteste Mitglied der Heiligen Synode bestimmt werden.

b) Die Beschlüße der heutigen Sitzung (der Heiligen Synode) in Bezug auf 1) die Person des Platzhalters 2) die Bestattung des verstorbenen Patriarchen und 3) die Art der Wahl des Patriarchen müssen mir von dem ältesten Metropoliten mitgeteilt werden. Der Präfekt betonte besonders, daß die betreffende Mitteilung der Präfektur (von 1970) Punkt für Punkt genau eingehalten werden müsse.

Unterschrift

Der amtierende Generalvikar
Kallinikos, Metropolit von Lystra


### 4. Mitteilung des Präfekten über die zugelassenen Kandidaten

An das
Griechische Patriarchat
Phanar

Istanbul, 17. 7. 1972

Metropolit Jordan Jakovos Paisiou
Metropolit Hieronymos
Metropolit Chrysostomos Konstantinides
Die meiner Behörde schriftlich eingereichte Liste der fünfzehn Kandidaten für die Patriarchenwürde ist geprüft worden.

Es ist für richtig befunden worden, daß elf der in der Liste aufgeführten Kandidaten an der Wahl teilnehmen. Ich bitte, den Namen des aus diesen elf Kandidaten ausgewählten Patriarchen meiner Behörde spätestens innerhalb von drei Tagen mitzuteilen und ihn der Öffentlichkeit erst bekannt zu geben, nachdem mein Einverständnis vorliegt.

Unterschrift

Vefa Poyraz
Vali von Istanbul

Dem Brief des Vali war die folgende Liste zugelassener Kandidaten beigefügt:

Metropolit der Prinzeninseln Dorotheos Georgiadis
Metropolit von Neokaisaria Chrysostomos Koronaios
Metropolit von Laodikia Maximos Georiadis
Metropolit von Sardes Maximos Christopoulos
Metropolit von Rodopolis Hieronymos Konstantinidis
Metropolit von Milet Aemilianos Tsakopoulos
Metropolit von Myra Chrysostomos Konstantinidis
Metropolit von Anneae Nikolos Kuttubis
Metropolit von Irinoupolis Simeon Amarilios
Metropolit von Kolonia Gabriel Premetidis
Metropolit von Imbros und Tenedos Dimitrios Papadopoulos

(gestrichen waren die Metropoliten Meliton von Chalkedon, Kyrillos von Chaldia, Maximos von Stavroupolis und Jakovos von Derkae. Anmerkung des Verfassers)

Anmerkung: die Dokumente Nr. 1, 2 und 4 sind in türkischer Sprache abgefaßt, das Dokument Nr. 3 in griechischer Sprache. Übersetzung des Verfassers.

# Literaturverzeichnis

Autocephaly — The Orthodox Church in America, St. Vladimir's Seminary Press, New York 1971.

*Campbell, John* und *Sherrard. Philip,* Modern Greece, London 1968.

*Clément, Oliver,* Dialogues avec le Patriarche Athénagoras, Paris 1969.

*Delikostopoulos, Athanasios,* Die Orthodoxie heute, Athen 1969 griechisch.

*Delikostopoulos, Athanasios,* Die Vereinigung der Kirchen und die sowjetische Politik, Athen 1970, griechisch.

*Fernau, Friedrich-Wilhelm,* Patriarchen am Goldenen Horn, Opladen 1967.

*Frazee, Charles A.,* The Orthodox Church and Independent Greece 1821-1852, Cambridge University Press 1969.

*Gstrein, Heinz,* Staatskirche in der Zerreisprobe, in »Zum Beispiel Griechenland«, München 1969.

*Hotham, David,* The Turcs, Lonndon 1972.

*Konidaris, Gerasimos,* Etappen der Kirchenpolitik in Griechenland von Kapodistrias bis heute, Athen 1971, griechisch.

*Konidaris, Gerasimos,* Über das Problem der kanonischen Gerichtsbarkeit für Bischöfe in der Kirche von Zypern, Athen 1972/74, griechisch mit deutscher Zusammenfassung.

*Maczewski, Christoph,* Die Zoi-Bewegunng Griechenlannds. Ein Beitrag zum Traditionsproblem der Ostkirche, Göttingen 1970.

*Mantzaridis, Georgios,* Neuere statistische Angaben über die Mönche des Heiligen Berges, Saloniki 1975, griechisch.

*Marceau, Marc,* La Grèce des Colonels, Paris 1967.

*Marceau, Marc,* Le Coup d'Athènes, Paris 1974.

*Mavropoulos, Dimitrios,* Seiten aus dem Patriarchat. Das Ökumenische Patriarchat von 1878 bis 1949, Athen 1960, griechisch.

*Maximos, Metropolit von Sardes,* Das Ökumenische Patriarchat in der Orthodoxen Kirche. Saloniki 1972, griechisch; französische Übersetzung: Le Patriarcat Oecuménique dans l'Eglise Orthodoxe, Etude historico-canonique, Paris 1975.

*Mitsidis, Andreas,* Die Kirche von Zypern, 2. Auflage, Nikosia 1974, griechisch.

*Mitsides, Andreas,* Die kirchliche Krise auf Zypern und die Größere Synode in Nikosia (Dokumente), Nikosia 1973, griechisch.

*Ohse, Bernhard,* Der Patriarch. Athenagoras I. von Konstantinopel, ein ökumenischer Visionär. Göttingen 1968.

*Orthodoxes Zentrum des Ökumenischen Patriarchats,* Auf dem Wege zum großen Konzil, Chambésy-Genf 1971, griechisch.

*Phidas, Vassilios,* Die Endemousa Synodos, Entstehung und Entwicklung der Institution bis zum 4. Ökumenischen Konzil, Athen 1971, griechisch.

*Rinvolucri, Mario,* Anatomy of a Church. Greek Orthodoxy today. London 1966.

*Runciman, Steven,* The Great Church in Captivity. A Study of the Patriarchate of Constantinople from the eve of the Turkish conquest to the Greek War of Independence, Cambridge University Press 1968.

*Runciman, Steven,* The Orthodox Churches and the Secular State, Auckland University Press 1971.

*Spuler, Bertold,* Die Gegenwartslage der Ostkirche in ihrer nationalen und staatlichen Umwelt, 2. Auflage, Frankfurt/Main 1968.

*Spuler, Bertold,* Die morgenländischen Kirchen seit 1965, Sonderdruck aus »Kirche im Osten«, Band 16, Göttingen 1973.

*Stavridis, Vassilios,* Geschichte des Ökumenischen Patriarchats, Athen 1967, griechisch.

*Stavridis, Vassilios,* Die Vorrechte des Ökumenischen Patriarchats gegenüber den anderen orientalischen Patriarchaten, Athen 1971, griechisch.

*Stavridis, Vassilios,* Der Ökumenische Patriarch Athenagoras I., Sonderdruck aus der Zeitschrift »Kleronomia«, Saloniki, Juli 1972, griechisch.

*Theodoropoulos, Archimandrit Epiphanios*, Die kirchliche Krise in Zypern und die Größere Synode, Athen 1974, griechisch.

*Trembelas, Panayotis*, Die Autokephalie der Metropolia in Amerika, Athen 1971, griechisch.

*Tsakonas, Dimitrios*, Soziologische Deutung des neugriechischen Lebens, Athen 1974, griechisch.

*Tzortzatos, Barnabas, Metropolit von Kitros*, Die Grundgesetze der orthodoxen Patriarchate (mit historischem Abriß), Athen 1972.

*Tzortzatos, Barnabas*, Die statutarische Gesetzgebung der Kirche von Griechenland seit Bildung des griechischen Königreiches, Athen 1967.

*Tzortzato, Barnabas*, Die neuen Grundgesetze des Patriarchats von Antiochia, Athen 1973.

*Tzortzatos, Barnabas*, Die Grundgesetze der autokephalen Kirche von Zypern, (mit historischem Abriß), Athen 1974, sämtlich griechisch.

*Váli, Ferenc*, Bridge across the Bosporus. The Foreign Policy of Turkey, Baltimore and London 1971.

*Vavouskos, Konstantin*, Die rechtliche Stellung der Diözesen der Neuen Gebiete (Nordgriechenland), Saloniki 1973, griechisch.

*Woodhouse, C. M.* The Story of Modern Greece, London 1968.

*Zander, Walter*, Israel and the Holy Places of Christendom, London 1971.

*Periodica:*

Episkepsis, Bulletin d'Information, Centre Orthodoxe du Patriarcat Oecuménique, Chambésy-Genf, vierzehntägig, griechisch und französisch.

Ekklissia, Organ der Kirche von Griechenland, vierzehntägig, Athen, griechisch.

Kalender der Kirche von Griechenland, jährlich, Athen, griechisch.

Apostolos Barnabas, Monatsschrift der Kirche von Zypern, Nikosia, griechisch.

Pantainos, Monatsschrift des Patriarchats von Alexandria, Alexandria/Ägypten, griechisch.

An-Nur, Monatsschrift des »Mouvement de la Jeunesse Orthodoxe« (Patriarchat von Antiochia), Beirut, arabisch.

Zeitschrift des Moskauer Patriarchats, monatlich, Moskau, russisch und englisch.

Stimme der Orthodoxie, Monatsschrift des Mitteleuropäischen Exarchats des Moskauer Patriarchats, Berlin-Karlshorst.

Proche-Orient Chrétien, Jerusalem, vierteljährlich.

Eastern Churches Review, London, halbjährlich.

Internationale Kirchliche Zeitschrift, Bern, vierteljährlich (bringt zweimal jährlich eine ausführliche, gründlich dokumentierte Chronik der orthodoxen Kirchen aus der Feder von Professor Bertold Spuler).

The Middle East Journal, Washington, vierteljährlich.

Orient, Hamburg, vierteljährlich.

Yanki, Nachrichtenmagazin, wöchentlich, Ankara, türkisch.

*Tageszeitungen:*

Akropolis
To Vima
Vradyni
Eleftheros Kosmos
Estia
Kathimerini
sämtlich Athen

Milliyet
Cumhuriyet
Tercüman
sämtlich Istanbul

Dazu ergänzend: Neue Zürcher Zeitung, Zürich; Frankfurter Allgemeine Zeitung, Frankfurt/Main; Le Monde, Paris

Michael (Schahin), Metropolit von Toledo/Ohio 106, 107

Muratidis, Konstantin, griech. Theologe 88, 144, 145

Nikodem (Rotow), Metropolit von Leningrad 76, 99, 101, 102, 114, 115, 117, 119, 122, 123, 146, 150

Nikolaus (Kutrubis), Metropolit von Anneae 34

Nikolaus VI. Varelopoulos, Patriarch von Alexandria 12, 42, 80, 90, 95, 96

Nikolaus, Metropolit von Axum 79

Niphon (Saba), Metropolit von Zahle (Libanon) 106

Papa Eftim II. (Turgut Erol), Patriarch der Türkisch-Orthodoxen Kirche 132

Panayotakos, Konstantin, griech. Staatssekretär 92

Papadopoulos, Georg, griech. Staats- und Regierungschef 62, 63, 67, 69, 76, 84, 86, 87, 114, 115, 117, 142, 144

Papandreou, Georg, griech. Ministerpräsident 64

Parthenaios, Metropolit von Karthago 52, 79

Pattakos, Stylianos, griech. Minister 115

Paul I., König von Griechenland 139

Paul VI., Papst 11, 41, 53, 56, 133

Paul (Khuri), Metropolit von Tyros (Libanon) 106, 108

Philaret, Metropolit der „Russischen Auslandskirche" 102, 103

Photios II. Maniatis, Patriarch von Konstantinopel 21, 22, 45, 130

Pimen (Izvekow), Patriarch von Moskau 12, 77, 96, 98, 101 ff., 114 ff., 122, 146, 147, 148, 149, 150

Pipinelis, Panayotis, griech. Außenminister 27, 84, 132, 144

Porphyrios Pavlinos, Erzbischof von Sinai 12

Poyraz, Vefi, Vali von Istanbul 29, 154

Sampson, Nikos, griech.-zypriot. Politiker 91

Schedrawi, Antun, syrischer Archimandrit 105, 106, 108

Schenuda III., kopt. Patriarch von Alexandria 42, 50, 53, 103, 136, 137, 147

Seraphim (Tikas), Erzbischof von Athen 10, 12, 42, 67, 69, 70 ff., 75, 81, 82, 91, 141, 145

Spyridon, Patriarch von Antiochia 104

Stephanopoulos, Stephanos, griech. Ministerpräsident 64

Stephanos (Matakoulias), Metropolit von Triphylia 79

Synesios, Metropolit von Nubien 80

Theodosios VI. Abu Rgeili, Patriarch von Antiochia 12, 78, 105, 106, 107, 108, 109, 110, 111, 148

Theophilos, kopt. Patriarch von Aethiopien 50, 103

Trembelas, Panayotis, griech. Theologe 149

Tsakonas, Dimitrios, griech. Professor 16

Tsamis, Dimitrios, Gouverneur des Athos 117

Türkmen Ilter, türk. Diplomat 92

Tzounis, Joannis, griech. Diplomat 31

Usakligil, Bülent, türk. Diplomat 131

Vassilios, Erzbischof von Jordan 57

Vazken I., armenischer Katholikos 50, 53

Venizelos, Eleftherios, griech. Staatsmann 17

Vladimir (Kotljarow), russ. Bischof 109

Willebrands, Johannes, Kardinal 11, 32, 42, 57, 74, 98

Zervas, Napoleon, griech. Widerstandskämpfer 141

Zu'aiyin, Yusuf, syr. Ministerpräsident 108

79